法学案例研究丛书

刑事案例研习

黄继坤　著

WUHAN UNIVERSITY PRESS
武汉大学出版社

图书在版编目(CIP)数据

刑事案例研习/黄继坤著.—武汉：武汉大学出版社，2022.12(2024.2重印)
法学案例研究丛书
ISBN 978-7-307-23318-8

Ⅰ.刑… Ⅱ.黄… Ⅲ.刑事犯罪—案例—中国 Ⅳ.D924.305

中国版本图书馆 CIP 数据核字(2022)第 173692 号

责任编辑:田红恩　　责任校对:鄢春梅　　版式设计:马　佳

出版发行：**武汉大学出版社**　(430072　武昌　珞珈山)
(电子邮箱：cbs22@ whu.edu.cn　网址：www.wdp. com.cn)
印刷:武汉中远印务有限公司
开本:720×1000　1/16　印张:16.25　字数:292 千字　插页:1
版次:2022 年 12 月第 1 版　2024 年 2 月第 2 次印刷
ISBN 978-7-307-23318-8　定价:58.00 元

自　序

本书具有以下几个特点：

一、所选案例皆由本人亲自办理

本人在从事兼职律师工作期间，办理了不少刑事案件，从中挑选了15个争议较大、具有较强理论意义与实践价值的案件，作为本书的研习对象。每则案例研习，由“导读、指控事实、辩护要点、关键证据、控辩意见、法院判决、理论评析、拓展阅读”八部分组成。“指控事实”来源于公诉书，“控辩意见”系庭审真实记录，“辩护意见”系本人在庭审中发表，“理论评析”也系本人亲笔撰写。撰写本书，力图在说理与结论方面做到客观、公正，因此，个别案例的“理论评析”意见与“辩护意见”也不尽相同。

二、贯彻“刑事一体化”理念

已经面世的“刑法案例研习”类书籍，均以固定的案件事实为研习对象，不会涉及刑事诉讼程序、证据的采信与审查判断及案件事实的认定等方面的争议，均以刑法如何解释适用为研习目标。而对于具体案件的处理，案件承办人员的目光往返于“证据—事实—规范”之间，始终是“刑法与刑事诉讼法(包括证据法)交错适用”的过程，因此，合格的法律职业者既精通实体法又精通程序法。本书试图贯彻“刑事一体化”的理念，故取书名为《刑事案例研习》而非《刑法案例研习》。

三、重视总结综合适用法律经验

刑法的适用，在形式逻辑上表现为：“大前提→小前提→结论”，但在司法实践中，从案件立案侦查到终局性处理，体现的却是“倒三段论”，即“结论

→小前提→大前提”。公安机关等侦查机关或监察委员会发现案件或者接到报案后，会根据刑法规定(大前提)，对基本案件事实初步形成是否犯罪、成立何罪的“预判”；然后，根据“预判”，搜集证据，确定犯罪嫌疑人，并试图组建以“预判”为指控目标的证据体系。案件移送审查起诉后，公诉机关则根据侦查机关或监察委员会提供的证据，认定、归纳案件事实，这是建构小前提的过程，在建构小前提的同时检验案件事实是否能为所拟用的刑法规范所涵摄，也就是在验证“预判”，得出是否具有构成要件符合性的结论。为了得出肯定的结论，他们可能会重视或忽略部分案件事实，重新归纳案件事实(重构小前提)；或重新解释刑法规范(重建大前提)。在确实得不出肯定结论的情况下，他们通常会反思所谓的“预判”。基于这样的司法逻辑，本书重视总结审查判断证据、认定案件事实及刑法的解释与适用等综合适用法律方面的经验。

四、不追求编排体例

一般来说，刑法案件书会往往以犯罪论的理论框架或其他标准对案例分类编排，从而达到逻辑上的自洽。本书所选案例，均为常见罪名，基本涵盖了刑法总论主要知识点，如罪刑法定原则、追诉期限、不作为、因果关系与客观归责等，但由于选入案例较少，加之贯彻“刑事一体化”的理念，目的在于总结综合适用法律的经验，并不追求体系上的完整性，因此对所选案例并没有明确的编排体例。

五、个案分析蕴含“刑事法治”宏大叙事

审判上所解决的争执，多是过去的事实，对于已经发生的客观事实，必须通过证据予以重构，通过证据重构的事实不是客观事实，而是法律事实。审判活动以发现案件客观事实为终极追求，但是裁判者认定的法律事实可能永远与客观事实存在差异。换言之，司法活动中对案件事实的认识很难完全符合客观上所发生的真实情况，只能由法律预设标准，以举证、质证、认定证据的方式，归纳证据所能证明的法律事实。对于刑事追诉活动而言，通过证据认定的法律事实必须与客观事实一致，如果法律事实严重违背客观事实，那就意味着这个案件是冤假错案。为了预防冤假错案，我国立法上设计出一套符合保障人权目的从而具有正当性的程序系统，尤其是取得证据规则、证据审查判断标准，还规定了“证据确实充分”证明标准，要求达到“排除合理怀疑”的程度。

“证据确实充分”的证明标准也就是建构法律事实的标准。这样的司法原理，要求法律职业人员“依法办案”（合法性原则），适用刑法，应恪守罪刑法定原则；适用程序法，应遵守正当的法律程序。这样的司法逻辑，还要求他们心中充满正义，对法律规范心怀畏惧，做到客观、公正。这种认识形成了本人办理案件、研习个案的基石。不过，需要说明的是，本书对个别案件法院判决的评论，可能受到“辩护人”角色的影响，导致结论偏差，但本书旨在总结综合适用法律的经验，并不追求结论的唯一性，这一点，敬请读者注意。

感谢我的律师合作伙伴，裴大娥律师、王静云律师、余先琴律师、黄双律师，本书所选案例的辩护观点，都在办案中与她们认真讨论过。感谢湖北民族大学袁文琦、高婷、盆世敏、陈雨点等同学，为我逐字逐句校对书稿。感谢我的博士同学，兰州大学马卫军教授，本书的每则案例，无论是办案还是写作，都曾与他有过深入的讨论。尤其感谢法学院汪燕院长，没有她的鞭策和鼓励，我可能不会写作本书，也不会如此迅速恢复写作能力。

以上说明与致谢，权作为序。

黄继坤

于湖北恩施龙洞河畔

目 录

案例一 田某平徇私舞弊减刑案

导读：

审判所解决的争执，多是过去的事实，对于已经发生的客观事实，必须通过证据予以重构，通过证据重构的事实不是客观事实，而是法律事实。审判活动以发现案件客观事实为终极追求，但是裁判者认定的法律事实可能永远与客观事实存在差异。为了实现刑事法治，在实体上必须恪守罪刑法定原则；在程序上必须严格根据正当法律程序、证据规则建构法律事实。本案例之研讨，不仅涉及“刑事法治”上的宏大叙事，而且涉及较多刑事诉讼法、刑法具体规定的适用，如“不告不理”诉讼原则、渎职罪的管辖权、言辞证据的审查与判断、刑事证明标准、追诉期限、共同犯罪，徇私舞弊减刑罪、情节犯等。

关键词：

徇私舞弊减刑；主观的超过要素；共同犯罪；片面共犯；追诉期限；情节犯；“不告不理”诉讼原则；言辞证据；传闻证据

一、指控事实

案件背景：公诉机关指控田某平、张某权涉嫌徇私舞弊减刑的对象叫严某。2010 年 12 月 24 日，严某通过电话向同乡村民任某索要赌债时与任某发生争执，双方约定地点，任某携带菜刀、严某携带水果刀，二人均持刀具向对方砍击，各自身中数刀，结果任某死亡、严某重伤。法院判决严某犯故意伤害罪，同时考虑到严某有自首、刑事赔偿、刑事谅解、被害人有一定过错等量刑情节，判处严某有期徒刑三年六个月。判决生效后，县公安局、看守所及有关人员，伪造了严某患有“右肺空洞性肺结核”的证明，导致州公安局决定对其暂予监外执行。严某被暂予监外执行后，实施了一系列的违法犯罪活动，涉嫌组织、领导黑社会性质组织罪，有关机关在侦办严某涉黑案、相关职务犯罪案件过程中，发现严某在暂予监外执行期间，建始县司法局曾提供虚假社区矫正材料，导致严某于2013年9月23日被恩施州中级人民法院减刑一年，遂引发本案。2018年9月4日，建始县纪委决定对田某平党纪立案审查；2019年5月13日，建始县监委决定对其监察立案调查；2019年7月29日，因田某平涉嫌徇私舞弊减刑罪，恩施州人民检察院决定对其立案侦查。

2019年12月23日恩施市人民检察院以鄂恩市检二部刑诉〔2019〕534号《起诉书》指控：

被告人田某平于2008年1月至2019年3月担任建始县司法局副局长，分管社区矫正工作。被告人张某权于2012年6月至2016年11月任建始县司法局长梁乡司法所所长，主持司法所全面工作。

被告人张某权、田某平任职期间，罪犯严某因故意伤害罪被建始县人民法院判处有期徒刑三年六个月，2012年6月15日严某因患有“右肺空洞性肺结核”（系虚假证明）被恩施州公安局决定暂予监外执行，并于当日释放。2012年6月27日，罪犯严某到建始县长梁乡司法所报到接受社区纠正。罪犯严某在接受社区矫正期间，未按时入矫，未按规定要求报到，未按规定参加教育学习，未参加公益劳动，未按规定汇报思想，未按规定提交病情复查证明。

在被告人张某权参与下，罪犯严某慰问了建始县长梁乡的孤寡老人。在被告人田某平介绍下，罪犯严某资助了建始一中的一名学生。2013年7月的一天，被告人张某权、田某平接受罪犯严某宴请，并分别收取罪犯严某的现金红包。

被告人张某权、田某平认为罪犯严某在社区矫正期间资助了孤寡老人及困难学生，表现突出，拟给罪犯严某申报减刑。其间，张某权授意下属田某华比照他人的减刑材料伪造了罪犯严某在社区矫正期间获得4次季度表扬的材料及立功材料，田某平违规为罪犯严某申报湖北省2011—2012年度社区矫正人员改造积极分子，并以建始县司法局名义给予罪犯严某记三等功一次。

2013年8月5日，建始县司法局将上述伪造的减刑材料上报至恩施州司法局。同年8月29日，恩施州司法局向恩施州中级人民法院报送社区矫正人员减刑建议书，建议对罪犯严某减去有期徒刑一年。恩施州中级人民法院于2013年9月23日裁定对罪犯严某减去有期徒刑一年。

罪犯严某在社区矫正期间及被违法减刑后，多次违法犯罪，危害社会，社会影响恶劣。

恩施市人民检察院认为，被告人田某平、张某权利用职权徇私舞弊，对不符合减刑条件的罪犯，捏造事实，伪造材料，违法报请减刑，情节严重，二被告人的行为均触犯了《中华人民共和国刑法》第401条规定，犯罪事实清楚，证据确实、充分，应当以徇私舞弊减刑罪追究被告人的刑事责任。

二、辩护要点

1. 没有证据能够证明田某平在客观上有徇私舞弊的行为，主观上没有徇私舞弊的故意。

2. 恩施州中级人民法院对严某减刑裁定书即〔2013〕鄂恩施中刑执字第00 263号《刑事裁定书》仍然生效，缺乏证明犯罪后果的证据。

3. 公诉机关指控田某平、张某权犯徇私舞弊罪"情节严重，应在三年以上七年以下有期徒刑"幅度内量刑，但指控没有事实依据、没有法律依据、没有理论依据。

4. 本案已过"追诉时效期限"。

三、关键证据

(一)关于田某平是否收受严某3 000元现金红包的证据

公诉机关指控田某平收受严某3 000元现金红包的证据为田某平供述、张某权供述、严某供述(注：严某组织、领导黑社会性质组织罪一案，另案处理)。

1. 田某平供述与辩解。

2019年5月1日最后一次接受县纪委、监委谈话时承认收受严某3 000元，"我受张某权之邀，我和张某权与严某在建始县一中附近的一个餐馆里吃过饭，可能是金钱湖菜馆，吃饭后收了严某3 000元，是怎么给我的我记不清楚了，可能是红包"。但是，之前田某平接受县纪委、监委谈话时，否认与严某有经济往来。州人民检察院刑事立案后，包括审判期间，田某平始终坚决否认收受严某3 000元现金红包，辩称：收受严某3 000元现金，不是真实的，是纪委、监委工作人员指供、骗供，心情焦躁，自己知道收受3 000元钱不构成受贿罪，为了自己不被追究渎职刑事责任，为了尽快解脱所以说了假话。

2. 张某权供述与辩解。

张某权在接受县纪委、监委谈话时称：为严某减刑，应严某要求，邀请田某平与严某一起吃过一次饭，饭后自己收受过严某 3 000 元红包，他不知道田某平是否收受红包。在刑事立案后，关于他自己是否收受红包的供述有反复，其翻供的理由是，“州纪委监委第一次问我没有认账，建始县纪委监委后来第二次给我做工作，说 3 000 元不构成受贿罪，对我承诺不会加重对我的处罚，所以我才说以严某说的为准”。庭审中，张某权否认“应严某要求，为其减刑，邀请田某平接受宴请”。

3. 严某供述与辩解。

公诉机关提供了两份严某接受监委调查所做的《讯问笔录》、一份州检察院《询问证人笔录》，第一份《讯问笔录》讯问时间是 2018 年 12 月 30 日 19：32 至同日 20：43 分，第二份《讯问笔录》讯问时间是 2019 年 1 月 1 日 15：13 至同日 16：33 分，两份有关田某平的供述部分完全一样，一个字都没有改变，系复制粘贴形成，证据主要内容为：严某被暂予监外执行后，在建始县长梁乡司法所参加社区矫正，和司法所所长张某权比较熟了，在做思想汇报的时候，张某权认为严某做一些好事，表现比较好，可以申请减刑，严某认为他已经在外面了，没有必要搞减刑，但是张某权认为减刑对别人是一个好的带头作用，严某就答应了。张某权在搞减刑资料的时候，帮严某邀请田某平三个人吃过一次饭，饭后，严某给过田某平一个 3 000 元的现金红包。严某因涉嫌组织、领导黑社会性质组织罪被追究刑事责任，于 2019 年 8 月 7 日上午以证人身份接受州检察院询问，作证称，“和田某平只有一次接触”就是张某权提出减刑后的一个月左右，“吃饭的就我、张某权和田某平我们三个人，我当时给张某权和田某平一人包了一个红包，之前在监委的讯问过程中说的是 3 000 元，但是现在确实记不起 3 000 元是否为准确数字”。

(二)关于指控田某平舞弊的证据

1. 湖北省综治委社区矫正安置帮教工作领导小组办公室文件（鄂社区矫正办〔2012〕29 号）《关于表彰 2011—2012 年度全省社区矫正人员改造积极分子的决定》，证据内容：经各地自下而上评选推荐，省社区矫正工作管理局研究，报司法厅领导批准，2012 年 10 月 18 日对严某等 117 名社区矫正人员改造积极分子进行表彰。

2. 根据严某、张某权供述，提议为严某减刑的时间是 2013 年 6 月左右。

3. 四份书证《社区矫正对象行政奖惩审批表》，签署时间分别为 2012 年 9 月 28 日、2012 年 12 月 31 日、2013 年 3 月 27 日、2013 年 6 月 28 日，但四份审批表内容系为严某整理减刑材料过程中一次性填写，县级司法行政机关意见“同意予以表扬”为田某平一次性签批。

四、控辩意见

（一）关于田某平是否有徇私舞弊的行为

公诉人：被告人田某平、张某权利用职权徇私舞弊，对不符合减刑条件的罪犯严某，捏造事实，伪造材料，违法报请减刑，二被告人的犯罪事实清楚，证据确实充分。

张某权：认罪认罚。

田某平：在严某减刑一案中，完全是出于公心，不是徇私，整个履职程序都是严格按组织程序完成的。

田辩：

1. 指控田某平收受严某现金红包证据不足。

根据《监察法》的规定，2019 年 5 月 1 日建始县纪委、监察委制作的“田某平谈话笔录”不是刑事诉讼证据，不具有合法性，应采取田某平刑事立案后接受审讯时所作的无罪辩解；严某陈述的本质是被告人供述与辩解，不是证人证言，两份监委《讯问笔录》系复制粘贴而成，不具有合法性，应予以排除；张某权庭前签署了认罪认罚具结书，但是当庭供认审前有关为严某减刑邀请田某平三人一起吃饭的供述是在办案机关指供、诱供的情况下，违心承认的。因此，二被告人供述与辩解、严某的陈述不具有合法性，真实性亦无法判断，指控田某平收受严某现金红包后为其徇私舞弊减刑证据不足。

2. 没有证据证明田某平报请严某减刑有“舞弊”行为。

（1）严某被评为“2011—2012 年度湖北省社区矫正人员改造积极分子”符合条件。

严某被评为“2011—2012 年度湖北省社区矫正人员改造积极分子”是严格按照程序申报的，有证明其符合条件的证明材料，是经过建始县司法局、州司法局层层上报后，由湖北省社区矫正安置帮教工作领导小组办公室根据证明材料，评定的。

（2）严某被评为“2011—2012 年度湖北省社区矫正人员改造积极分子”发

生在2012年10月，报请严某减刑发生在2013年8月，根据起诉书指控，“张某权、田某平为严某减刑，接受严某宴请的时间是2013年7月的某一天”，没有证据证明2012年10月把严某作为“改造积极分子”上报，是为了严某2013年8月的减刑。

(3)建始县司法局为严某记立功、作出为其申请减刑的决定，田某平投了赞成票，但田某华、刘某群、万某蓉的证言，张某权的供述与辩解充分证实：田某平是依照局领导分工，依照程序进行的，没有徇私舞弊。首先由长梁乡司法所上报材料到县司法社矫办，社矫办刘某群进行审查后，再由局长万某蓉提议，由领导班子开会讨论、集体研究决定的。

3. 没有证据能够证实田某平主观上有“徇私舞弊”的故意。

(1)田某平对张某权、田某华等人根据州司法局社矫办提供的模板“补充”“编造”严某的减刑材料不知情。

(2)田某平在长梁乡司法所上报的严某四次“表扬”的《审批单》上一次性签字，在程序上确有不妥，但其主观上没有犯罪的故意，而是认为“严某有慰问老人，有长年长期资助贫困学生，长梁乡司法所该给严某报请表扬的没有报请，是在纠正不作为”。

(二)关于恩施市人民法院能否审理本案

辩护人：中院对严某减刑裁定书即〔2013年〕鄂恩施中刑执字第00 263号《刑事裁定书》目前仍然生效，缺乏证明犯罪后果的证据。

1. 中院对严某减刑裁定书即〔2013年〕鄂恩施中刑执字第00 263号《刑事裁定书》目前仍然生效，在减刑裁定没有依法被撤销的情况下，下级法院无权对上级法院作出的生效裁判文书作出否定性评价，只有在州中院依法启动审判监督程序撤销严某减刑案《刑事裁定书》后，恩施市法院才有权审理本案。

2. 只有州中院作出的减刑《刑事裁定书》被撤销，并依法认定了撤销的原因之后，才能确定究竟是哪些人的行为导致了严某被违法减刑，此时，恩施市法院作为下级法院才能审理本案并作出判决。

(三)关于指控的徇私舞弊行为与减刑结果之间是否存在因果关系

由于司法行政机关无权给社区矫正人员记立功，因此即使严某确实被违法减刑，也不能认定指控的行为与结果之间存在因果关系。

导致其被违法减刑的因果流程表现为：1. 长梁乡司法所(张某权等人)根据严某的“慰问孤寡老人、资助学生”等现实表现，根据州司法局社矫办提供的模板，为严某减刑补充材料，并把相关材料上报到建始县司法局社矫办；2. 县司法局社矫办刘某群审查(按她的证言，她有形式审查的职责)后，再向分管副局长田某平报告，刘某群与田某平共同向万某蓉局长汇报后，万某蓉提议领导班子开会讨论决定；3. 建始县司法局把严某减刑的材料上报到州司法局，由州司法局审查后，再报到州中级法院；4. 州中院审查后作出减刑的刑事裁定。

在整个流程中，只要有一个环节认识到司法行政机关无权给社矫人员记立功，就不会有本案发生，在一因多果的案件里，离结果最近的行为才是最值得追究责任，离结果越远的行为因果中间介入了更严重的行为，导致因果关系中断，从而不具有可罚性。除非能够证明中间的那些介入行为是“合法”的。

(四)关于本案是否属于情节严重

公诉人：本案属于情节严重，严某接受社区矫正期间表现极差，没有按时入矫，没有按规定报告，长梁乡司法所没有履行监管职责，严某在社区矫正期间不具有减刑条件，二被告人违法为严某减刑，为严某继续违法犯罪提供了便利条件，严某组织、领导的黑社会性质组织的发展壮大虽然与二被告人没有直接联系，但二被告人具有不可推卸的责任。

辩护人：指控田某平犯徇私舞弊罪“情节严重”，没有事实依据、没有法律依据、没有理论依据。

1. 公诉机关指控“罪犯严某在社区矫正期间及被违法减刑后，多次违法犯罪，危害社会，社会影响恶劣”，但是没有提供证据加以证明。

2. 给严某组织、领导黑社会性质组织提供条件，具有因果关系的行为是建始县其他部门的司法工作人员徇私舞弊，给严某办理暂予监外执行。给严某减刑与严某犯组织、领导黑社会性质组织等罪之间不具有“没有前者，就没有后者”这一最基本的条件关系，即没有因果关系。

3. 公诉机关指控田某平犯徇私舞弊罪“情节严重，应在三年以上七年以下有期徒刑”幅度内量刑没有法律依据。

到目前为止，究竟什么是徇私舞弊罪的“情节严重”没有明确法律与司法解释规定，既然如此，除非请示最高人民法院、最高人民检察院，基层不能轻易认定何为“情节严重”，这是罪刑法定原则的基本要求。在没有司法解释明确规定何为本罪情节严重的情况下，可以参考适用最高人民检察院 2002 年 1 月 1 日施行的《人民检察院直接受理立案侦查的渎职侵权重大案件标准》(试行)关于本罪之“重大、特大案件”规定，即符合该标准“重大、特大案件”规定的为本罪的“情节严重”，据此认定本案不属于情节严重的案件。

4. 公诉机关指控田某平、张某权犯徇私舞弊罪“情节严重，应在三年以上七年以下有期徒刑”幅度内量刑没有理论依据。

关于什么是“徇私舞弊罪的情节严重”，理论上尚无专门的论述。如果有必要，建议人民法院委托张明楷、陈兴良、周光权等著名刑法学家提供专家论证意见，在没有著名刑法学家提供专家意见的情况下，不能轻易说有“理论依据”。

公诉人引用网络上匿名作者的观点，认为本罪的“情节严重”指以下四种情形，“违法对严重的罪犯减刑、假释或者暂予监外执行的；被违法减刑、假释、暂予监外执行的罪犯继续犯罪，危害社会的；违法减刑、假释或者暂予监外执行造成恶劣的社会影响的；收受罪犯及其家属的财物而违法办理减刑、假释或者暂予监外执行的。”

但是该说法不是“情节严重”的理论依据。

(1)该说法来自网络的匿名作者，且只有结论没有论证。

(2)该说法违背刑法规定与公认的法理。具体而言：

刑法中的“量刑情节是反映罪行轻重以及行为人的再犯可能性大小，从而影响刑罚轻重的各种情况”，“情节严重”指的是“犯罪人的罪行重或再犯可能性大”的各种事实。

①“违法对严重的罪犯减刑、假释或者暂予监外执行”不是本罪的“情节严重”，因为它并没有反映出“犯罪人的罪行重或再犯可能性大”，如对一个判处15年有期徒刑的罪犯徇私舞弊减刑一个月与对一个判处三年有期徒刑的徇私舞弊减刑一年相比，情节就不严重。况且就本案而言，严某犯故意伤害罪被判处三年零六个月，并非重罪。

②“被违法减刑、假释、暂予监外执行的罪犯继续犯罪，危害社会的”，只要行为人对被减刑者“继续犯罪，危害社会”没有认识，也未必是本罪的“情节严重”，如被减刑者过失犯罪的，就不是本罪的“情节严重”。就本案而言，在没有生效的判决书认定严某的重大犯罪事实之前，不能认定严某有“继续犯罪，危害社会”的事实；即使严某有指控的犯罪事实，与指控本案的减刑也没有因果关系，有因果关系的是其他司法工作人员，徇私舞弊，将严某“暂予监外执行”。

③“违法减刑、假释或者暂予监外执行造成恶劣的社会影响的”，有可能属于本罪的“情节严重”。但是本案中，减刑没有造成恶劣的社会影响，公诉机关指控的是“犯罪减刑后，多次违法犯罪，危害社会，社会影响恶劣”，并

没有指控减刑行为造成了恶劣的社会影响。

④“收受罪犯及其家属的财物而违法办理减刑、假释或者暂予监外执行的”不是本罪的“情节严重”，因为“收受财物”是“受贿行为”，可以评价为本罪的“徇私”，达到了受贿罪定罪标准后，成立“受贿罪”而不是“徇私舞弊罪的情节严重”，这是司法解释明确规定了的。

（五）本案已过“追诉时效期限”

因为本案不可能“情节严重”，因此，本案应在《刑法》第 401 条“徇私舞弊减刑、假释、暂予监外执行罪”基本量刑幅度内量刑，追诉时效期限为 5 年。本案已过 5 年追诉时效期限。

1. 州中级人民法院 2013 年 9 月 23 日对严某作出减刑裁定不是田某平“犯罪”行为的结果，不能自 2013 年 9 月 23 日开始计算追诉时效期限。田某平涉嫌犯罪的最后时间与行为是 2013 年 8 月 2 日建始县司法局作出“关于给社区矫正对象严某记三等功的表彰决定”。本案的追诉时效应从田某平最后的涉案时间即 2013 年 8 月 2 日开始计算 5 年，即 2018 年 8 月 1 日是能够追究其刑事责任的最后一天。

2. 党纪立案、监察立案不能延长追诉时效期限。本案由州人民检察院立案侦查，追诉时效期限无论是“从田某平最后涉案时间 2013 年 8 月 2 日起”还是“从 2013 年 9 月 23 日州中院作出减刑裁定之日”开始计算，截至 2019 年 7 月 29 日州检察院作出刑事立案决定，本案都已过 5 年追诉时效期限。退一万步讲，即使认同监察委的特殊职权，从“从 2013 年 9 月 23 日州中院作出减刑裁定之日”计算到 2019 年 5 月 13 日“监委立案”止也已过 5 年追诉时效期限。

五、法院判决

恩施市人民法院以〔2020〕鄂 2801 刑初 15 号《刑事判决书》认定：

2011 年 12 月 7 日，罪犯严某因犯故意伤害罪被建始县人民法院判处有期徒刑三年六个月，在建始县看守所服刑期间，以其患有“右肺空洞性肺结核”（系虚假证明），恩施自治州公安局于 2012 年 6 月 14 日决定对其暂予监外执行，同日被释放，同年 6 月 15 日恩施州公安局给建始县长梁乡司法所下达暂予监外执行通知书。罪犯严某被释放后，未按规定及时到社区报到，于同年 6 月 27 日才到建始县长梁乡司法所报到接受社区矫正。罪犯严某在长梁乡司法所接受社区矫正期间，按规定要求应每月向司法所汇报一次、接受集中教育学习一次、参加公益劳动一次、提交思想汇报小结一次，每季度提交一次复查病情诊断书，但罪犯严某仅在2012年6月、9月有学习记录，无参加公益劳动记录，显示的汇报次数大部分均为电话报到，实际提交病情复查证明仅5份，缺乏2013年3—4季度病情复查证明材料。被告人张某权在罪犯严某到社区报到后，认为其“有本事，讲义气”，违背原则与其进行私人交往。2012年底，将罪犯严某请到家中饭时，接受严某给其女儿1 000元现金。当罪犯严某提出有资助他人的想法后，被告人张某权为其联系资助和慰问对象，罪犯严某对建始县长梁乡的孤寡老人进行慰问后，被告人张某权对此进行了宣传报道，以此提升工作亮点。被告人田某平得知罪犯严某慰问孤寡老人的信息后，亦介绍罪犯严某资助了建始县一中一名贫困学生。尔后，罪犯严某便趁势以咨询的方式向被告人张某权打听在社区矫正期间相关减刑事宜。2013年7月的一天，二被告人接受罪犯严某的宴请，并分别收取罪犯严某的现金红包。为给罪犯严某减刑，被告人张某权授意长梁乡司法所工作人员田某华比照其他县市的减刑材料，伪造罪犯严某在社区矫正期间获得四次季度表扬材料和立功的相关材料，被告人田某平在罪犯严某入矫仅三个多月，不符合年度社区矫正改造积极分子申报规定的情况下，仍违规为罪犯严某申报了湖北省2011—2012年度社区矫正人员改造积极分子，并违反程序，以建始县司法局名义给罪犯严某记三等功一次。

2013年8月5日，建始县司法局将二被告人指使他人伪造的虚假材料上报至恩施州司法局。同年8月29日，恩施州司法局向恩施州中级人民法院报送社区矫正人员减刑建议书，建议对罪犯严某减去有期徒刑一年。恩施州中级人民法院于2013年9月23日以〔2013〕鄂恩施中刑执字第00 263号《刑事裁定书》裁定对罪犯严某减去有期徒刑一年。罪犯严某在社区矫正期间及被违法减刑后，多次违法犯罪，危害社会，社会影响恶劣。

恩施市人民法院认为，被告人田某平、张某权身为国家司法工作人员，利用职权徇私舞弊，对不符合减刑条件的罪犯，捏造事实，伪造材料，违法报请减刑，情节严重，其行为均已构成徇私舞弊减刑罪，二被告人应当承担刑事责任。二被告人明知罪犯严某在接受社区矫正期间存在未按时入矫，也未按规定期限进行报告等违规行为，社区矫正期间表现极差，仍捏造事实、伪造材料、徇私舞弊违法给罪犯严某减刑，给罪犯严某继续违法犯罪提供了便利条件，严某黑社会性质组织的发展壮大虽与二被告人徇私舞弊减刑没有直接联系，但客观上起到了纵容的作用。故被告人田某平及辩护人的辩护意见与查明的事实不符，不予采纳。被告人张某权归案后供述了主要犯罪事实，并在公诉机关自愿签订了《认罪认罚具结书》，本院酌情对其从轻处罚。判决田某平犯徇私舞弊减刑罪，判处有期徒刑三年六个月；张某权犯徇私舞弊罪，判处有期徒刑三年，缓刑四年。

田某平不服一审判决，上诉至恩施州中级人民法院。

恩施州中级人民法院以〔2020〕鄂28刑终205号《刑事裁定书》认定：

田某平与张某权系共同犯罪，张某权明知罪犯严某在接受社区矫正期间存在多项违规行为，社区矫正期间表现极差，仍捏造事实、伪造材料、徇私舞弊违法给罪犯严某呈报减刑。田某平明知申报材料系伪造，仍准许申报，给罪犯严某继续违法犯罪提供了便利条件。二人徇私舞弊减刑的行为客观上对严某黑社会性质组织的发展壮大起到了纵容作用，应认定为情节严重。田某平及其辩护人提出公诉机关指控田某平、张某权犯徇私舞弊减刑罪情节严重没有事实及法律依据的上诉理由和辩护意见不能成立，不予采纳。

六、理论评析

本案涉及的问题较多，在控方没有针对辩方观点进行针对性辩论的情况下，有必要就证据的采信、案件事实的归纳以及法律的适用全面予以分析评价，在证据采信方面，涉及的问题是“纪委谈话笔录能否作为刑事诉讼中的证据认定案件事实”；在案件事实方面，涉及的问题是“在严某减刑案中，田某平客观上是否实施了徇私舞弊减刑行为，主观上是否有徇私舞弊减刑的故意”；在法律适用上，涉及的问题主要有“如何理解徇私舞弊减刑罪的情节严重”，“本案是否已过追诉时效期限”等问题。

（一）关于纪委谈话笔录能否作为刑事诉讼中的证据认定案件事实

没有法律明确规定纪委谈话笔录是否刑事诉讼中的证据，但是《监察法》第33条第1款明确规定，“监察机关依照本法规定收集的物证、书证、证人证言、被调查人供述和辩解、视听资料、电子数据等证据材料，在刑事诉讼中可以作为证据使用”。而且同条第2款明确规定，“监察机关在收集、固定、审查、运用证据时，应当与刑事审判关于证据的要求和标准相一致”。同条第3款还规定，“以非法方法收集的证据应当依法予以排除，不得作为案件处置的依据”。据此，只有监察机关对涉嫌违法犯罪的公职人员监察立案，并依照《监察法》的规定所进行的调查活动中形成的“被调查人供述与辩解”才可以作为刑事诉讼中认定案件事实的根据。笔录的名称是“被调查人供述和辩解”，根据《监察法》第40条规定，调查人为二人以上，讯问被调查人，应当依照规定出示证件，出具书面通知，形成笔录、报告等书面材料，并由相关人员签名、盖章；调查人员进行讯问以及搜查、查封、扣押等重要取证工作，应当对全过程进行录音录像，留存备查。

2018年，全国人大通过《宪法修正案》，并通过《监察法》，监察体制改革使我国的政治体制由原来的"人大领导下的一府两院制"，改为"人大领导下的一府一委两院制"。原有的行政监察机构被各级监察委员会所取代，成为在各级人民代表大会及其常委会领导下的国家机关，与政府、法院、检察机关一起，接受人民代表大会及其常委会的监督。同时，各级监察委员会与同级中共纪律检查委员会合署办公，"一套人马，两块牌子"。《监察法》把原来的检察机关对国家工作人员职务犯罪案件所行使的立案侦查权，整体转移给监察委员会，监察委员会可以对所有国家公职人员的腐败行为行使党纪监察权、政务监察权和刑事调查权。

党纪审查立案后，由党的纪律检查委员会对涉嫌违反党纪的人员进行审查，并依照《中国共产党纪律处分条例》进行处理。在党纪审查中所形成的谈话笔录，是确定被审查人员是否有违反党纪行为或事实的依据，查明其有违反党纪事实的，依据《中国共产党纪律处分条例》等党内规范作出党纪处分；在没有监察立案并根据《监察法》规定对被调查人员予以刑事调查的情况下，党纪谈话笔录只是党内处理的依据。

(二)关于能否认定田某平收受严某现金红包

本案能否认定田某平有收受严某现金红包的事实，涉及证据的审查与判断。

公诉机关指控田某平收受严某3 000元现金红包的证据有：严某的证言，田某平纪委谈话笔录与张某权的供述与辩解。对于严某的言辞证据，在本案中是作为证言出现的，但同时鉴于其作出陈述时的身份是被调查人，因此也可以认定其性质是被调查人的供述与辩解。性质不同，审查判断的依据、方法也就不同。根据辩方观点及证据，严某陈述的审查涉及是否具有合法性与真实性的问题。田某平在接受纪委工作人员谈话所作陈述的审查，涉及根据《监察法》等规定，其是否属于符合刑事诉讼法规定的证据，同时，鉴于田某平庭审中一再强调是基于骗供、诱供等违法行为作的违心陈述，需要进一步审查证据是否具有合法性，还可能涉及陈述的内容是否具有真实性的问题。张某权供称，为给严某减刑，曾邀请田某平与张某权三人一起聚餐，他本人曾收受严某现金红包，但不知道田某平是否收受严某现金红包，因此其陈述对指控田某平收受严某现金红包的事实而言不具有关联性。同时，鉴于张某权庭审时，当庭否定其庭前陈述的真实性，同时还辩称是在纪委工作人员骗供、诱供的情况下作的违心陈述，因此，还涉及对其陈述的合法性与真实性的审查与判断。

1. 严某陈述的审查与判断

证人证言是证人就其所了解的案件事实向司法机关(包括监察委员会)所作出的陈述，根据传闻证据规则的要求，证言应当当庭陈述其亲身感知的事实，在我国刑事诉讼法没有规定传闻证据规则，对证人陈述所作的笔录也是证据的情况下，审查证人与案件是否存在利害关系、审查证人证言的收集程序与方式、是否给证人提供了如实陈述的客观环境，对查明案件事实，非常重要。就本案而言，严某是徇私舞弊减刑案的直接受益方，在涉黑系列案件的处理中，其是否有坦白、立功等情节，对其而言十分重要，因此可以认为严某与案件存在利害关系；同时，严某的陈述，是其在留置室、看守所等羁押场所接受调查、讯问时所作出，无论是从客观环境方面，还是从要求严某陈述的方法方面看，都不能将严某视为证人对待。

换言之，严某的陈述，本质是被调查人的供述和辩解，应根据《刑事诉讼法》及相关司法解释有关“犯罪嫌疑人或被告人的供述与辩解”的审查规则进行分析判断。在严某 2019 年 12 月 30 日监察委《讯问笔录》与 2020 年 1 月 1 日《讯问笔录》一致，后者可能直接复制、粘贴形成的情况下，需要调查 2020 年 1 月 1 日调查人是否讯问严某，严某的陈述内容是否与纪录的内容一致，否则第二份笔录能否作为认定案件事实的根据就存在疑问。同时，还需要调查核实严某 2019 年 12 月 30 日《讯问笔录》的合法性，如果调查人员实施了《监察法》第 40 条第 2 款“严禁以威胁、引诱、欺骗及其他非法方式收集证据，严禁侮辱、打骂、虐待、体罚或者变相体罚被调查人和涉案人员”禁止性规定的，还可能涉及非法证据排除的问题。如果 2019 年 12 月 30 日《讯问笔录》是根据《监察法》规定合法形成，则还需要进一步调取严某与此有关的最初供述是如何形成的，从而综合判断严某的陈述是否具有真实性，即判断田某平是否为严某减刑，接受其宴请，并收受现金红包。

2. 田某平《纪委谈话笔录》的审查与判断

如前所述，在没有正式监察立案进行调查的情况下，纪委《谈话笔录》不是符合《监察法》《刑事诉讼法》规定的证据。但是，由于监察委员会与党的纪律检查委员会合署办公，“一套人马，两块牌子”，纪委谈话人同时又是具有监察委调查人身份，纪委谈话笔录同时又是监察委谈话笔录，在这种情况下，如何处理存在疑问。本书认为，根据《监察法》第 33 条第 1 款规定，具有双重性质的谈话笔录同样不可以作为刑事诉讼中的证据。就本案而言，田某平在接受纪委谈话时，承认收受严某现金红包，但是在正式监察立案后，一直否认接受红包，并解释了为什么接受谈话时承认收受严某现金红包的原因。即使认为《监察法》的贯彻、实施需要通过时间去完善，那么人民法院在审查证据时，也需要通过观看纪委谈话时的同步录音录像判断田某平“翻供”的理由是否属实。

(三)认定田某平犯徇私舞弊减刑罪的证据是否确实充分?

《刑法》第 401 条规定，“司法工作人员徇私舞弊，对不符合减刑、假释、暂予监外执行条件的罪犯，予以减刑、假释或者暂予监外执行的，处三年以下有期徒刑或者拘役；情节严重的，处三年以上七年以下有期徒刑”。本条中的“舞弊”，一方面是指“对不符合减刑、假释、暂予监外执行条件的罪犯，予以减刑、假释或者暂予监外执行”，另一方面表明本罪是故意犯罪；“徇私”作为犯罪动机，是主观的超过要素，虽然“只要求仅存在于行为人的内心即可，不要求有与之相对应的客观事实”①，但是如果没有证据证明行为人主观上有“徇私”动机，则不能成立本罪。

1. 对一审法院认定事实的评价

一审法院认定田某平实施的“徇私舞弊减刑”行为表现为：严某被暂予监外执行后，在建始县长梁乡司法所接受社区矫正，(1)“被告人田某平得知罪犯严某慰问孤寡老人的信息后，亦介绍罪犯严某资助了建始县一中一名贫困学生”。(2)“2013 年 7 月的一天，二被告人接受罪犯严某的宴请，并分别收取罪犯严某的现金红包”，为给罪犯严某减刑，被告人张某权授意长梁乡司法所工作人员田某华比照其他县市的减刑材料，伪造罪犯严某在社区矫正期间获得四次季度表扬材料和立功的相关材料。(3)被告人田某平在罪犯严某入矫仅三个多月，不符合年度社区矫正改造积极分子申报规定的情况下，仍违规为罪犯严某申报了湖北省 2011—2012 年度社区矫正人员改造积极分子。(4)并违反程序，以建始县司法局名义给罪犯严某记三等功一次。(5)“2013 年 8 月 5 日，建始县司法局将二被告人指使他人伪造的虚假材料上报至恩施州司法局。”同年 8 月 29 日，恩施州司法局向恩施州中级人民法院报送社区矫正人员减刑建议书，建议对罪犯严某减去有期徒刑一年。

---

① 张明楷:《刑法学》(第六版)，法律出版社 2021 年版，第 392 页。

对于这些事实，(1)“被告人田某平得知罪犯严某慰问孤寡老人的信息后，亦介绍罪犯严某资助了建始县一中一名贫困学生”属实，但这一行为应给予正面、肯定性评价。(2)“2013 年 7 月的一天，二被告人接受罪犯严某的宴请，并分别收取罪犯严某的现金红包”，如前所述，涉及到田某平“纪委谈话笔录”、严某“证言”的审查与判断。(3)“被告人田某平在罪犯严某入矫仅三个多月，不符合年度社区矫正改造积极分子申报规定的情况下，仍违规为罪犯严某申报了湖北省 2011—2012 年度社区矫正人员改造积极分子”，这一事实认定是错误的，因为严某被“2011—2012 年度湖北省社区矫正人员改造积极分子”发生在 2012 年 10 月，报请严某减刑发生在 2013 年 8 月，即使田某平为严某减刑而接受严某宴请属实，这一行为也发生在 2013 年 7 月，没有证据证明 2012 年 10 月把严某作为“改造积极分子”上报，是为了严某 2013 年 8 月的减刑。(4)“2013 年 8 月 5 日，建始县司法局将二被告人指使他人伪造的虚假材料上报至恩施州司法局”，但是根据一审法院所认定的案件事实，“为给罪犯严某减刑，被告人张某权授意长梁乡司法所工作人员田某华比照其他县市的减刑材料，伪造罪犯严某在社区矫正期间获得四次季度表扬材料和立功的相关材料”，田某平没有指使田某华伪造材料。

2. 对二审法院认定案件事实的评价

二审法院认定，“田某平与张某权系共同犯罪，张某权明知罪犯严某在接受社区矫正期间存在多项违规行为，社区矫正期间表现极差，仍捏造事实、伪造材料、徇私舞弊违法给罪犯严某呈报减刑。田某平明知申报材料系伪造，仍准许申报，给罪犯严某继续违法犯罪提供了便利条件”，从二审刑事裁定书载明的事实来看，可以认为二审法院重新认定了案件事实。换言之，就是二审法院审理后认为，对不符合减刑条件的严某，“捏造事实、伪造材料”是张某权实施的，是“正犯”，虽然田某平与张某权为严某减刑没有“共同犯罪的意思联络”，但是“田某平明知申报材料系伪造，仍准许申报，给罪犯严某继续违法犯罪提供了便利条件”，与张某权成立共同犯罪。如果这一事实认定“证据确实充分”，同时又承认“片面共同犯罪”理论，二审法院的裁判结论就是正确的。

从全案证据来看，田某平完全可能与张某权存在所谓“片面共同犯罪关系”。然而在检察机关在一审、二审中均未指控二人成立共同犯罪，庭审中双方没有就此举证、质证，法院也没有组织双方就“田某平是否明知申报材料是虚假”“张某权是否明知严某不符合减刑的条件”“在法律适用上，在没有意思联络的情况下，能否认定田某平与张某权成立共同犯罪”“如果成立共同犯罪，田某平是主犯亦或从犯"等方面进行辩论，二审法院径行认定这一案件事实是错误的。因为法院的司法活动具有被动性，"法官的使命是裁判，而不是发现"。"法院不能主动对任何一项争端进行裁判活动，它也不能主动干预社会生活，而只能在有人向其提出诉讼请求以后，才能实施司法裁判行为。同时，法院一旦受理当事者的控告或者起诉，其裁判范围就必须局限于起诉书所明确载明的被告人和被控告的事实，而绝不能超出起诉的范围去主动审理未经指控的人或者事实。换句话说，法院或法庭的裁判所要解决的问题只能是控诉方起诉的事实和法律评价，即被告人被指控的罪名是否成立；如果认为成立，就应按照控方主张的罪名作出有罪裁判；如果不成立，则应作出无罪判决。法院如果超出这一限制，而主动按照控方未曾指控的罪名给被告人定罪，就与司法程序的被动特征和'不告不理'原则直接发生冲突。"①

（四）本案是否属于"情节严重"？

1. 所指控的二人徇私舞弊减刑的行为客观上是否对严某黑社会性质组织的发展壮大起到了纵容作用？

一审法院认为，"捏造事实、伪造材料、徇私舞弊违法给罪犯严某减刑，给罪犯严某继续违法犯罪提供了便利条件，严某黑社会性质组织的发展壮大虽与二被告人徇私舞弊减刑没有直接联系，但客观上起到了纵容的作用"；二审法院进一步认为，"二人徇私舞弊减刑的行为客观上对严某黑社会性质组织的发展壮大起到了纵容作用，应认定为情节严重"。本案究竟是否属于情节严重呢？

何为"纵容"？所谓"纵容"，一般是指"明知是错误的行为不加制止，放纵，任其发展"，如果法院认定的事实是正确的，那就意味着张某权、田某平对严某在接受社区矫正期间以及减刑之后所从事的违法犯罪行为，尤其是组织、领导黑社会性质组织的事实，在主观上首先是明知的，然后在明知的主观认识基础上，客观上放弃职守，对严某的违法犯罪行为不加制止。按照这种理解，法院仅仅从客观方面认定指控的徇私舞弊减刑行为对严某黑社会性质组织的发展壮大有纵容作用，是错误的。更何况，法院调查查明，无论是张某权还是田某平，都坚持认为严某在社区矫正期间，有慰问、看望孤寡老人、资助贫困学生等突出表现，先后被县、州、省作为社区矫正积极分子予以表彰并宣传，直到严某因涉黑被查处，才知道严某的真实情况，这不能评价为对严某黑

① 陈瑞华：《看得见的正义》（第三版），法律出版社 2019 年版，第 182 页。

社会性质组织的“纵容”。

从法院庭审来看，一审法院违反了“不告不理”“法官的使命是裁判，而不是发现”原则，破坏了刑事诉讼“控辩审”基本诉讼构架。虽然公诉机关在案件宣判前提交了严某涉黑案一审判决书，但是公诉人并没有明确指控本案所指控的案件事实对严某黑社会性质组织起到了纵容作用。二审法院虽然开庭审理，但没有就所指控的减刑行为如何对严某黑社会性质组织起到纵容作用组织控辩双方举证、质证并进行辩论。

若希望所指控的“徇私舞弊减刑”行为对严某涉案承担责任，则必须有证据证明二者之间具备“没有前者，就没有后者”这种最低程度要求的条件上的因果关系。具有这种因果关系的人员包括严某涉黑案保护伞，徇私舞弊为严某办理暂予监外执行的司法工作人员等。然而，就本案而言，严某在减刑时是被暂予监外执行人员，没有证据也无法证明所指控的徇私舞弊减刑行为与严某涉黑案之间存在刑法意义上的条件关系。

2. 什么是徇私舞弊减刑、假释、暂予监外执行罪的“情节严重”？

《刑法》第 401 条规定，“司法工作人员徇私舞弊，对不符合减刑、假释、暂予监外执行条件的罪犯，予以减刑、假释或者暂予监外执行的，处三年以下有期徒刑或者拘役；情节严重的，处三年以上七年以下有期徒刑”。本案是否属于情节严重，是最重要争点。

我国刑法有大量条款规定“情节严重”“情节恶劣”，其作为客观构成要件要素，是从整体上评价行为违法性程度的要素。规定在基本条款中时，是犯罪成立条件；对于情节加重犯，“情节严重”也是构成要件要素，意味着行为违法性程度比基本条款的违法性程度更高，只有提高法定刑才能做到罪刑均衡。理论上有观点认为，还可以“从主观恶性上认定情节是否严重”①，不过，由于“如果行为本身的不法没有达到值得科处刑罚的程度，那么，即使其主观上再值得谴责，也不应认定为犯罪”，“责任是对不法的责任，它必须与不法相关联(责任的不法关联性)，并无在内容上独立于不法上的责任”，② 因此从主观恶性上认定情节是否严重的观点，并不妥当，只有能提高违法性程度的“客观情节”才可能是“情节严重”“情节恶劣”。在认定时主要考虑：(1)从行为手段上认定是否情节严重；(2)从行为的对象上认定是否情节严重；(3)从犯罪后果上认定情节是否严重；(4)刑法没有规定犯罪数额的场合，从犯罪数额上认

① 陈兴良：《刑法哲学》(第六版)，中国人民大学出版社 2017 年版，第 733 页。

② 张明楷：《刑法学》(第六版)，法律出版社 2021 年版，第 162 页。

定情节是否严重。同时，“根据责任主义的要求，在故意犯罪中，要求行为人对表明情节严重的前提事实具有认识；在过失犯罪中，要求行为人对表明情节严重的前提事实具有认识可能性”。①

一般来说，如何理解个罪的“情节严重”“情节恶劣”，争议较大，为了避免适用上的恣意性，两高往往通过颁布司法解释对“情节严重”“情节恶劣”予以明确界定。目前没有司法解释明确规定什么是徇私舞弊减刑、假释、暂予监外执行罪的“情节严重”，但是最高人民检察院 2001 年 7 月 20 日颁布、2002 年 1 月 1 日施行的《人民检察院直接受理立案侦查的渎职侵权重大案件标准》(试行)明确规定了是什么是“徇私舞弊减刑、假释、暂予监外执行”重大、特大案件，这个司法解释规定的“重大、特大”标准可以作为认定徇私舞弊罪“情节严重”的参考依据。根据这个司法解释，“重大”是指“(1)办理三次以上或者一次办理三人以上的；(2)为重大刑事犯罪分子办理减刑、假释、暂予监外执行的”；“特大”是指“(1)办理五次以上或者一次办理五人以上的；(2)为特别重大刑事犯罪分子办理减刑、假释、暂予监外执行的”。办理三次/五次以上或者一次办理三人/五人以上，是从犯罪结果方面作出的规定；为重大/特别重大犯罪分子办理减刑、假释、暂予监外执行，是根据犯罪对象作出的规定，都符合法理要求。在没有新的司法解释之前，可以参考适用《人民检察院直接受理立案侦查的渎职侵权重大案件标准》关于“重大”“特大”徇私舞弊减刑案的立案标准作为认定“情节严重”的标准。

3. 为什么本案不属于“情节严重”？

(1)根据《人民检察院直接受理立案侦查的渎职侵权重大案件标准》(试行)，严某是因故意伤害罪被判处三年半有期徒刑，且被暂予监外执行，接受社区矫正的犯罪分子，不是重大、特大刑事犯罪分子。同时，根据责任主义原则，徇私舞弊减刑罪是故意犯罪，适用“情节严重”还应以行为人对符合“情节严重”的情形有认识为前提。具体到本案，田某平对严某没有直接监管职责，没有证据证实田某平对严某故意伤害案有认识。因此，根据《人民检察院直接受理立案侦查的渎职侵权重大案件标准》(试行)，本案不属于“情节严重”。

(2)如前所述，法院没有证据地认定“二人徇私舞弊减刑的行为客观上是否对严某黑社会性质组织的发展壮大起到了纵容作用”，剥离主观认知，仅从客观上认定“起到纵容作用”属于认定事实错误；另外，“减刑”与严某组织、领导黑社会性质组织之间连“没有前行为就没有后结果”的条件关系都没有，

① 张明楷：《刑法学》(第六版)，法律出版社 2021 年版，第 162 页。

不能认为本案属于“情节严重”。

(3)二审法院认定“张某权明知罪犯严某在接受社区矫正期间存在多项违规行为，社区矫正期间表现极差，仍捏造事实、伪造材料、徇私舞弊违法给罪犯严某呈报减刑。田某平明知申报材料系伪造，仍准许申报，给罪犯严某继续违法犯罪提供了便利条件”，并进而认为“田某平与张某权系共同犯罪”。本案二被告人之间没有共同犯罪的“意思联络”，根据二审法院认定的案件事实，能否认定田某平与张某权成立共同犯罪，在理论上是存在争议的。

对于数人共同参与同一犯罪的案件中，一方认识到自己是与他人共同实施犯罪，另一方却没有认识到有他人和自己共同实施犯罪的情形，理论上称之为“片面共同犯罪”。

我国刑法理论通说(传统学说)认为，《刑法》第25条第1款明确规定，共同犯罪必须是二人以上“共同故意”犯罪。因此，共同故意是共同犯罪的主观必备要件，共同犯罪人之间必须存在“意思联络”，要求被共同犯罪人认识到自己不是在单独实施犯罪，而是与他人相互配合共同实施犯罪，彼此在主观上“相互沟通，彼此联络”。① 按照通说观点，田某平与张某权之间因没有共同的“意思联络”而不成立共同犯罪。

“为了成立教唆、帮助或者共同正犯，要求共犯行为与构成要件的结构(构成要件该当事实)之间存在因果关系”②，从因果关系的内容考察，包括物理的因果性和心理的因果性，我国刑法理论通说(传统学说)的观点显然既考虑了物理的因果性，又考虑了心理的因果性，综合得出的结论。如果只考虑物理上的因果性，而不考虑心理上的因果性，就可以承认“片面共同犯罪”这种现象也是共同犯罪。不过，肯定说的内部就其成立的范围也存在争议，有的认为所有的片面共犯都成立共同犯罪，包括片面正犯、片面教唆犯、片面帮助犯；有的只承认片面教唆犯与片面帮助犯；有的仅承认片面帮助犯。③

如前所述，二审法院在检察机关没有指控二被告人成立共同犯罪，没有举证、质证，控辩双方没有就此进行辩论的情况下，认定“田某平明知申报材料

① 高铭暄、马克昌：《刑法学》(第九版)，北京大学、高等教育出版社2019年版，第162页。马克思主义理论研究和建设工程重点教材：《刑法学》，高等教育出版社2019年版，第230~231页。

② [日]山口厚：《刑法总论》(第三版)，付立庆译，中国人民大学出版社2018年版，第362页。

③ 参见张明楷：《刑法学》(第六版)，法律出版社2021年版，第598页。

系伪造，仍准许申报，给罪犯严某继续违法犯罪提供了便利条件”，本书不能擅自判断二审法院认定的案件事实是否证据确实充分。如果证据确实充分，按照片面共同犯罪理论，田某平的行为成立片面帮助犯。既然是片面帮助犯，说明其在严某减刑案中，起辅助作用，应认定为从犯，相应地应认定其徇私舞弊减刑“情节较轻”，而非“情节严重”。

(五)本案是否已过追诉时效期限?

《刑法》第 401 条规定，“司法工作人员徇私舞弊，对不符合减刑、假释、暂予监外执行条件的罪犯，予以减刑、假释或者暂予监外执行的，处三年以下有期徒刑或者拘役；情节严重的，处三年以上七年以下有期徒刑”。

根据《刑法》第 87 条第 1 款规定，如果本案不属于“情节较重”，则本案的追诉时效期限为五年；如果本案属于“情节较重”，则本案的追诉时效期限为十年。根据《刑法》第 89 条第 1 款规定，“追诉期限从犯罪之日起计算；犯罪行为有连续或者继续状态的，从犯罪行为终了之日起计算”。根据《刑法》第 88 条规定，追诉时效期限计算到人民检察院、公安机关、国家安全机关或者人民检察院受理案件追诉之日。

1. 何时是田某平的犯罪之日？

对于本案，田某平涉嫌犯罪的最后时间是 2013 年 8 月 2 日建始县司法局作出“关于给社区矫正对象严某记三等功的表彰决定”，2013 年 8 月 2 日可谓田某平最后实施犯罪行为之日。若犯罪之日是指实施犯罪行为之日，则应从 2013 年 8 月 2 日计算追诉时效期限；若犯罪之日包括犯罪结果发生之日，州中级人民法院于 2013 年 9 月 23 日对严某作出减刑裁定，减刑裁定可以认定为田某平犯罪结果之日，则应自 2013 年 9 月 23 日开始计算追诉时效期限。

犯罪的行为与结果并不必然同时发生，经常存在时间或空间上的间隔，理论上称之为隔离犯，前者为隔时犯，后者为隔地犯；对于间接正犯的场合，被利用行为所产生的法益侵害结果才是间接正犯利用行为的犯罪结果；在数人共同作用于法益侵害的案件中，最终的法益侵害结果才是各参与人的犯罪结果。因此，自 2013 年 9 月 23 日开始计算追诉时效期限是妥当的。

2. 党纪立案、监察立案能否延长追诉时效期限？

《刑法》第 88 条第 1 款规定，“在人民检察院、公安机关、国家安全机关立案侦查或者在人民法院受理案件以后，逃避侦查或者审判的，不受追诉期限的限制”。

罪刑法定是刑法最基本原则，因为罪刑法定原则，党纪立案、监委立案不能延长追诉时效期限。即使考虑到监察委的调查职能，监察委立案也只能延长其具有管辖权案件的追诉时效期限，但无论如何，党纪立案都不是延长追诉时效期限的理由。就指控田某平“徇私舞弊减刑”一案，追诉时效期限无论是“从田某平最后涉案时间 2013 年 8 月 2 日起”还是“从 2013 年 9 月 23 日州中院作出减刑裁定之日”开始计算，截止 2019 年 7 月 29 日州检察院作出刑事立案决定，本案都已过 5 年追诉时效期限。退一万步讲，即使认同监察委的特殊职权，从“从 2013 年 9 月 23 日州中院作出减刑裁定之日”计算到 2019 年 5 月 13 日“监委立案”也已过 5 年追诉时效期限。

拓展阅读：

1. 李翔：《情节犯研究》(第二版)，北京大学出版社 2018 年版。
2. 邓子滨：《刑事诉讼原理》，北京大学出版社 2019 年版。
3. 林亚刚、赵慧：《论片面共犯的理论基础》，载《法学评论》2001 年第 5 期。
4. 赵秉志：《“片面共犯”不能构成共同犯罪》，载《检察日报》2004 年 78 日，第 3 版。
5. 黄继坤：《关于片面共犯探究》，载《湖北民族学院学报(哲学社会科学版)》2005 年第 3 期。

案例二 李某“套路贷”涉嫌诈骗罪案

导读：

犯罪构成是我国刑法规定的，决定某一具体行为的危害性及其程度，从而该行为成立犯罪所必须具备的一切客观要件和主观要件的有机统一，是认定行为是否成立犯罪的唯一标准。“套路贷”是假借民间借贷之名，非法占有被害人财物的“相关违法犯罪活动的概括性称谓”，它是司法实践针对民间借贷中所产生的诈骗罪、敲诈勒索、强迫交易等犯罪现象归纳出来的概念，既不是一个新的罪名，也没有在刑法规定之外创设新的诈骗罪的犯罪构成。不能以“套路贷”概念取代“诈骗罪”犯罪构成，处理“套路贷”案件，只能根据刑法规定的犯罪构成判断行为是否构成相关犯罪。

关键词：

罪刑法定原则；犯罪构成；诈骗罪行为结构；套路贷；虚假诉讼；级别管辖；指定管辖

一、指控事实

利川市人民检察院以鄂利检刑诉〔2018〕144号起诉书指控被告人李某犯诈骗罪、高利转贷罪、非法吸收公众存款罪，被告人曹某武、胡某国、李某凤、易某、吴某峰、刘某明、黄某清犯诈骗罪，于2019年6月1日向利川市人民法院提起公诉，利川市人民法院于同日立案。在审理过程中，根据利川市人民法院建议，利川市人民检察院于2019年10月16日以鄂利检公诉刑追诉

〔2019〕2号《追加起诉决定书》，追加起诉被告人李某、吴某峰犯寻衅滋事罪、强迫交易罪，被告人曹某武、刘某明、黄某清犯寻衅滋事罪。

其中，利川市人民检察院起诉指控上述被告人犯诈骗罪：

2015年开始，被告人李某、曹某武、胡某国(后期才参与)共同出资经营资本生意，伙同被告人李某凤、易某、吴某峰、刘某明、黄某清及唐某群、张某标(另案处理)等人形成恶势力团伙，假借民间借贷之名，以顺天民间资本管理有限责任公司(以下简称顺天公司)、鑫元民间资本管理有限公司(以下简称鑫元公司)、衡鼎融资租赁有限公司(以下简称衡鼎公司)等公司为依托，以行业潜规则收取“砍头息”、保证金、虚高债务，后又通过以贷还息、以贷还贷、息入本等方式继续虚增借款金额，然后通过转单平账、签订阴阳合同、签订虚假融资租赁合同、制造虚假银行流水、肆意认定违约、毁匿还款证据等方式形成虚假债权债务，并借助公证、房产备案登记、管控被害人公司公章、网银、U盾以及威胁、谈判、滋扰、尾随等方式软暴力讨债，对被害人向某、李某斐、邓某明、余某高等人实施套路贷，共计骗取人民币8 481.946 2万元(以下币种相同)，另诈骗未遂16 275.24万元。具体事实如下：

1. 2016年6月16日至2017年11月16日期间，被告人李某、曹某武、胡某国、李某凤、吴某峰、易某、刘某明通过实施套路贷共计骗取被害人向某(安厦公司法定代表人)1 310.786 2万元，另诈骗未遂8 000万元。经鉴定，安厦公司向李某、曹某武等自然人累计借款7 498.5万元，安厦公司向李某、曹某武等自然人累计偿还的借款本金为4 956.186 2万元，累计支付利息3 853.1万元。具体事实如下：

2016年6月16日，李某给被害人向某借款100万元，扣除当月利息9万元及6月23日借款1 200万元的保证金20万元，实际转入资金71万元；6月23日借款1 200万元，6月29日预扣利息50万元，6月30日又预扣利息38万元，实际到账1 112万元。后李某介绍曹某武给向某借款，二人用以贷还息，以贷还本等方式不断虚高债务。为掌控向某的公司账务，保障向某偿还虚高的债务，李某、曹某武安排被告人刘某明到安厦公司保管该公司公章、财务章、法人章、U盾，要求向某给刘某明支付2 500元/月的工资，并提供租房一套，二被告人又分别给刘某明支付2 500元/月的工资。2016年10月至2017年9月安厦公司共计支付刘某明3万元工资，房租费6 500元。2017年8月，被告人曹某武因涉嫌非法吸收公众存款罪向恩施市公安局投案，被告人李某又安排被告人吴某峰接替刘某明，继续控制安厦公司财务，直到2018年6月12日，被告人吴某峰被取保候审之后才归还锁公章的钥匙。

2017 年 6 月 29 日，经李某、曹某武计算，安厦公司共计欠二人 4 270 万元，李某、曹某武、胡某国三人商量将 4 000 万元债务转入衡鼎公司(其中胡某国出资 850 万系转移李某的债务)，月息降至 5 分，并先付 5 万元保证金，7 月 7 日，三人谎称为保障向某归还这 4 000 万元，强迫其与衡鼎公司签订了 8 004. 416 2万元商铺、车位融资租赁合同，并制造了 8 000 万元的虚假银行流水，之后又强迫向某按照协议内容配合进行登记备案和公证，因为未实际购买，违反相关规定，利川市住建局未受理，公证机关也拒绝公证。

2017 年 7 月 29 日，因根据李某、曹某武的计算：余下的 270 万元加上 4 270万元至 7 月 29 日的利息 450 万，加上 4 000 万元的 5 分的砍头息 200 万元，加上预借 1 000 万元的砍头息 50 万元，共计 970 万元，李某、曹某武要求向某采取以贷还贷的方式又借款 1 000 万元，二被告人通过易某、吴某峰账户转入安厦公司 1 000 万元，收到之后又按照他们指定的唐某群、李某凤、徐吉安账户转回 956 万元(6 月 29 日已支付 5 万元保证金、7 月 27 日已支付利息 9 万元)。

2017 年 9 月 7 日，李某强迫向某以其开发的商铺抵账，并要求其配合制作了虚假的银行流水，然后以其姐李某凤、李宗英、李菊花名义签订了买卖合同，抵账 646. 186 2 万元，并进行了备案登记(其中李菊花的未能登记备案)，之后曹某武投案，李某、胡某国、吴某峰、张某标多次到安厦公司采取威胁、谈判等方式强索债务，被害人向某被迫于 2017 年 9 月 21 日至 11 月 16 日归还李某、曹某武 390 万元。经鉴定，该商铺价值 657. 538 83 万元。

2. 2015 年 11 月 25 日至 2017 年 7 月 13 日期间，李某、曹某武、李某凤、吴某峰、易某通过实施套路贷共计骗取被害人李某斐 6 100. 16 万元，另诈骗未遂 6 325 万元。经鉴定，腾龙公司(法定代表人李某斐)收到衡鼎公司及李某凤、李某、曹某武等自然人累计转入资金为 32 004. 94 万元，累计转出资金为 38 105. 1 万元。具体事实如下：

2015 年 11 月 25 日至 2017 年 4 月 7 日，李某、曹某武多次给李某斐高息借款，通过收取砍头息、以贷还贷、以贷还息方式不断虚高债务，李某斐也不断地组织资金还款。2017 年 4 月 8 日，经李某、曹某武计算，李某斐连本带息尚欠 5 235 万元，逼迫其签下向易某借款 5 235 万元、月息 5 分的借条，并制造了虚假的银行流水；2017 年 5 月 12 日李某又给李某斐借款 500 万元周转。2017 年 7 月 13 日，根据李某计算上述两笔借款两个月利息共计 583. 5 万元，要求李某斐出具一张向易某借款 590 万元的借条，同时制作了虚假的银行流水，余下的 6. 5 万元从曹某武账户转入腾龙公司。此笔 590 万元债务，李某斐实际只收到6.5万元。

2017年8月11日22时许，李某、易某、李某凤到腾龙金巷售楼部拿出前述的590万元和500万元的两张借条要求该公司员工刘胜用房产抵扣易某名下的欠条，因刘某不了解情况又联系不上李某斐，未办理，李某威胁要将刘某绑了，刘某因担心自己人身安全，被迫违规办理了1 090万元的购房手续。

之后被害人李某斐资金链断裂，为寻求保护，住到利川市公安局院内。2017年9月2日晚上20点，被告人李某邀约2车人等在利川市公安局门外，自己到利川市公安局院内威胁李某斐当天必须还清全部债务，并将自己擅自制作的经“双方协商同意”的李某斐将腾龙金港1 280个车位(价值1亿多元)全部抵债给李某的协议书拿出来，逼迫李某斐签字，因为李某斐资产和债务在清理之中，拒绝签字，一直到9月3日凌晨1点多，被告人李某在威胁李某斐三天之内必须还清全部债务之后，才将邀约之人带离利川市公安局。

之后李某、易某、李某凤等人多次到李某斐公司索要债务，并于2017年12月8日强迫李某斐，用所开发的腾龙金港车位13个、商铺49个(总价值3 770万元)抵债，并办理了相关购房手续(原1 090万元的购房合同作废)。

3. 2015年12月至2017年8月期间，李某、曹某武、胡某国等人通过实施套路贷共计骗取被害人邓某明1 071万元，另诈骗未遂1 500万元。经鉴定，铭鑫公司(法定代表人邓某明)向衡鼎公司及李某、李某凤、胡某国等自然人累计借款本金为4 764万元，累计偿还本金4 000万元，累计支付利息1 835万元(其中预收利息547万元，手续费31万元，本金4 186万元，其中借新还旧1 793万元)尚欠1 500万元。具体事实如下：

2015年12月17日，李某给邓某明的铭鑫公司借款1 000万元，月息5分，当日支付砍头息及保证金400万元到李某账户，李某于2016年3月1日归还邓某明125万元。之后又5次短期借款给邓某明：分别于2016年1月21日及2月1日借款200万元，月息1角2分；4月5日借款500万元，月息8分；5月19日借款300万元，月息7分；6月17日借款300万元，月息8分；7月8日借款500万元，月息1角。

2016年11月，李某为催收2015年12月17日的1 000万元借款，介绍胡某国给邓某明公司借款1 200万元，月息7分，期限7个月。胡某国于2016年11月17日、18日、22日共计给铭鑫公司转入1 200万元，还李某1 000万元，付砍头息84万元(实际该公司只到账116万元)胡某国为规避法律，强迫邓某明签订阴阳合同，11月17日该公司将30个门面折价1 200万元卖给胡某国及唐某群，同日二人又将该门面以1 620万元卖给铭鑫公司副总经理乔兴富，并进行了备案登记，铭鑫公司归还之后才撤销备案。

2017 年 8 月 3 日，李某要求邓某明找曹某武借款 800 万元以借新还旧的方式归还 2016 年 5 月 19 日借的本金 300 万元及 50 万元利息，另外邓某明私人借款 200 万元及利息 100 万元，借胡某国 1 200 万元最后一次利息 84 万元以及支付胡某国手续费 16 万元（胡某国的 1 200 万元已转入恩施金恩小额贷款公司，月息 3 分，系胡某国介绍的，因此胡某国强迫邓某明支付 160 万元介绍费，后经李某、曹某武协调，支付了 16 万元的手续费），违约金 3 万元（因下午转入，当天无法及时转出，第二天才转出，于是强迫邓某明支付 3 万元的资金占用费）及新借的 800 万元的利息 40 万，以上合计 793 万元。曹某武以衡鼎公司租用铭鑫公司车库付租金 1 500 万元，强迫邓某明与衡鼎公司签下 1 500 万元的虚假合同，之后衡鼎公司转入铭鑫公司 800 万元，同时强迫邓某明按照李某、曹某武、胡某国的要求转入李某凤账户共计 793 万元曹某武承诺再转 700 万元，但一直没有转。因此，该笔借款邓某明实际只得到 7 万元。

4. 2017 年 3 月 11 日至 2018 年 3 月 12 日期间，李某、曹某武、李某凤、吴某峰、易某骗取被害人余某高人民币 450. 24 万元（未遂）。经鉴定，自然人余某高及其相关公司收到李某、黄某华、易某、吴某峰等自然人累计转入资金为 3 246 万元，自然人余某高及其相关公司向李某、黄某华、易某、吴某峰等自然人累计转出资金为 3 233. 62 万元，尚欠 462. 62 万元。具体事实如下：

2017 年 3 月 11 日，曹某武通过鑫元民间资本管理公司以吴开慧名义给余某高借款 300 万元（将曹某武私人高息借款转到鑫元民间资本管理公司），月息 3 分；2017 年 4 月 11 日，曹某武、李某又给被害人余某高借款 300 万元，月息 8 分，归还鑫元民间资本管理公司的 300 万元，4 月 10 日归还利息后剩余本金 300 万元。

2017 年 3 月 25 日曹某武给余某高借款 200 万元，月息 8 分，4 月 27 日归还本金 90 万元及利息；2017 年 5 月 16 日曹某武给余某高借款 800 万元，扣除利息 84 万元，5 月 17 日归还本金 100 万元。2017 年 6 月 28 日，曹某武、李某因担心 8 分利息风险太高，余某高还不了，又不好打官司，于是决定将债务转移到李某名下，利息转为 3 分，于是谎称曹某武欠李某的钱，将上述 1 110 万元及利息合计 1 250 万元转移到李某名下，强迫余某高给吴某峰、易某出具了共计 1 250 万元的借条，并逼迫余某高配合制造了相应的虚假银行流水。之后多次强迫余某高归还这 1 250 万元及利息，2013 年 7 月 13 日李某又强迫余某高找曹某武借款 700 万元归还李某欠款，余某高被迫按照曹某武的要求先支付曹某武 700 万元 10 天的利息 70 万元后借款 700 万元归还李某（实际未借款，也未转移债务)。曹某武收到这 70 万元后，分给李某 35 万元。

2017 年 9 月底至 11 月下旬，李某为索取债务，安排吴某峰、黄某清跟随余某高，掌控余某高的车钥匙为其开车，进行 24 小时跟随、并在办公室占地搭帐篷监守，纠缠、跟随 2 个多月。2017 年 11 月底，余某高借故修车，将车拿回，李某又要求余某高将其公司的公章、财务章、法人章、U 盾交由吴某峰、黄某清保管，二人随时向李某报告余某高财务状况，直到 2018 年 4 月吴某峰被刑事拘留后，利川市公安局才将锁公章、法人章及 U 盾的柜子钥匙从吴某峰妻子手中调取并予以发还。期间，余某高连本带息归还李某 578.88 万元。

2018 年 3 月 12 日，李某见余某高无力继续偿还债务，便强迫其用利川市政府的扶贫项目，盛稀源农业科技有限公司的菌棒和政府出资修建、移交给盛稀源农业科技有限公司管理的大棚抵账。李某、吴某峰等人用辱骂、威胁方式迫使余某高将市场价 4.5 元/根的菌棒以 3.5 元/根抵账，共计 100 个大棚(面积 13 920 平方米)和 76 万个香菇菌棒，作价 300 万元。还强迫将这 300 万元的成交合同签订时间落款为 2017 年 6 月 26 日，企图以 2017 年 6 月 28 日的 500 万元转单平账制造的银行流水形成购买菌棒和大棚的假象。菌棒和大棚由李某安排 晓峰等人自产自销，导致本应按 30%分红的贫困户无法获得分红，给贫困户造成直接经济损失。致使余某高被迫给盛稀源农业科技有限公司按成本价出具 390 万元的欠条。根据李某的计算，余某高还欠李某、曹某武 462.62 万元。

二、辩护要点

本案没有符合诈骗罪犯罪构成的诈骗事实。

三、关键证据

公诉机关提供证据能证明所指控的客观事实。

四、控辩意见

公诉人：

1. 李某、曹某武、胡某国采用虚构事实，隐瞒真相的方法，非法占有他人财物，其行为触犯了《中华人民共和国刑法》第266的规定，构成诈骗罪。

2. 李某凤、刘某明、易某、吴某峰、黄某清的行为构成诈骗罪的共犯，他们明知李某、曹某武等人合伙实施“套路贷”，为其提供银行卡及资金帮助，协助转单平账并制造虚假银行流水，李某负责记账，易某负责银行业务，吴某峰、刘某明、黄某清还负责软暴力讨债，控制被害人单位公章、法人章、网银，为李某、曹某武实施套路贷提供帮助。

3. 诈骗罪数额认定问题。本案诈骗罪既遂金额为8 481.946 2万元，未遂金额是16 275.24万元。李某等人找向某软暴力讨债，以李某凤、李宗英、李菊花名义签订商铺买卖合同，因为进行了登记备案，该笔款项646.186 2万认定为既遂。李某、李某凤、易某多次找李某斐软暴力讨债，强迫其签订腾龙金港车位、商铺总价值3 770万的买卖合同，未登记备案，属于犯罪未遂。

李某辩护人：

根据最高人民法院、最高人民检察院、公安部、司法部《关于办理“套路贷”刑事案件若干问题的意见》：“套路贷”，是对以非法占有为目的，假借民间借贷之名，诱使或迫使被害人签订“借贷”或变相“借贷”“抵押”“担保”等相关协议，通过虚增借贷金额、恶意制造违约、肆意认定违约、毁匿还款证据等方式形成虚假债权债务，并借助诉讼、仲裁、公证或者采用暴力、威胁以及其他手段非法占有被害人财物的相关违法犯罪活动的概括性称谓。

“套路贷”不是一个新的罪名，也没有在刑法规定之外创设新的诈骗罪的犯罪构成，符合“套路贷”的行为可能成立诈骗罪，也可能只是一般的违法行为，不能以“套路贷”概念取代“诈骗罪”犯罪构成，处理“套路贷”案件，只能根据刑法规定判断被告人是否成立相关犯罪。

没有确实充分的证据证明本案中存在“套路贷”，公诉机关根本就没有根据诈骗罪的犯罪构成证明李某等人实施了诈骗行为，不仅如此，庭审查明向某、李某斐、邓某明、余某高明知所有公诉机关指控的“套路贷”事实，没有陷入认识错误，他们更没有因此而受到损失，指控李某等人犯诈骗罪事实不清、证据不足，故应作出没有诈骗事实的无罪判决。

五、法院判决

利川市人民法院以〔2019〕鄂2802刑初192号刑事判决认定：

经审理查明，2015年开始，被告人李某、曹某武、胡某国(后期才参与)共同出资经营资本生意，伙同被告人李某凤、易某、吴某峰、刘某明、黄某清等人长期纠集在一起，假借民间借贷之名，以顺天公司、鑫元公司、衡鼎公司等公司为依托，以行业潜规则收取“砍头息”、保证金、虚高债务，后又通过以贷还息、以贷还贷、息入本金等方式继续虚增借款金额，然后通过转单平账、签订阴阳合同、签订虚假融资租赁合同、制造虚假银行流水毁匿还款证据等方式形成虚假债权债务，并借助公证、房产备案登记、管控被害人公司公章、网银、U盾以及威胁、谈判、滋扰、尾随等方式软暴力讨债，对被害人向某、李某斐、邓某明、余某高等人以套路贷方式实施诈骗活动以及寻衅滋事、强迫交易等一系列犯罪活动。

其中诈骗罪：

被告人李某、曹某武、胡某国等人实施套路贷诈骗活动，先后共计骗取被害人向某、李某斐、邓某明、余某高人民币 8 481.946 2 万元(以下币种相同)，另诈骗未遂 16 275.24 万元。具体事实如下：

1. 2016 年 6 月 16 日至 2017 年 11 月 16 日期间，被告人李某、曹某武、胡某国、李某凤、吴某峰、易某、刘某明通过实施套路贷共计骗取被害人向某 1 310.786 2 万元，另诈骗未遂 8 000 万元。经鉴定，安厦公司(法定代表人向某)向李某、曹某武等自然人累计借款 7 498.5 万元，安厦公司向李某、曹某武等自然人累计偿还的借款本金为 4 956.186 2 万元，累计支付利息 3 853.1 万元。

2016 年 6 月 16 日，李某给被害人向某借款 100 万元，扣除当月利息 9 万元及 6 月 23 日借款 1 200 万元的保证金 20 万元，实际转入资金 71 万元；6 月 23 日借款 1 200 万元，6 月 29 日预扣利息 50 万元，6 月 30 日又预扣利息 38 万元，实际到账 1 112 万元。后李某介绍曹某武给向某借款，二人用以贷还息，以贷还本等方式不断虚高债务。

李某、曹某武在通过上述方式不断垒高向某的债务后，2017 年 6 月 29 日，经李某、曹某武计算，安厦公司共计欠被告人 4 270 万元，被告人李某、曹某武、胡某国三人商量将 4 000 万元债务转入衡鼎公司(其中胡某国出资 850 万系转移李某的债务)，月息降至 5 分，并先付 5 万元保证金。7 月 7 日，三人谎称为保障向某归还这 4 000 万元，强迫其与衡鼎公司签订了 8 004.416 2 万元商铺、车位融资租赁合同，并制造了 8 000 万元的虚假银行流水，之后又强迫向某按照协议内容配合进行登记备案和公证，因为未实际购买，违反相关规定，利川市住建局未受理，公证机关也拒绝公证。

2017 年 7 月 29 日，根据李某、曹某武的计算：余下的 270 万元加上 4 270 万元至 7 月 29 日的利息 45 万，加上 4 000 万元的 5 分的砍头息 200 万元，加上预借1 000万元的砍头息50万元，共计970万元，李某、曹某武要求向某采取以贷还贷的方式又借款1 000万元，二被告人通过易某、吴某峰账户转入安厦公司1 000万元，安厦公司收到之后又按照他们指定的唐某群、李某凤、徐吉安账户转回956万元。

2017年9月7日，李某强迫向某以其开发的商铺抵账，并要求其配合制作了虚假的银行流水，然后以其姐李某凤、李宗英、李菊花名义签订了买卖合同，抵账646.186 2万元，并进行了备案登记(其中李菊花的未能登记备案)，之后曹某武投案，李某、胡某国、吴某峰、张某标(另案处理)多次到安厦公司采取威胁、谈判等方式强索债务，被害人向某被迫于2017年9月21日至11月16日归还李某、曹某武390万元经鉴定，该商铺价值657.538 83万元。

2. 2015年11月25日至2017年7月13日期间，李某、曹某武、李某凤、吴某峰、易某通过实施套路贷共计骗取被害人李某斐人民币6 100.16万元，另诈骗未遂人民币6 325万元。经鉴定，腾龙公司(法定代表人李某斐)收到衡鼎公司及李某凤、李某、曹某武等自然人累计转入资金为32 004.94万元，累计转出资金为38 105.1万元。具体事实如下：

2015年11月25日至2017年4月7日，李某、曹某武多次给李某斐高息借款，通过收取砍头息、以贷还贷、以贷还息方式不断虚高债务，李某斐也不断地组织资金还款。2017年4月8日，经李某、曹某武计算，李某斐连本带息尚欠5 235万元，逼迫其签下向易某借款5 235万元、月息5分的借条并制造了虚假的银行流水。2017年5月12日李某又给李某斐借款500万元周转，2017年7月13日，根据李某计算，上述两笔借款两个月利息共计583.5万元，要求李某斐出具一张向易某借款590万元的借条，同时制作了虚假的银行流水，余下的6.5万元从曹某武账户转入腾龙公司，此笔590万元债务，李某斐实际只收到6.5万元。

2017年8月11日22时许，李某、易某、李某凤到腾龙金巷售楼部拿出前述的590万元和500万元的两张借条要求该公司员工刘某用房产抵扣易某名下的欠条，因刘某不了解情况又联系不上李某斐，未办理，李某威胁要将刘某绑了，刘某因担心自己人身安全，被迫违规办理了1 090万元的购房手续。

之后被害人李某斐资金链断裂，为寻求保护，住到利川市公安局院内。2017年9月2日晚上20点，被告人李某到利川市公安局院内要求李某斐当天必须还清全部债务，并将自己制作的“经双方协商同意，李某斐将腾龙金港1 280个车位(价值1亿多元)全部抵债给李某的协议书”拿出来，逼迫李某斐签字，因为李某斐资产和债务在清理之中，拒绝签字，一直到9月3日凌晨1

点多，被告人李某在威胁李某斐三天之内必须还清全部债务之后，才离开。

之后李某、易某、李某凤等人多次到李某斐公司索要债务，并于 2017 年 12 月 8 日强迫李某斐用所开发的腾龙金港车位 13 个、商铺 49 个(总价值3 770 万元)抵债，并办理了相关购房手续。

3. 2015 年 12 月至 2017 年 8 月期间，李某、曹某武、胡某国等人通过实施套路贷共计骗取被害人邓某明人民币 1 071 万元，另诈骗未遂人民币 1 500 万元。经鉴定，铭鑫公司(法定代表人邓某明)向衡鼎公司及李某、李某凤、胡某国等自然人累计借款本金为 4 764 万元，累计偿还本金 4 000 万元，累计支付利息 1 835 万元，尚欠 1 500 万元。具体事实如下：

2015 年 12 月 17 日，李某给邓某明的铭鑫公司借款 1 000 万元，月息 5 分，当日支付砍头息及保证金 400 万元到李某账户，李某于 2016 年 3 月 1 日归还邓某明 125 万元。之后又 5 次短期借款给邓某明：分别于 2016 年 1 月 21 日及 2 月 1 日借款 200 万元，月息 1 角 2 分；4 月 5 日借款 500 万元，月息 8 分；5 月 19 日借款 300 万元，月息 7 分；6 月 17 日借款 300 万元，月息 8 分；7 月 8 日借款 500 万元，月息 1 角 2 分。

2016 年 11 月份，李某为催收 2015 年 12 月 17 日的 1 000 万元借款，介绍胡某国给邓某明公司借款 1 200 万元，月息 7 分，期限 7 个月。胡某国于 2016 年 11 月 17 日、18 日、22 日共计给铭鑫公司转入 1 200 万元，还李某 1 000 万元，付砍头息 84 万元(实际该公司只到账 116 万元)，胡某国为规避法律，强迫邓某明签订阴阳合同，11 月 17 日该公司将 30 个门面折价 1 200 万元卖给胡某国及唐某群，同日二人又将该门面以 1 620 万元卖给铭鑫公司副总经理乔兴富，并进行了备案登记，铭鑫公司归还之后才撤销备案。

2017 年 8 月 3 日，李某要求邓某明找曹某武借款 800 万元，以借新还旧的方式归还 2016 年 5 月 19 日借的本金 300 万元及 50 万元利息、邓某明私人借款 200 万元及利息 100 万元，借胡某国 1 200 万元最后一次利息 84 万元以及支付给胡某国手续费 16 万元，违约金 3 万元和新借的 800 万元的利息 40 万，以上合计 793 万元曹某武以衡鼎公司租用铭鑫公司车库付租金 1 500 万元，强迫邓某明与衡鼎公司签下 1 500 万元的虚假合同，之后衡鼎公司转入铭鑫公司 800 万元，同时强迫邓某明按照李某、曹某武、胡某国的要求转入李某凤账户共计 793 万元，曹某武承诺再转 700 万元，但一直没有转。因此，该笔借款邓某明实际只得到 7 万元

4. 2017 年 3 月 11 日至 2018 年 3 月 12 日期间，李某、曹某武、李某凤、吴某峰、易某骗取被害人余某高人民币 450. 24 万元(未遂)。经鉴定，自然人

余某高及其相关公司收到李某、黄某华、易某、吴某峰等自然人累计转入资金为3 246万元，自然人余某高及其相关公司向李某、黄某华、易某、吴某峰等自然人累计转出资金为3 233.62万元，尚欠462.62万元。具体事实如下：

2017年3月11日，曹某武通过鑫元民间资本管理公司以吴开慧名义给余某高借款300万元，月息3分；2017年4月11日，曹某武、李某又给被害人余某高借款300万元，月息8分，用于归还鑫元民间资本管理公司的300万元，4月10日归还利息后剩余本金300万元。

2017年3月25日曹某武给余某高借款200万元，月息8分，4月27日归还本金90万元及利息；2017年5月16日曹某武给余某高借款800万元，扣除利息84万元，5月17日归还本金100万元)。2017年6月28日，曹某武、李某因担心8分利息风险太高，余某高还不了，又不好打官司，决定将债务转移到李某名下，利息转为3分，于是谎称曹某武欠李某的钱，将上述1 110万元及利息合计1 250万元转移到李某名下，强迫余某高给吴某峰、易某出具了共计1 250万元的借条，并逼迫余某高配合制造了相应的虚假银行流水。之后多次强迫余某高归还这1 250万元及利息，2013年7月13日李某又强迫余某高找曹某武借款700万元归还李某欠款，余某高被迫按照曹某武的要求先支付曹某武700万元10天的利息70万元后借款700万元归还李某，因李某与曹某武是合伙关系，实际未借款，也未转移债务。曹某武收到这70万元后，分给李某35万元。

利川市人民法院认为：

根据相关司法解释的规定，“套路贷”与平等主体之间基于意思自治而形成的民事借贷关系存在本质区别，民间借贷的出借人是为了到期按照协议约定的内容收回本金并获取利息，不具有非法占有他人财物的目的，也不会在签订、履行借贷协议过程中实施虚增借贷金额、制造虚假给付痕迹、恶意制造违约、肆意认定违约、毁匿还款证据等行为。本案被告人李某、曹某武、胡某国等人利用被害人急于借款的心理，通过收取砍头息、保证金虚高债务，后又通过以贷还贷、以贷还息、息入本金等方式让被害人的债务在短期内以“滚雪球”方式垒高，然后与被害人签订虚假、阴阳借款合同、虚假的融资租赁合同、商铺购买合同等明显不利于被害人的各类合同，制造资金走账流水、转单平账、强立债权、虚增债务，进而向被害人索要虚高借款，为后续虚假诉讼做准备，或以逼迫手段作后盾。上述行为实质上系设置的多形式套路，属于虚构事实、隐瞒真相的行为，被害人基于错误认识甚至被逼迫交付财物，与正常的民间借贷相悖。故被告人李某、曹某武、胡某国等人在本案中应当定性为套路贷犯罪。对上述辩解辩护意见，本院不予采纳。

恩施州中级人民法院以〔2020〕鄂28刑终92号刑事裁定认为：

上诉人李某、曹某武、胡某国等人主观方面为了牟取暴利，利用被害人急需大量资金周转的情势，以民间借贷为名，以合法债权的本金及利息以外的财产为占有对象，应当认定为有非法占有的目的；客观方面通过收取“砍头息”“保证金”，迫使被害人“以贷还贷”“以贷还息”“息计入本金”等手段恶意垒高债务数额，并辅以制造银行流水痕迹、签订虚假合同、转单平账等方式，制造虚假给付事实，确认虚假债权债务关系的存在。继而采取恐吓、威胁、跟踪、滋扰等软暴力手段对被害人施压，索要非法债务，实现虚假债权。因此，李某、曹某武、胡某国等人实现虚假债权的行为实质是骗取被害人财物的诈骗行为，已经实际取得了被害人财物的行为应当评价为诈骗既遂，因其意志以外的原因尚未实现的虚假债权应当评价为诈骗未遂。

六、理论评析

本案控辩双方对指控的客观事实，没有太大争议。争论的焦点在于对于没有争议的客观事实，如何用法律进行评价，即这些证据固定下来的案件事实，是否符合诈骗罪的犯罪构成，从而成立诈骗罪。

（一）“套路贷”与“诈骗罪”构成要件的关系：不能以“套路贷”概念取代诈骗罪的犯罪构成

根据刑法规定，诈骗罪是指以非法占有为目的，使用欺骗方法，骗取公私财物，数额较大的行为。成立诈骗罪，要求行为人客观上实施了诈骗行为。诈骗行为具有特定的行为结构，或者说诈骗罪（既遂）在客观上必须表现为特定的行为发展过程：“行为人实施欺骗行为→对方陷入（或继续维持）认识错误→对方基于错误认识处分（或交付）财产→行为人取得或者使第三者取得财产→被害人遭受财产损失”，[①] 而且行为流程中各要素彼此之间，必须存有持续性

---

① 张明楷：《诈骗犯罪论》，法律出版社2021年版，第8页。我国刑法理论传统学说认为，诈骗罪的客观方面“表现为用虚构事实或者隐瞒真相的欺骗方法，骗取公私财产”，其“最突出的特点，就是行为人设法使被害人在认识上产生错觉，以致‘自觉地’将自己所有或持有的财物交付给行为人或者放弃自己的所有权，或者免除行为人交还财物的义务”，这种观点与前述观点根本上是一致的。（参见高铭暄、马克昌：《刑法学》（第九版），北京大学出版社、高等教育出版社2019年版，第501~502页。）

的原因或者结果上的关系，亦即行为人的欺骗行为是造成对方陷入或者继续维持认识错误的原因，被骗者陷入认识错误是其处分(或交付)财产的原因，被骗者处分(或交付)财产是行为人或者第三者取得财产、被害人遭受财产损失的原因，[①] 只有各要素之间存在前后相继的因果流程，行为人才可能成立诈骗罪的既遂。成立诈骗罪，还要求行为人主观上有诈骗的故意与非法占有的目的。换言之，首先要求行为人对其实施的诈骗行为有认识，其次要求行为人希望或放任被害人财产损失结果的发生，同时还要求行为人在实施欺骗行为的时候，主观上有非法占有的目的。

上述观点，是理论界、实务界的共识，也是认定诈骗罪的标准。

而"套路贷"是司法实践针对民间借贷中所产生的诈骗罪、敲诈勒索、强迫交易等犯罪现象归纳出来的概念，并不是一个法定概念。简言之，"套路贷"是假借民间借贷之名，非法占有被害人财物的"相关违法犯罪活动的概括性称谓"。详言之，根据最高人民法院、最高人民检察院、公安部、司法部《关于办理"套路贷"刑事案件若干问题的意见》："套路贷"，是对以非法占有为目的，假借民间借贷之名，诱使或迫使被害人签订"借贷"或变相"借贷""抵押""担保"等相关协议，通过虚增借贷金额、恶意制造违约、肆意认定违约、毁匿还款证据等方式形成虚假债权债务，并借助诉讼、仲裁、公证或者采用暴力、威胁以及其他手段非法占有被害人财物的相关违法犯罪活动的概括性称谓。中华人民共和国最高人民法院第三巡回法庭《〈关于办理"套路贷"刑事案件若干问题的意见〉的理解与适用》指出："套路贷"既不是一个法律概念也不是一个政策概念，而是在办案实践中对假借民间借贷之名非法占有他人财物的类型化违法犯罪的概括性称谓。

因此，"套路贷"既不是一个刑法概念，也不是一个犯罪构成或者某个犯罪的构成要件，更不是一个独立的罪名。在处理有关"套路贷"案件时，必须根据刑法分则规定的具体的犯罪构成判断涉案行为是否成立犯罪，或者成立何罪。对此，最高人民法院、最高人民检察院、公安部、司法部《关于办理"套路贷"刑事案件若干问题的意见》指出，"实施'套路贷'过程中，未采用明显的暴力或者威胁手段，其行为特征从整体上表现为以非法占有为目的，通过虚构事实、隐瞒真相骗取被害人财物的，一般以诈骗罪定罪处罚；对于在实施'套路贷'过程中多种手段并用，构成诈骗、敲诈勒索、非法拘禁、虚假诉讼、寻衅滋事、强迫交易、抢劫、绑架等多种犯罪的，应当根据具体案件事实，区分

① 参见林山田：《刑法各罪论》(上册)(修订五版)，作者自版2015年版，第448页。

不同情况，依照刑法及有关司法解释的规定数罪并罚或者择一重处”。换言之，就是要根据刑法规定的诈骗罪、寻衅滋事罪、强迫交易罪等的具体犯罪构成判断行为人是否犯相关之罪。

由此可见，“套路贷”不是一个新的罪名，也没有在刑法规定之外创设新的诈骗罪的犯罪构成。符合“套路贷”的行为可能成立诈骗罪，也可能只是一般的违法行为，不能以“套路贷”概念取代“诈骗罪”犯罪构成，处理“套路贷”案件，只能根据刑法规定判断被告人是否成立相关犯罪。

本案中，公诉机关仅仅指控李某等人在高利贷中“有套路”，是达不到指控其犯诈骗罪的证明目的的。

(二)公诉机关的证据不能证明本案有“套路贷”

根据法院认定的案件事实，只能证明李某等人在高利贷中“有套路”，然而司法解释规定的“套路贷”虽然不是法定的概念，但是却有特定含义，“有套路”不等于“套路贷”。

两院两部《关于办理“套路贷”刑事案件若干问题的意见》明确规定，“‘套路贷’，是对以非法占有为目的，假借民间借贷之名，诱使或迫使被害人签订‘借贷’或变相‘借贷’‘抵押’‘担保’等相关协议，通过虚增借贷金额、恶意制造违约、肆意认定违约、毁匿还款证据等方式形成虚假债权债务，并借助诉讼、仲裁、公证或者采用暴力、威胁以及其他手段非法占有被害人财物的相关违法犯罪活动的概括性称谓”。

1. “假借民间借贷之名”，是指行为人与被害人之间不具有真实的借贷关系，行为人也不愿意或不会依照约定出借本金。也许可以认为李某、曹某武等人出借本金是诈骗手段，然而，哪有拿几千万资金的风险去诈骗的呢？根据法院认定的案件事实，李某等人真正地给向某、李某斐、邓某明、余某高四人转入了资金，向某等人也正是有了这些资金，其项目才得到继续建设，公司得才以维持生存。李某等人没有“假借民间借贷之名”，只是收取的利息高于了法定利息，根据当时相关司法解释的规定，已经支付的高利息，支持 3 分月利息；尚未支付的，支持 2 分月利息；对于事实上支付超过 3 分的，属于不当得利，可以请求返还。

2. 成立“套路贷”要求行为人“诱使或迫使被害人签订‘借贷’或变相‘借贷’‘抵押’‘担保’等相关协议”。根据庭审查明的事实，是向某等人主动向李某等人借款，出借资金协议，都是他们自愿签订的，李某等人没有“诱使或迫使”他们签订借贷协议。

3. 成立“套路贷”要求行为人“虚增借贷金额、恶意制造违约、肆意认定违约、毁匿还款证据等方式形成虚假债权债务”，本案中，公诉机关没有指控李某等人“恶意制造违约、肆意认定违约、毁匿还款证据”，法院根据指控认定李某等人“利滚利”“借新还旧”“砍头息”，这些事实表明本案存在“有套路”，然而“有套路”不等于“套路贷”，因为成立“套路贷”还必须符合第四个条件。

4.《“套路贷”意见》明确规定，成立“套路贷”还必须“并借助诉讼、仲裁、公证或者采用暴力、威胁以及其他手段非法占有被害人财物”，这才是成立“套路贷”的关键。它表明：高利贷不等于“套路贷”，有套路不等于“套路贷”，只有在“有套路”的同时，“借助诉讼、仲裁、公证或者采用暴力、威胁以及其他手段非法占有被害人财物”才是“套路贷”。具体而言，就是“借助诉讼、仲裁、公证”诈骗的，成立诈骗罪或虚假诉讼罪；“采用暴力、威胁以及其他手段非法占有被害人财物”，符合抢劫罪的犯罪构成的，定抢劫罪；符合敲诈勒索罪的犯罪构成的，定敲诈勒索罪；符合强迫交易罪的犯罪构成的，定强迫交易罪。

法院判决李某犯诈骗罪，但没有确实充分的证据证明李某诱使向某、李某斐、邓某明、余某高与其签订了借贷合同；没有确实充分的证据证明李某以虚增借贷金额、恶意制造违约、肆意认定违约、毁匿还款证据等方式形成虚假债权债务；更没有确实充分的证据证明李某实施了“借助诉讼、仲裁、公证”骗取向某、李某斐、邓某明、余某高财物的行为。在李某等人没有实施“诉讼、仲裁、公证”骗取向某、李某斐、邓某明、余某高财物的行为的情况下，说明本案李某等人尚未着手实行诈骗行为，本案根本就没有诈骗犯罪事实。

(三)法院认定的案件事实不成立诈骗罪

如前所述，刑法规定的诈骗罪有特定的行为结构，各要素之间必须具备持续、前后一致的条件关系。然而，本案中公诉机关的举证是围绕向某、李某斐、邓某明、余某高等人是否被“套路贷”进行的，没有举证证明被告人李某实施了“虚构事实、隐瞒真相”的诈骗行为；没有举证证明因为李某实施的诈骗行为使向某、李某斐、邓某明、余某高陷入了认识错误，并基于认识错误处分(或交付)财产；更没有举证证明他们是法律意义上的被害人。法院判决认定的案件事实，明显不符合诈骗罪的行为结构。

认为只要有“套路”就是诈骗，只要是“套路贷”就构成诈骗罪的作法无视了刑法关于具体罪名犯罪构成的规定，严重违反了罪刑法定原则，是完全错误的。张明楷教授指出，"'套路贷'并不是一个刑法概念，也不是一个犯罪构成或者某个犯罪的构成要件，更不是一个独立的罪名。因此，从刑法角度定义'套路贷'对认定犯罪并没有任何意义；'套路贷'的概念与定义不能成为判断某种行为是否构成犯罪的法律标准。其一，在认定具体犯罪时，不应当先判断某种行为是否属于'套路贷'，然后直接得出该行为是否构成某种犯罪的结论。因为这种判断方法完全用'套路贷'概念取代了刑法规定的犯罪构成，因而明显违反罪刑法定原则。其二，在认定具体犯罪时，如果一个行为根本不符合刑法规定的犯罪构成，就不能借助'套路贷'的概念使之构成犯罪。因为这种做法不是根据刑法规定认定犯罪，而是在刑法规定的犯罪构成之外寻找定罪的根据，但这一根据不可能是'法律'根据，同样违反了罪刑法定原则。其三，在认定具体犯罪时，也不应当先判断某种行为是否属于'套路贷'，再根据刑法规定判断该行为构成什么犯罪。因为在定罪的三段论推理中，大前提只有刑法规定的犯罪构成，并不需要借助任何中间概念"。①

本案中，李某等人以高额利息向多名借款人出借资金，虽然向某等人向李某等人支付了巨额利息，但以李某等人出借了巨额资金为前提，根据法院认定的案件事实，"2016 年 6 月 16 日至 2017 年 11 月 16 日期间，安厦公司向李某、曹某武等自然人累计偿还的借款本金为 4 956.186 2 万元，累计支付利息 3 853.1万元"，"2015 年 11 月 25 日至 2017 年 7 月 13 日期间，腾龙公司(法定代表人李某斐)收到衡鼎公司及李某等自然人累计转入资金为 32 004.94 万元，累计转出资金为 38 105.1 万元"，"2015 年 12 月至 2017 年 8 月期间，铭鑫公司(法定代表人邓某明)向衡鼎公司及李某等自然人累计借款本金为 4 764 万元，累计偿还本金 4 000 万元，累计支付利息 1 835 万元"，"2017 年 3 月 11 日至 2018 年 3 月 12 日期间，李某、曹某武、李某凤、吴某峰、易某骗取被害人余某高人民币 450.24 万元(未遂)。经鉴定，自然人余某高及其相关公司收到李某等自然人累计转入资金为 3 246 万元，自然人余某高及其相关公司向李某、黄某华、易某、吴某峰等自然人累计转出资金为 3 233.62 万元"，在当时司法解释支持民间借贷 2 分月息的背景下，难以认定给向某等四人造成了巨大财产损失。

根据一审判决书、二审刑事裁定书，虽然李某等人出借高利贷过程中存在"套路"，但不是符合司法解释的"套路贷"，根据所载明的材料及认定的案件

① 张明楷：《不能以"套路贷"概念取代犯罪构成》，载《人民法院报》2019 年 10 月 10 日，第五版。

事实，没有符合诈骗罪行为结构的诈骗行为，向某等四人没有因为被骗而陷入认识错误，基于认识错误处分财产并因此而遭受财产损失。难以认为法院认定的行为符合了诈骗罪的构成要件。

详言之(本部分直接引用专家论证意见)：

“首先，如前所述，只有在行为人对被害人加以欺骗，并因此导致被害人于认识错误中进行了财产处分时，才能认定行为人是以欺骗手段造成了被害人的财产损失，符合诈骗罪的客观要件。在本案中，李某等人对借款人造成财产损失的行为主要表现为，其以高额利息向借款人出借资金，导致借款人负担沉重的债务，在借款人无法及时偿还本息时，又再度以高额利息向借款人出借资金，致使借款人借新债还旧债，导致借款人的债务在短时间内急剧扩张。与此相应，借款人所进行的财产处分也主要体现为向李某等人偿还借款本息。当前案件材料中并无证据显示，李某等人是通过虚构事实、隐瞒真相的手段导致借款人向其借款并向其偿还借款本息。相反，借款人在向李某等人借款时，对于自己需为此支付的高额利息完全具有正确的认识，在后期偿还本息时，也并未陷入任何的认识错误。简言之，在本案中，借款人遭受的财产损失主要是因为其借款利息过高所导致，而李某等人却并未就借款数额和利息对借款人进行欺骗，借款人对于自己所需偿还的借款本息也均具有正确认识。既然如此，就无法认为李某等人是通过欺骗手段造成借款人陷入错误认识而进行财产处分。

其次，在本案中，李某等人确实通过‘签订虚假、阴阳借款合同、虚假的融资租赁合同、商铺购买合同’以及‘转单平账、制造虚假银行流水’等方式将其与借款人之间的高利贷伪装成正常的民间借贷关系。相关的合同与银行流水固然不符合客观事实，但却不能据此认为李某等人实施了诈骗罪意义上的欺骗行为。因为，诈骗罪中的‘欺骗’除了要求行为人虚构事实、隐瞒真相致使被害人陷入认识错误之外，还必须与被害人的财产处分之间具有直接的因果联系。而在本案中，李某等人与借款人之间所签订的各种虚假合同，以及其所制造的虚假银行流水，均非欺骗借款人的结果，而且也并非导致借款人进行财产处分的直接原因。相反，借款人其实是明知相应合同与银行流水不符合事实，却仍然配合李某等人签订相关合同、伪造银行流水，故无法认为其就这些合同与银行流水陷入了认识错误。同样，借款人之所以向李某等人偿还借款本息，也是因为其客观上确实与李某等人之间存在借贷关系，而不是因为其误认为相关的虚假合同或虚假银行流水具有真实性而受骗向李某等人处分财物。因此，本案中李某等人签订虚假合同、制造虚假银行流水的行为与借款人的财产处分与财产损失并无直接的因果关联，不能被认定为诈骗罪意义上的欺骗行为。

最后，也不应以李某等人签订虚假合同、制作虚假银行流水，从而‘伪造了证据，便于以后提起民事诉讼’为由认定其构成诈骗罪。因为，一方面，本案现有材料中并无证据表明，李某等人是企图伪造证据，通过提起虚假民事诉讼获取借款人的财物。因此，不能认为李某等人具有诈骗的故意。另一方面，即便李某等人具有提起虚假诉讼的计划，其客观上也尚未提起民事诉讼，未将相应的虚假合同和虚假银行流水提交给法院，故无法认为其已经着手实施了虚假诉讼或诉讼诈骗的实行行为，自然就更不可能认定其构成诈骗罪。”①

拓展阅读：

1. 车浩：《诈骗罪的理论与实务：全国青年刑法学者实务论坛（一）》，北京大学出版社2021年版。
2. 涂龙科：《“套路贷”犯罪的刑法规制研究》，载《政治与法律》2019年第12期。
3. 彭新林：《论“套路贷”犯罪的刑事规制及其完善》，载《法学杂志》2020年第1期。
4. 董邦俊、侯晓翔：《“套路贷”的刑事规制及其防控研究》，载《湖北社会科学》2018年第10期。
5. 邓毅丞：《“套路贷”的法教义学检视：以财产犯罪的认定为中心》，载《法学家》2020年第5期。

① 本案一审宣判后，李某辩护人委托北京大学陈兴良教授、清华大学张明楷教授、周光权教授、王钢博士四位专家对本案进行了专家论证。

案例三 谭某寻衅滋事案(二审)

导读:

《刑法》第 293 条规定的“寻衅滋事罪”由于构成要件欠缺明确性，其立法上是否具有正当性，如何界定其处罚范围，如何厘清其与相关犯罪之间的关系，始终是理论上关注的焦点。根据寻衅滋事罪的立法沿革及有关司法解释规定，“流氓动机”是寻衅滋事罪不成文主观要素，在实务中必须严格根据 2013 年 7 月 15 日最高法、最高检《关于办理寻衅滋事刑事案件适用法律若干问题的解释》办理寻衅滋事刑事案件，避免出现定罪量刑上的“恣意”性。

关键词:

构成要件明确性；流氓罪；流氓动机；不成文的构成要件要素；行使权利

一、指控事实

恩施市人民检察院以恩市检诉刑诉〔2018〕392 号起诉书指控：2017 年 11 月至 2018 年 3 月，被告人谭某纠集被告人邬某、王某、李某威、李某慧、李某保、何某柒、李某，为从事汽车抵押担保业务的公司暴力收车，牟取暴利，在沪渝高速公路上追逐、拦截、打砸车辆、持械殴打他人、强拿硬要他人财物，多次故意实施恶势力惯常实施的寻衅滋事犯罪。其中，被告人谭某、邬某、王某、李某威、李某慧参与作案 3 次；李某保参与作案 2 次；被告人何某柒、李某参与作案 1 次。

恩施市人民法院以〔2018〕鄂 2801 刑初 482 号《刑事判决书》认定：

1. 2017 年 3 月、6 月，四川籍的陈某丽先后将其名下的号牌为川 R×××××的白色宝马 X1 汽车(以下简称川 R×××××宝马车)抵押给四川成都拓道金服有限公司和质押给吕某轩分别办理借款，后陈某丽逾期均未还款，吕某轩便将该车卖予湖北潜江喜路担保公司。2017 年 11 月 27 日，四川成都拓道金服有限公司员工李某 1、蒋某、潘某等人驾驶号牌为川 A×××××的红色启辰汽车来到湖北潜江，在潜江崔姓驾驶员手中将该车扣押后送回成都。当日 20 时许，湖北潜江喜路担保公司通过车载 GPS 发现川 R×××××宝马车出现在沪渝高速公路恩施至利川，该公司负责人廖某(另案处理)在"湖北反盗抢联盟"微信群内请求被告人谭某拦截该车，并许以重酬，谭某遂组织被告人李某威、邬某、李某慧驾车前往沪渝高速白羊塘高速服务区拦截，因该车 GPS 定位信号丢失，谭某一行人返回利川城区。后谭某以支付费用为名收取廖某人民币 2 700 元。同年 11 月 28 日凌晨，湖北喜路担保公司通过车载 GPS 发现川 R×××××宝马车出现在重庆忠县境内，该公司负责人廖某再次请求被告人谭某拦截该车，谭某再次组织被告人邬某、李某威、王某等人驾车前往重庆市忠县追逐拦截。凌晨 2 时许，谭某等人在重庆市忠县高速收费站转盘附近发现川 R×××××宝马车和川 A×××××的红色启辰汽车停在路边，谭某、邬某、李某威、王某等人下车后持砍刀、棒球棍对川 A×××××的红色启辰汽车进行打砸，车内蒋某、潘某等人见状迅速驾驶车辆逃离。李某 1 龟缩在川 R×××××宝马车内躲避，谭某、邬某、李某威、王某等人见状将其拉下车，持械对李某 1 进行殴打，后谭某与廖某联系，双方商定在恩施境内 318 国道朝东某遂道口进行交接。当日凌晨 5 时许，谭某等人将李某 1 从忠县拘禁至恩施境内 318 国道朝东某遂道口，当场收取廖某现金人民币 4 万元，将川 R×××××宝马车及李某 1 交与廖某等人处置。后李某 1 委托他人向廖某等人退赔损失款才得以脱身。经重庆市忠县公安局物证鉴定室鉴定，李某 1 的损伤程度为轻微伤。①

2. 2018 年 2 月 2 日，曾某驾驶其通过武汉海佳诺汽车贸易有限公司担保购买的一辆号牌为鄂 A×××××的捷豹 F-PACR 型红色越野车(以下简称鄂

① 谭某将李某 1 交接给廖某后，廖某等人也殴打了李某 1，因此李某 1 所受"轻微伤害"系谭某等人与廖某等人先后两次殴打造成。廖某控制李某 1 人身自由后，要求李某 1 联系其所在公司赔偿追车费用 10 万元，并在通话中威胁"不转钱就来将人抬回去"，李某 1 所在公司转款 10 万元后，廖某将其释放。廖某等人被追究绑架罪的刑事责任。详见重庆市忠县人民法院〔2021〕渝 0233 刑初 26 号《刑事判决书》。

A×××××的捷豹车)，载屈某、毛某、赵某从云南昆明回湖北宜昌。武汉海佳诺汽车贸易有限公司通过车载GPS定位，预判该车将通过沪渝高速恩施段，该公司以曾某逾期未还款为由请求被告人何某柒对该车进行拦截，何某柒邀约被告人李某、谭某共同实施，当日何某柒、李某、谭某及谭某组织的被告人李某威、李某慧、邬某、李某保、王某一行8人分别驾乘2辆轿车从利川收费站驶入沪渝高速公路，通过对鄂A×××××的捷豹车车载GPS定位，一路跟踪追逐，在沪渝高速公路利川市白果坝路段一应急停车带内，曾某停车欲换人驾驶，谭某一行人驾驶的2辆车趁机将捷豹车前后堵塞，要求扣押曾某驾驶的捷豹车，曾某寻机驾车逃离，谭某一行人沿途追逐，封堵曾某的捷豹车，数次发生刮擦。当日19时许，谭某一行在沪渝高速恩施市崔坝服务区加油站追上正准备加油的鄂A×××××的捷豹车，何某柒驾车直接撞击捷豹车，致使捷豹车左侧受损，邬某等人随后下车持加油机旁的灭火器对捷豹车进行打砸。曾某反锁车门报警后，恩施市公安局崔家坝派出所及时出警，将被告人何某柒、李某、王某、李某威现场抓获。被告人谭某、邬某、李某保、李某慧见状驾车逃离。当晚22时许和次日凌晨1时许，被告人谭某、邬某、李某保、李某慧分别到恩施市公安局崔坝派出所投案。经恩施市价格认证工作中心认定，曾某的鄂A×××××的捷豹车损失价格为人民币18 031元。

3. 2017年12月31日，重庆兆旭汽车商贸公司派人将宜昌金龙担保公司控制的一辆号牌为渝B×××××白色奔驰GLK型越野车(以下简称渝B×××××白色奔驰车)扣押后送回重庆，宜昌金龙担保公司在“湖北反盗抢联盟”微信群内请求被告人谭某在沪渝高速公路恩施至利川拦截该车，并许以重酬。谭某带领被告人李某保、邬某、李某威、王某、李某慧一行人驾乘2辆轿车来到沪渝高速公路白羊塘收费站布控。当日下午15时许，重庆兆旭汽车商贸公司员工张某、李某2驾驶渝B×××××白色奔驰车刚驶出白羊塘收费站，谭某一行正欲进行拦截，碰巧张某、李某2因违章被交警拦停接受处罚，谭某一行人与张某、李某2为该车归属发生争执，交警告诫双方依法处理，交警处罚违章后离开。谭某一行人对张某、李某2声称要么扣车、要么交钱放车，张某、李某2为了自身安全，最终被迫允诺交2万元放行，但要求谭某一行人将其护送出恩施，在临近的重庆市石柱县给钱。尔后，谭某一行人将张某、李某2带至重庆市石柱县城，张某、李某2在银行取现金2万元交予谭某等人后放行。事后，被告人李某保、邬某、李某威、王某、李某慧各自分得赃款2 000元，被告人谭某分得赃款1万元。

恩施市人民法院认为，被告人谭某、邬某、王某、李某威、李某慧多次纠集随意殴打他人，情节恶劣；追逐、拦截他人，情节恶劣；强拿硬要、任意损毁财物，情节严重。被告人李某保追逐、拦截他人，情节恶劣；强拿硬要、任意损毁财物，情节严重。被告人何某柒、李某追逐拦截他人，情节恶劣；任意损毁财物，情节恶劣。上列八被告人的行为均已构成寻衅滋事罪。被告人谭某、邬某、王某、李某威、李某慧、李某保、何某柒、李某在共同犯罪过程中，积极参加恶势力集团犯罪，均是本案的主犯。恩施市人民法院认为，以被告人谭某为首，被告人邬某、王某、李某威、李某慧、李某保经常纠集在一起，为谋取不法利益，以暴力、威胁等手段，在沪渝高速公路上有组织的充当"地下执法队"，多次追逐、纠缠、拦截、打砸他人车辆，随意殴打他人，强拿硬要，任意毁损财物，侵犯他人人身权利、财产权利，多次共同实施寻衅滋事犯罪，应以恶势力犯罪集团从重处罚。被告人何某柒、李某借助以谭某为首的恶势力犯罪集团的势力，以谋取不法利益，在高速公路上追逐、拦截、打砸他人车辆，破坏经济秩序、社会秩序，依法应从重处罚。判决：

被告人谭某犯寻衅滋事罪，判处有期徒刑七年三个月，并处罚金人民币5万元。被告人邬某犯寻衅滋事罪，判处有期徒刑六年三个月，并处罚金人民币4万元。被告人王某犯寻衅滋事罪，判处有期徒刑六年六个月，并处罚金人民4万元。被告人李某威犯寻衅滋事罪，判处有期徒刑六年六个月，并处罚金人民币4万元。被告人李某慧犯寻衅滋事罪，判处有期徒刑六年三个月，并处罚金人民币4万元。被告人李某保犯寻衅滋事罪，判处有期徒刑四年。被告人何某柒犯寻衅滋事罪，判处有期徒刑三年。被告人李某犯寻衅滋事罪，判处有期徒刑二年六个月。

二、(二审)辩护要点

1. 一审判决认定谭某等人是"恶势力犯罪集团"，事实不清、证据不足，二审法院应依法予以改判。

(1)谭某等人不符合司法解释关于恶势力的规定，不是恶势力。

(2)谭某等人没有形成"犯罪集团"。

(3)谭某等人不属于恶势力，不成立恶势力犯罪集团。

2. 2017年27日、28日谭某"拦截李某1宝马车"不是寻衅滋事行为。

3. 2017年12月31日白羊塘收费站拦截奔驰车案，不是寻衅滋事行为。

4. 刑法第293条第2款规定的是"同种数罪并罚"，谭某等人实施的拦截宝马X1案，只有李某1一人被殴打致轻微伤，没有达到寻衅滋事罪法定刑升格的犯罪程度，因此对谭某等人应在五年以下有期徒刑幅度内量刑。

三、关键证据

(一)2017年27日、28日谭某等“拦截李某1宝马车”案

重庆市忠县公安局物证鉴定室《鉴定书》(忠公物鉴〔2017〕0554号)
鉴定意见：李某1的损伤程度属轻微伤。

(二)2017年12月31日白羊塘收费站拦截奔驰车案

该案被害人为张某、李某2，但是公诉卷宗中没有张某、李某2询问笔录，谭某坚称：张某、李某2主动给的2万元，要求谭某等人将张某、李某2扣押的车辆送到重庆境内，他并没有索要，谭某等人将张某、李某2带至重庆市石柱县城后，张某、李某2在银行取现金2万元给谭某。

(三)2018年2月2日拦截捷豹车案

1. 涉案捷豹车“车辆注册登记表”。抵押权人：中国工商银行股份有限公司武汉汉阳支行。抵押登记时间：2016年12月18日。证明：涉案捷豹车系曾某从工行按按揭购买。

2. 武汉海佳诺汽车贸易有限公司《暂扣保管车辆证明》。拟证明：武汉海佳诺汽车贸易有限公司担保为曾某按揭购买涉案捷豹车提供“连带责任担保”。(注：卷宗中无《购车协议》、无《担保协议》、无曾某支付按揭款明细、无武汉仁信投资担保有限公司是否曾经履行担保责任的证据材料)。

四、控辩意见

谭某二审案没有开庭审理，辩护人主要书面辩护意见如下：

(一)关于谭某等人是否“恶势力犯罪集团”

辩护人认为，在公诉机关没有指控谭某等人是恶势力犯罪集团，未就此举证、质证、辩论的情况下，一审判决认定谭某等人是“恶势力犯罪集团”，事实不清、证据不足。

1. 谭某等人不符合司法解释关于恶势力的规定，不是恶势力。

(1)构成“恶势力”必须具有“为非作恶，欺压百姓”的特征，谭某等人涉嫌的三个案件，均不具有“为非作恶，欺压百姓”性质。

谭某等人涉嫌犯罪的案件中，①2017 年 11 月 27—28 日宝马 X1 案，四川成都拓道金服有限公司在对涉案车辆没有任何权利可以主张的情况下，安排李某 1 等人长途跋涉私自到湖北潜江扣押车辆的行为，涉嫌犯抢夺罪、抢劫罪或其他罪，李某 1 等人从事的业务与谭某等人具有相同的性质，即李某 1 等人不是 2019 年 4 月 9 日《意见》规定的“百姓”；②能够被评价为“百姓”的被害人应具有无辜、不特定、弱势等特点，2018 年 2 月 2 日捷豹车案，曾某驾驶的捷豹车辆之所以被拦截、被砸与曾某违约不支付车款有重大关系，曾某未必能被评价为 2019 年 4 月 9 日《意见》规定的“百姓”；③2017 年 12 月 31 日奔驰案，涉案车辆为宜昌金龙担保公司所占有，重庆兆旭汽车商贸公司张鑫、李小强扣押涉案奔驰车辆的行为的性质与宝马 X1 案一样，涉嫌犯抢夺罪、抢劫罪或其他罪，张鑫、李小强等人从事的业务与谭某等人具有相同的性质，即张鑫、李小强等人不是 2019 年 4 月 9 日《意见》规定的“百姓”。

(2)构成“恶势力”，必须是“经常纠集在一起，以暴力、威胁或者其他手段，在一定区域或者行业内多次实施违法犯罪活动”，但是谭某等人不具有这样的特点。

谭某等人涉嫌的三案，宝马 X1 案发生在 2017 年 11 月 27—28 日，奔驰车案发生在 2017 年 12 月 31 日，捷豹车案发生在 2018 年 2 月 2 日，第一案与最后一案相隔只有两个多月，各案均为受人邀约后临时纠集，时间明显较短，实施违法犯罪活动“三次”刚刚达到“多次”的标准；宝马 X1 案、奔驰案，涉案双方以和解方式结案，曾某驾驶的捷豹车被拦截、被砸案当场案发，没有证据证明谭某等人对社会造成了恶劣的社会影响。既然如此，谭某等人不应被认定为“恶势力”。

2. 谭某等人没有形成“犯罪集团”。

根据刑法规定，“三人以上为共同实施犯罪而组成的较为固定的犯罪组织，是犯罪集团”。但是谭某等人所犯三案，均为临时纠集在一起，他们并没有为实施某特定犯罪而形成了较为固定的组织。

3. 一审中，虽然公诉机关在《起诉书》中指控谭某等人实施恶势力经常实施的“寻衅滋事罪”，但并没有指控谭某等人是恶势力，更没有指控谭某等人是犯罪集团，且没有就此举证质证，然而，一审判决没有任何根据地认定谭某等人成立恶势力犯罪集团。

没有指控，就没有审判。在没有对谭某等人是否成立恶势力犯罪集团进行举证、质证、辩护的情况，一审判决谭某等人是恶势力犯罪集团，剥夺了他们的辩护权，不仅是重大程序违法行为，而且属于“认定事实错误”或者“事实不清、证据不足”，二审法院应依法予以改判。

(二)2017年27日、28日谭某“拦截李某1宝马车”不是寻衅滋事行为

根据一审判决认定的事实，涉案宝马车先后被车辆名义车主陈某丽“抵押”给四川成都拓道金服有限公司和质押给吕某轩借款，后陈某丽逾期均未还款，吕某轩将该车卖给了湖北潜江喜路担保公司。

对于该案，由于四川成都拓道金服有限公司未与陈某丽办理抵押登记，因此抵押合同并没有生效；而在签订、履行质押合同过程中，吕某轩合法取得了对涉案车辆的占有，之后，湖北潜江喜路担保公司因为向吕某轩支付了对价而成为事实上的车主。

四川成都拓道金服有限公司在对涉案车辆没有任何权利可以主张的情况下，安排李某1等人长途跋涉私自到湖北潜江扣押车辆的行为，涉嫌犯抢夺罪、抢劫罪或其他罪。权利受到侵害的湖北潜江喜路担保公司邀请谭某等人拦截车辆的行为是私力救济行为，而非犯罪行为，正因为如此，办理该案的重庆市忠县公安局经过对该案进行调查，认定参与该案的湖北潜江喜路担保公司方面的相关人员没有“绑架犯罪事实”，进而作出了撤销该案的决定。

谭某等人实施的拦截车辆行为，不宜认定为寻衅滋事行为，否则就是对四川成都拓道金服有限公司违法犯罪行为的放纵。

(三)2017年12月31日白羊塘收费站拦截奔驰车案，不是寻衅滋事行为

根据一审判决认定的事实，2017年12月31日，重庆兆旭汽车商贸公司张某、李某2将宜昌金龙担保公司控制的一辆号牌为渝BXC233白色奔驰BLK型越野车扣押后送回重庆，谭某受宜昌金龙担保公司邀请带人在白羊塘收费拦截该车。

对于该案，在宜昌金龙担保公司合法占有涉案车辆的情况下，控制、占有事实本身就为刑法所保护，重庆兆旭汽车商贸公司派人扣押涉案车辆是违法行为，甚至可能涉嫌抢夺、盗窃或其他犯罪。宜昌金龙担保公司邀请谭某等人拦截车辆，至少是在报警无果的情况下实施的私力救济行为。

谭某等人实施的拦截车辆行为，不宜认定为寻衅滋事行为，否则就是对重

庆兆旭汽车商贸公司违法犯罪行为的放纵。

同时，该案中，谭某等人的行为也不是刑法 293 条第 1 款第(3)项规定的“强拿硬要他人财物”的行为，因为根据庭审查明的事实，非法扣押他人车辆的重庆兆旭汽车商贸公司张某、李某 2 是主动给予谭某财物，谭某等人没有强拿硬要。

(四)对谭某等人应在 5 年以下有期徒刑幅度内量刑

《刑法》第 293 条第 2 款规定的是“同种数罪并罚”，

谭某等人实施的拦截宝马 X1 案，没有达到寻衅滋事罪的犯罪程度。一审判决书认定谭某等人实施的拦截宝马 X1 案，符合《刑法》第 293 条第 1 款第(1)项“随意殴打他人，情节恶劣的”的规定，这属于适用法律错误。在该案中，谭某等人拦截车辆的过程中，有殴打李某 1、拘禁李某 1 的行为，其中对李某 1 造成的损伤程度为轻微伤，若将殴打作为非法拘禁罪的入罪情节，那么谭某等人成立非法拘禁罪。若考虑到非法拘禁的时间过短，不成立非法拘禁罪，转而认为无论李某 1 等人的行为是否违法，谭某等人都不得“充当地下执法队”，从而认定谭某等人殴打李某 1 是“随意殴打他人”的行为，那么其行为也没有达到“情节恶劣”的入罪程度，因为最高人民法院、最高人民检察院《关于办理寻衅滋事刑事案件适用法律若干问题的解释》第 2 条第 1 款第(1)项明确规定，“致一人以上轻伤或者二人以上轻微伤的”才达到入罪的程度，而谭某等人拦截宝马 X1 案中只有李某 1 一人被殴打致轻微伤。

因此，一审法院判处谭某判处有期徒刑七年三个月属于适用法律错误。

五、法院判决

恩施州中级人民法院书面审理后，以〔2019〕鄂 28 刑终 153 号《刑事裁定书》认为：

谭某、邬某、王某、李某威、李某慧、李某保经常纠集在一起，为谋取不法利益，为从事汽车抵押担保业务的公司暴力收车，多次在沪渝高速公路上追逐、纠缠、拦截、打砸他人车辆，随意殴打他人，强拿硬要，任意毁损财物，侵犯他人人身权利、财产权利，多次共同实施寻衅滋事犯罪。一审法院对谭某、邬某、王某、李某威、李某慧、李某保以恶势力犯罪集团从重处罚正确，裁定“驳回上诉，维持原判”。

六、理论评析

(一)对拦截宝马 X1 案的分析

1. 湖北潜江喜路担保公司邀请谭某等人拦截涉案宝马车的行为是否具有正当性?

根据一审法院认定的事实,涉案宝马车先后被车辆车主陈某丽“抵押”给四川成都拓道金服有限公司和质押给吕某轩借款,后因陈某丽逾期均未还款,吕某轩将该车卖给了湖北潜江喜路担保公司。法院认定的这一事实信息量很大,具体内容如下:第一,四川成都拓道金服有限公司虽与陈某丽在签订借款协议时曾签订抵押协议,但既未办理抵押登记,又未取得车辆占有。第二,陈某丽向吕某轩借款时,签订了质押合同,吕某轩根据质押合同取得了对涉案宝马车的占有。第三,陈某丽没有依照约定还款,吕某轩根据质押合同将涉案车辆出卖给了湖北潜江喜路担保公司,湖北潜江喜路担保公司取得了涉案车辆的占有。第四,四川成都拓道金服有限公司因陈某丽没有依照约定还款,派员工李某 1、蒋某、潘某等人驾车来到湖北潜江,在潜江崔姓驾驶员手中将该车扣押后送回成都。第五,涉案宝马车被扣押后,湖北潜江喜路担保公司邀请谭某等人协助拦车,遂引发本案。

上述事实都是具有讨论需要的法律事实,尤其是四川成都拓道金服有限公司派遣李某 1 等人扣押车辆行为的性质需要重点讨论,因为可能影响到谭某等人拦截车辆行为的定性。对于案件客观事实,需要重点关注的是,四川成都拓道金服有限公司虽与陈某丽签订抵押合同,但未就抵押车辆办理抵押登记,而在签订、履行质押合同过程中,吕某轩合法取得了对涉案车辆的占有,后来,湖北潜江喜路担保公司因为向吕某轩支付了对价而成为事实上的车主。由于案发时,湖北潜江喜路担保公司是事实上的车主,且合法占有涉案车辆,因此四川成都拓道金服有限公司安排李某 1 等人长途跋涉私自到湖北潜江扣押车辆的行为,涉嫌犯抢夺罪、抢劫罪或其他罪。权利受到侵害的湖北潜江喜路担保公司邀请谭某等人拦截车辆的行为是私力救济行为,正因为如此,重庆市忠县人民法院认为“廖某等人为勒索财物而殴打、控制李某 1,并以对李某 1 实施伤害相威胁向其所在公司提出勒索财物要求,公司迫于对被害人人身安全的担忧而向廖某支付 10 万元,其行为符合刑法关于绑架罪构成要件的规定,应认定为构成绑架罪”,同时认为“四川成都拓道金服有限公司、李某 1 对绑架案的引发存在一定责任”，决定对廖某酌定从轻处罚，且对廖某等人拦截、取回涉案车辆的行为没有予以刑法上的评价。

本书认为，重庆市忠县人民法院的处理结论是正确的。同时还认为，谭某等人实施的拦截车辆行为，不宜认定为寻衅滋事行为，否则就是对四川成都拓道金服有限公司违法犯罪行为的放纵。

首先，四川成都拓道金服有限公司与陈某丽在签订借款协议，虽然陈某丽借款不还，在没有证据证明陈某丽涉嫌诈骗罪的情况，应认定为是双方真实意思表示，借款协议合法有效，四川成都拓道金服有限公司享有对陈某丽债权请求权。然而双方以涉案宝马车为抵押物签订的抵押协议，根据《担保法》第41条、第42条规定，“以车辆抵押的，应当办理抵押物登记，抵押合同自登记之日起生效”，由于没有办理抵押登记，因此抵押协议并没有生效。在这种情况下，四川成都拓道金服有限公司在对涉案车辆没有任何权利可以主张，其安排李某1等人长途跋涉私自到湖北潜江扣押车辆的行为，涉嫌犯抢夺罪、抢劫罪或其他犯罪。权利受到侵害的湖北潜江喜路担保公司邀请谭某等人拦截车辆的行为是私力救济行为，而非犯罪行为。根据行为时《民法总则》第143条规定，该抵押协议是双方真实意思表示，合法有效，但同时根据《物权法》第180条、第188条规定，虽然该抵押合同生效，自抵押合同生效时设立了抵押权，但是双方并未对涉案宝马车进行抵押权登记，“未经登记的，不得对抗善意第三人”。因此，在涉案车辆已经出卖给第三人的情况下，四川成都拓道金服有限公司扣押涉案宝马车，不仅没有法律依据，而且可能涉嫌违法犯罪。

其次，陈某丽将涉案宝马车质押给吕某轩借款，根据“质权人在债务履行期限前，与出质人约定债务人不履行到期债务时质押财产归债权人所有的，只能依法就抵押财产优先受偿”的法律规定，在陈某丽违约不还款的情况下，吕某轩不能根据质押合同取得涉案宝马车的所有权，且吕某轩在质权存续期间，未经陈某丽同意，擅自使用、处分质押宝马车，造成陈某丽损失，应承担赔偿责任。

最后，吕某轩没有取得涉案车辆的所有权，如果质押合同没有特别约定，他无权将涉案车辆出卖给湖北潜江喜路担保公司。但是，只要吕某轩与湖北潜江喜路担保公司就涉案车辆签订买卖协议，是双方真实意思表示，且不违反国家法律、行政法规强制性规定，无论湖北潜江喜路担保公司是否善意第三人，无论吕某轩是否有权处分，买卖合同合法有效。且自吕某轩将涉案宝马车交付给湖北潜江喜路担保公司时起，湖北潜江喜路担保公司取得涉案宝马车的所有权。

综上，陈某丽借款不还，是违约行为，四川成都拓道金服有限公司有权根据抵押合同请求实现优先受偿权，不过由于没有抵押登记，其并不享有对抗善意第三人吕某轩的权利。四川成都拓道金服有限公司派遣李某1等扣押涉案宝马车时，湖北潜江喜路担保公司不仅合法占有涉案宝马车，而且对涉案宝马车享有所有权，四川成都拓道金服有限公司相关责任人员包括李某1等人，扣押涉案宝马车的行为是不法侵害行为。

因此，湖北潜江喜路担保公司邀请谭某等人拦截涉案宝马车的行为具有正当性。进一步需要讨论的问题是，湖北潜江喜路担保公司邀请谭某等人拦截涉案宝马车的行为能否认定为正当防卫。

成立正当防卫要求"不法侵害行为正在进行"，这是成立正当防卫的时间要件。对于不法侵害行为是抢劫、盗窃等财产性犯罪的场合，行为虽然结束，甚至可能已经既遂，但是不法侵害状态依然存在，在现场来得及挽回损失的，应认为不法侵害行为尚未结束，可以实行正当防卫。[①] 正不能向不正低头，"不法侵害正在发生"这一"侵害现在性的考量点，在于防卫者的权利保护及其正当化的界限"，正在发生的侵害与作为不法侵害行为的犯罪是否已经既遂，没有必然联系。对于不法侵害行为是抢劫、盗窃等财产性犯罪的已经既遂的场合，除了"不法侵害状态依然"存在，更重要的是不法侵害人对所劫、所窃动产"尚未建立稳固牢靠的占有关系"，被劫、被窃动产仍处于不法侵害中。[②] 在涉案宝马车被非法扣押后，湖北潜江喜路担保公司完全可以一路追捕，直到李某1等人将车藏匿到安全场所为止，都可以使用强力手段将车取回。对于谭某等人而言，也成立正当防卫。因为成立正当防卫不仅可以是为了"使本人的人身、财产或者其他权利免受正在进行的不法侵害而防卫"，还可以是为了"使国家、公共利益或者他人的人身、财产或者其他权利免受正在进行的不法侵害而防卫"。

2. 谭某等人拦截涉案宝马车是否刑法规定的寻衅滋事行为？

首先，如前所述，谭某等人应湖北潜江喜路担保公司邀请，为其拦截涉案宝马车，是正当防卫行为。

其次，谭某等人主观上不具有寻衅滋事罪的"流氓动机"。

立法上，寻衅滋事罪源自1979年《刑法》第160条规定的"流氓罪"，"聚众斗殴，寻衅滋事，侮辱妇女或者进行其他流氓活动，破坏公共秩序，情节恶劣的，处七年以下有期徒刑、拘役或者管制。流氓集团的首要分子，处七年以上有期徒刑"，1997年《刑法》将本条进行分解，分别规定在其他法条之中。其

---

① 张明楷：《刑法学》(第六版)，法律出版社2021年版，第264页。

② 林钰雄：《新刑法总则》(第六版)，台湾元照出版社2019年版，第248页。

中，寻衅滋事罪规定在现行《刑法》第 293 条。"流氓动机"作为流氓罪、寻衅滋事罪不成文的责任要素(也有观点认为是不成文的主观构违法要素)为司法解释所认可。1984 年最高人民法院、最高人民检察院《关于当前办理流氓案件中具体应用法律的若干问题的解答》(已废止)指出，"在刑法上，流氓罪属于妨害社会管理秩序罪。流氓罪行虽然往往使公民的人身或公私财产受到损害，但它的本质特征是公然藐视法纪，以凶残、下流的手段破坏公共秩序，包括破坏公共场所的和社会公共生活的秩序"。2013 年最高人民法院、最高人民检察院《关于办理寻衅滋事刑事案件适用法律若干问题的解释》规定，"行为人为寻求刺激、发泄情绪、逞强耍横等，无事生非，实施刑法第 293 条规定的行为的，应当认定为'寻衅滋事'"。

再次，谭某等人拦截涉案车辆的行为不符合寻衅滋事罪的客观要件。

法院认定谭某等人"持械殴打李某 1"，从而认为本案属于《刑法》第 293 条第 1 款第(1)项"随意殴打他人，情节恶劣"的行为，但这一结论值得商榷。①

2013 年最高人民法院、最高人民检察院《关于办理寻衅滋事刑事案件适用法律若干问题的解释》第 2 条规定："随意殴打他人，破坏社会秩序，具有下列情形之一的，应当认定为刑法第 293 条第 1 款第一项规定的'情节恶劣'：

(一)致一人以上轻伤或者二人以上轻微伤的；

(二)引起他人精神失常、自杀等严重后果的；

(三)多次随意殴打他人的；

(四)持凶器随意殴打他人的；

(五)随意殴打精神病人、残疾人、流浪乞讨人员、老年人、孕妇、未成年人，造成恶劣社会影响的；

(六)在公共场所随意殴打他人，造成公共场所秩序严重混乱的；

(七)其他情节恶劣的情形"。

本案，根据李某 1 陈述及谭某等人供述，谭某之外可能有人持械殴打李某 1，因此谭某可能涉嫌符合《解释》第 2 条第 1 款第(四)项规定。令人遗憾的是，一审庭审没有调查是否确实有人持械殴打了李某 1，没有其调查所持之"械"是如何携带至现场的，没有调查李某 1 的伤情是否因"持械"殴打所致，没有调查谭某是否持械殴打李某 1，也没有组织对"谭某没有持械，但其他人

---

① 严格来说，"持械殴打李某 1"只是对客观事实的描述，作为涵摄的结果，根据司法解释规定，只有"持凶器随意殴打李某 1"才是寻衅滋事罪之"随意殴打他人，情节恶劣"。

持械殴打的情况下，谭某是否也属于持械殴打李某1”这一争议较大的问题进行辩论。

根据卷宗证据显示，李某1陈述称，“我刚下车站到拖车的平板上，结果就被对方的人拉下来殴打，被打得躺在地上后，我站起来又被对方用砍刀刀背砍到腿上，疼得我直接跪倒在地上，然后就给对方的一个男子抓住我衣服拖上了对方的一辆无牌照香槟色雪铁龙轿车”；李某1聘请的拖车师傅，陈某军作证称，谭某等人没有打他，看到“当时宝马车上的年轻男子被从车上拖下来后，就直接蹲在宝马车边的地上的，拿着凶器的这些男子就在打这个年轻男子，我看见拿着凶器的人用手打这个年轻男子的头部，还在用脚踢这个年轻男子，我没有看清楚这些拿着凶器的人是否用手上的钢管、砍刀这些打这个男子”，“我看见的只有一把砍刀、一根钢管、一把水果刀”；谭某供称，“我当时手里拿的匕首，张浩拿的棒球棒……宝马车上的驾驶员主动下车，承认车子是偷的……我们就对驾驶员进行殴打，张浩用的棒球棒打的，我、王某、李某威、邬某就搞拳头和脚打的……”综合判断，谭某未持械殴打李某1，是否有人持械殴打李某1，却无法根据卷宗材料得出判断。

谭某等人是否持械殴打李某1，直接涉及谭某等人的行为是否“情节恶劣”从而成立寻衅滋事罪，但是公诉机关虽有指控“情节恶劣”却没有举证证明为何情节恶劣，法院在没有就此组织举证、质证，并调查案件事实的情况下，不能径行认为本案属于“情节恶劣”。

更为重要的是，即使能够查证谭某之外有人持械殴打李某1属实，也不能据此认定谭某属于“持凶器随意殴打他人”。司法解释规定，“持凶器随意殴打他人的”，属于“随意殴打他人，情节恶劣”，因为刑法以保护法益为目的，“犯罪的本质是对法益的侵害与威胁(危险)，犯罪是因为侵害或者威胁法益才受处罚”，[①]“持凶器”殴打他人并不必然提高了行为的客观违法性程度，也不能因为“持凶器”殴打他人，就不需要有值得科处刑罚的犯罪结果。根据前述司法解释规定，没有“持凶器”随意殴打他人的，须有“致一人以上轻伤或者二人以上轻微伤的”的犯罪结果；“持凶器随意殴打他人的”，虽然无需，但是至少应该接近“致一人以上轻伤或者二人以上轻微伤的”的犯罪结果，否则行为的违法性程度就无法达到值得科处刑罚的程度。[②] 由于“持凶器”只是行为的样

---

① 张明楷：《刑法的基本立场》(修订版)，商务印书馆2019年版，第294页。

② 由此可见，司法解释规定“持凶器随意殴打他人”，属于“情节恶劣”，规定本身是否符合法理值得检讨。

态，并没有提高行为的违法性程度，司法解释之所以规定“持凶器随意殴打他人的，属于‘情节恶劣’”，是因为“持凶器”彰显出行为人“公然藐视法纪，以凶残、下流的手段破坏公共秩序”的主观“流氓动机”，具有强烈的“刑罚预防必要性”，因此，“持凶器随意殴打他人”，不应产生违法性上的“连带性”，而只能是个别的、具体的判断。这个结论也与《刑法》第292条第1款第(4)项“持械聚众斗殴的，对首要分子和其他积极参加的，处三年以上十年以下有期徒刑”的规定一致。

由此可见，本案认定谭某等人“持凶器随意殴打李某1”事实不清，证据不足，在能够认定谭某手持匕首，但没有使用匕首伤害李某1的情况下，即使其他人持凶器殴打李某1，也不得认定谭某持凶器殴打李某1。

综上，谭某等人拦截涉案车辆的过程中殴打李某1，致其轻微伤，可能符合《刑法》第293条第1款第(1)项“随意殴打他人，情节恶劣”的规定。但是是否符合仍然要结合行为人主观上有无“流氓动机”进行判断，如前所述，谭某等人主观上不具有“随意殴打他人的流氓动机”，客观上谭某没有“持凶器”殴打李某1，根据2013年最高人民法院、最高人民检察院《关于办理寻衅滋事刑事案件适用法律若干问题的解释》第2条规定，不能认定本案成立寻衅滋事罪。

(二)对拦截捷豹车案的分析

在本案中，被害人曾某从工行武汉汉阳支行按揭贷款购买涉案捷豹车，并依法办理了抵押登记。曾某与工行武汉汉阳支行之间依法成立按揭贷款合同，工行武汉汉阳支行作为抵押权人，有权就抵押财产具有优先受偿的权利，在依法办理了抵押登记的情况下，还享有对抗善意第三人的权利。法院认定，武汉海佳诺汽车贸易有限公司为曾某贷款提供担保，然而根据卷宗证据与法院认定的事实，不能确定武汉海佳诺汽车贸易有限公司与工行武汉汉阳支行之间签订是“抵押合同”“质押合同”，还是其他具有担保功能的合同；不能确定武汉海佳诺汽车贸易有限公司曾因曾某违约或不履行还款义务而承担担保义务；更不能确定武汉海佳诺汽车贸易有限公司与曾某之间有任何相关权利、义务关系的约定。

就法院认定的事实，有以下几点特别重要：一是，在案发时，曾某是涉案捷豹车的所有人及占有使用者。二是，虽有证据证明曾某有逾期还款的行为，但是没有证据证明曾某借款不还，即使曾某借款不还，但涉案捷豹车办理了抵押登记，且具有足额担保价值，工行武汉汉阳支行甚至包括武汉海佳诺汽车贸易有限公司完全可以根据合同约定及法律规定主张权利。三是，武汉海佳诺汽车贸易有限公司扣押涉案捷豹车没有任何法律根据。四是，谭某等人受武汉海佳诺汽车贸易有限公司邀请，拦截涉案车辆的行为不仅没有正当性，而且他们在高速公路上拦截的手段、方法已经涉嫌危害公共安全罪。五是，何某柒等人打砸捷豹车涉嫌故意毁坏财物罪。

首先，武汉海佳诺汽车贸易有限公司相关责任人员、谭某等人可能涉嫌抢劫罪。

抢劫罪是指以非法占有为目的，采取暴力、胁迫或者其他方法劫取公私财物的行为。该公司以曾某逾期未还款为由请求被告人何某柒对该车进行拦截，何某柒邀约被告人李某、谭某共同拦截涉案捷豹车，而该捷豹车由曾某所有且合法占有使用，无论抢劫罪的保护法益采取“所有权说”“占有说”，还是“混合说”，他们的行为都符合了抢劫罪的客观构成要件，且不具备违法性阻却事由。就有责性而言，具有抢劫罪的犯罪故意，有争议的仅在于他们是否有非法占有的目的。一般而言，只要行为人主观上有“永久性占有他人财物的意思”，就意味着其有“非法占有的目的”，① 因为本案侦查机关自立案侦查开始，就没有认为本案有成立抢劫罪的可能，所以论证本案成立抢劫罪可能存在证据上的缺失。然而，一旦何某柒、李某、谭某等人成功扣押车辆，武汉海佳诺汽车贸易有限公司就会占有车辆，并进而要挟曾某：清偿未到期债务，或者承担不合法债务，如本案中，武汉海佳诺汽车贸易有限公司就曾要求曾某承担扣车费用。而只要曾某拒不接受其不法要求，武汉海佳诺汽车贸易有限公司就会永久占有车辆。从这点上看，难说武汉海佳诺汽车贸易有限公司相关责任人员、谭某等人主观上不具有非法占有的目的。

其次，根据法院认定的案件事实，在沪渝高速上，“谭某一行人驾驶的 2 辆车趁机将捷豹车前后堵塞，要求扣押曾某驾驶的捷豹车，曾某寻机驾车逃离，谭某一行人沿途追逐，封堵曾某的捷豹车，数次发生刮擦”，涉嫌以危险方法危害公共安全罪。当然，由于没有以“以危险方法危害公共安全罪”立案侦查，证据上能否做到确实充分，则另当别论，本书仅根据法院认定的案件事实，予以刑法上的分析。

再次，在高速服务区，曾某车辆被截停后，何某柒等人打砸捷豹车，造成捷豹车损失价格为人民币 18 031 元，涉嫌故意毁坏财物罪。

最后，成为问题的是本案是否成立寻衅滋事罪。

如前所述，成立寻衅滋事罪要求行为人主观上有“流氓动机”，而本案中，

---

① 更详细的分析意见，请阅读黎宏：《刑法学各论》(第二版)，法律出版社 2016 年版，第 202~204 页。

各被告人主观上认为曾某与武汉海佳诺汽车贸易有限公司之间存在债务纠纷，拦截车辆是替武汉海佳诺汽车贸易有限公司“维权”，因此欠缺寻衅滋事罪的主观要件。寻衅滋事罪的客观要件“追逐、拦截”车辆仅仅妨碍被害人的行动自由，不会剥夺他人对车辆的占有，更不会侵犯所有权。本案中，各被告人拦截、打砸涉案捷豹车的根本目的是为了排除被害人曾某对车辆的占有，并建立新的占有，甚至永久性剥夺其占有，仅以寻衅滋事罪的“追逐、拦截”评价属于评价不足，违反刑法充分评价原则。

总之，本案不宜认定为寻衅滋事罪，前述在高速公路拦截曾某捷豹车、服务区打砸捷豹车，不仅可能成立以危险方法危害公共安全罪、故意毁坏财物罪，而且又可能属于抢劫罪规定的“暴力、胁迫”行为，成立想象竞合犯，应择重罪从重处理。

(三)对奔驰车案的分析

首先，本案与前两案具有一定的相似性，而且我们还充分注意到谭某等人与所谓被害人张某、李某2所从事的业务也具有相似性，如前所述，谭某等人也因不具有成立“寻衅滋事”必须具备的“流氓动机”，所以本案不成立寻衅滋事罪。

在此，简要对本案进行如下分析：根据法院认定的案件事实，涉案奔驰车由宜昌金龙担保公司占有，虽然卷宗中没有证明是合法还是非法占有的证据，但是“需要通过法定程序改变现状(恢复应有状态)的占有”也是财产罪的法益。因此，重庆兆旭汽车商贸公司派人扣押涉案奔驰车，是不法行为。宜昌金龙担保公司邀请谭某等人拦截涉案车辆，是否属于正当防卫，不能得出准确判断，但是具有一定正当性。在拦截车辆过程中，谭某等人与不法侵害人重庆兆旭汽车商贸公司员工张某、李某2达成协议，护送张某、李某2进入重庆市石柱县，如同承继的共犯，谭某等人的行为性质已经发生变化，不再具有正当性，已经转化为共同不法侵害人，其收取2万元护送费的行为，一方面难以认定是谭某等人强拿硬要，另一方面因为张某、李某2也不具有被害人的身份，因而没有必要予以刑法上的评价。

(四)谭某被以寻衅滋事罪判处七年三个月有期徒刑是否恰当?

法院认为宝马X1案、捷豹车案、奔驰越野车案，谭某等人均犯寻衅滋事罪，谭某属于多次纠集他人实施寻衅滋事行为，根据《刑法》第293条第2款规定，对谭某在“五年以上十年以下有期徒刑”幅度内重判。然而，法院这一判决值得商榷。

《刑法》第 293 条第 2 款规定的“纠集他人多次实施前款行为”是指“纠集他人实施三次以上寻衅滋事犯罪行为”，换言之就是该条第 2 款规定的是同种数罪并罚，三次寻衅滋事行为必须是每一次都达到犯罪的程度，每一次都单独成立寻衅滋事罪。司法解释对此有明确规定。

2013 年最高人民法院、最高人民检察院《关于办理寻衅滋事刑事案件适用法律若干问题的解释》第 6 条，“纠集他人三次以上实施寻衅滋事犯罪，未经处理的，应当依照《刑法》第 293 条第 2 款的规定处罚”。

最高人民法院司法政策，《最高人民法院关于常见犯罪的量刑指导意见》(2017 年 3 月 9 日，法发〔2017〕7 号)指出：

构成寻衅滋事罪的，可以根据下列不同情形在相应的幅度内确定量刑起点：

(1)寻衅滋事一次的，可以在三年以下有期徒刑、拘役幅度内确定量刑起点。

(2)纠集他人三次寻衅滋事(每次都构成犯罪)，严重破坏社会秩序的，可以在五年至七年有期徒刑幅度内确定量刑起点。

如前所述，谭某等人实施的拦截宝马 X1 案、拦截奔驰车案，不成立寻衅滋事罪，因此，法院在“五年以上十年以下有期徒刑”幅度内判处谭某七年三个月有期徒刑属于适用法律错误。

拓展阅读：

1. 张明楷：《寻衅滋事罪探究(上)》，载《政治与法律》2008 年第 1 期。
2. 陈兴良：《寻衅滋事罪的认定》，载陈兴良：《口授刑法学(下册)》(第二版)，中国人民大学出版社 2017 年版，第 618 ~ 644 页。
3. 车浩：《寻衅滋事罪是用来打击流氓而非耍流氓的》，网络文。
4. 魏东：《寻衅滋事罪》，载魏东：《刑法分则解释论要》，北京大学出版社 2020 年版，第 427 ~ 448 页。
5. 周家海、喻海松：《〈关于办理寻衅滋事刑事案件适用法律若干问题的解释〉的理解与适用》，载《人民司法》2013 年第 23 期。

案例四 李某灯挪用资金案

导读：

在建筑领域，建筑项目的实际施工人不能作为公司、企业、其他单位的工作人员，从而该当挪用资金罪在行为主体，出借资质、转包项目的建筑公司不能成为刑法意义上的被害人。对此姑且不论，在实际施工人垫资建设项目的情况下，其收回垫资款的行为不是挪用行为，若实际施工人转款私用的，公诉机关必须证明其所转数额大于垫资数额，否则就不得认定其有挪用资金的客观行为。

关键词：

公司、企业、其他单位的工作人员；利用职务上的便利；实际施工人；挂靠；出借资质；项目转包；垫资

一、指控事实

浙江省东阳市人民检察院以东检公诉刑诉〔2019〕776号起诉书指控：

2011年2月9日和2012年8月8日，浙江宏成建设集团有限公司（以下简称宏成公司）先后与河南省信阳中百乐花置业有限公司（以下简称中乐百花公司）签订建筑施工承包合同协议书，双方约定由宏成公司承建中乐百花公司开发的中乐百花B区1#—7#楼工程和中乐百花B区8#—15#楼工程（以下简称中乐百花工程）。2011年3月15日，宏成公司任命被告人李某灯为宏成公司河南信阳地区工程项目负责人。2011年6月20日，宏成公司和被告人李某灯签

订劳动合同，约定由李某灯负责宏成公司在河南信阳承建项目的各项工作。2012年7月12日，宏成公司与信阳乙置业有限公司签订建筑施工承包合同协议书，由宏成公司承建鸡公山国际温泉度假村项目。2012年10月22日，宏成公司与信阳市丙开发有限公司签订建设工程协议书，由宏成公司承建中乐房产公司投资开发的B项目。2012年3月20日、2012年6月15日、2012年11月28日，宏成公司先后与被告人李某灯签订《内部项目经济责任承包合同》，合同约定："在本项目工程竣工结算完毕之前，建设单位提供的资金、材料、本项目工程的全部财产及全部资料均属集团公司(即某公司)所有，乙方(即被告人李某灯)无权分配。"等内容。

2013年3月12日，被告人李某灯利用职务之便，从中乐百花工程项目部1718****7067专用账户领取工程款人民币200万元(以下均指人民币)至其个人的62***0733账户内。同日，被告人李某灯将该个人账户内210万元汇款至重庆云阳法院3743***1911账户，用于支付其和前妻的离婚补偿款。

2014年1月7日，被告人李某灯利用职务之便，从中乐百花工程项目部178***7067专用账户领取工程款200万元至其个人的22***6130账户内。2014年1月8日，被告人李某灯将该个人账户中的3 649万元汇款至与某公司无关的恩施州丁有限责任公司1901****0986账户内，作为与宏成公司无关的土地出让保证金使用。

因资金短缺，被告人李某灯通过彭某仿向熊某琼借款，用于缴纳上述土地出让保证金。2014年1月6日，熊某琼810***0195账户汇款700万元至彭某仿81018***1500账户内，2014年1月7日，彭某仿8101***150账户转汇1 000万元至被告人李某灯个人的62**6130账户内，2014年1月8日，被告人李某灯将账户内的钱款用于缴纳上述土地出让保证金。2014年8月14日，被告人李某灯利用职务之便，从中乐百花工程项目部1718****7067专用账户领取工程款100万元至其个人的222***0733账户内。连同其他钱款，于当日将200万元汇至熊某琼2***8458账户内，用于归还熊某琼的借款。

2012年2月至2013年6月期间，被告人李某灯利用职务之便，从中乐百花工程项目部178**7067专用账户等账户先后领取工程款共计1 100余万元至其个人的622***073账户内，先后将其中794.2万元汇至陈某肖22***0783等个人账户内，私自将该794.2万元挪用给与宏成公司无关的陈某肖个人使用。

综上，被告人李某灯挪用资金共计1 294.2万元。2018年6月19日，被告人李某灯主动到东阳市公安局投案。案发后，被告人李某灯退款300万元至宏成公司。

二、辩护要点

（一）李某灯与宏成公司之间是借用资质、挂靠建设项目的关系，李某灯与宏成公司之间没有形成真正的劳动关系。李某灯不是宏成公司的工作人员，不符合挪用资金罪的主体要件。

（二）河南分公司项目部的资金由刘某伟代表宏成公司实际控制与支配，李某灯不能、也没有“利用职务上的便利”，挪用资金。

（三）宏成公司不是刑法意义上的被害人，根据庭审查明的事实，宏成公司一直占用项目部资金，欠付李某灯陆仟余万元。

（四）涉案项目为李某灯垫资建设，李某灯收回垫资款的行为不是犯罪。

（五）没有确实充分的证据证明李某灯有挪用资金的行为。

（六）调取原始会计凭证，委托中立审计机构重新审计，彻查案件事实，还李某灯清白。

三、关键证据

（一）关于李某灯是否该当挪用资金罪主体?

1. 2011年3月15日宏成公司《关于李某灯通知任职的通知》，“各分公司、处室：为了加强信用工程项目管理，经公司研究决定，任命李某灯同志为浙江宏成建设集团有限公司河南信阳地区工程项目负责人”。但是，李某灯辩解称，“没有收到过这样的通知，也从来没有过这样的任命”。

2. 2011年3月15日《劳动合同》，用人单位：浙江宏成建设集团有限公司；劳动者：李某灯；固定期限劳动合同，合同期限从2011年3月15日起至本项目竣工保修期满；工作内容“在河南省信阳市中乐百花B区项目部负责人”；劳动报酬“月工资2 000元，平时每月在项目部发放”。李某灯辩解称，“该合同是应宏成公司要求所签，目的是规避《建筑法》有关挂靠、建筑公司出借资质方面的禁止性规定，是虚假的”。

3. 宏成公司为李某灯缴纳社保的证据。李某灯辩称，不是宏成公司缴纳的，宏成公司缴纳后，宏成公司又从项目部上扣减了，因此，实际上是李某灯自己缴纳的。

4. 2011年6月20日《劳动合同》，用人单位：浙江宏成建设集团有限公司；劳动者：李某灯；固定期限劳动合同，合同期限从“2011年6月20日起至项目竣工保修期满”；工作内容“在信阳项目岗位(工种)工作”；劳动报酬“月工资2 000元，平时每月在项目部发放”，合同签订时间是2011年6月20日。李某灯辩称，未签订这份合同，合同末尾乙方签名明显不是其本人所签，该合同是为了诬告陷害他挪用资金而伪造的。

5. 四份《浙江宏成建设集团所属分公司内部经济责任承包合同》，即李某灯以内部承包的方式建设宏成公司承建的中乐百花一期、二期项目、江南名都项目、鸡公山依云小镇项目。合同主要条款为：李某灯按照工程总造价2%(注：左右的比例)上交管理费，“在项目竣工结算完毕之前，建设单位提供的资金、材料、项目工程的全部财产及全部资料属集团公司所有，李某灯无权分配否则按违法挪用或侵占论处，即追究刑事责任”。

(二)关于李某灯是否有“利用职务挪用资金的便利”？

1. 所有原始会计凭证，没有李某灯的亲笔签名。

2. 项目部会计(注：李某灯的会计)彭某艳作证称，“使用项目资金最后由刘某伟盖章”。

3. 李某灯辩称，刘某伟是宏成公司的职工，宏成公司把他派驻到项目部的作用是代替宏成公司控制资金。

4. 刘某伟作证称，“使用资金需要我盖章，但是我一个小员工是不可能去管老板(就是李某灯)怎么去用钱的”。

(三)宏成建设集团是否刑法意义上的被害人？

李某灯挪用资金案于2018年3月29日立案，2019年4月26日张某浩、恩施州金豪置业有限供公司、李某、朱某革、李某灯、浙江宏成建设集团有限公司签订《调解协议书》(以下简称《六方协议》)。[①] 李某灯与宏成公司董事长楼某世就河南信阳涉案项目进行对账、核算，确认“宏成建设集团已收款为631 129 098.71元人民币，扣除全部已付给李某灯和已收款项的全部税金、管理费等费用后，应付给李某灯内部承包费15 164 966.06元人民币；李某灯与

① 张某浩系楼某世的女婿，李某系李某灯之子、朱某革系李某灯姐夫、恩施州金豪置业有限供公司由李某灯、张某浩发起设立。李某灯作为借款人与出借人张某浩(楼某世)之间存在借贷纠纷关系。

宏成建设集团协商确认，宏成建设集团向李某灯承担300 000.00元的费用利息”。

(四)关于涉案项目是否李某灯垫资建设?

1. 宏成公司总经理吴某良、董事长楼某世、项目部财物工作人员刘某伟证言，“李某灯没有任何垫资”。

2. 李某灯辩称，四个项目总共造价十多个亿，是他垫资建设的。

3. 李某灯投案自首前，自行委托重庆泰发会计师事务所对涉案项目进行了审计，2018年5月23日《审计结论》(渝泰发审字〔2018〕第62号)，经审计，“截止2018年5月，李某灯累计为四个项目垫付资金9 233 888.63元”，其中“(1)中乐百花一期工程，李某灯累计垫付金额为25 983 087.00元，建设方累计拨给李某灯的工程进度款和李某灯从项目部累计收回垫付款共计25 088 000.00元。截止2018年5月，项目部欠付李某灯垫付款89 508 700元。经查，2013年3月12日，项目部工商银行一般账户转给李某灯人民币200万元，此款在转入李某灯个人银行卡前，项目部欠付李某灯个人垫付款3 752 807.00元。(2)中乐百花二期工程，李某灯累计垫付金额为22 801 048.54元，建设方累计拨给李某灯的工程进度款和李某灯从项目部累计收回垫付款共计24 283 277.00元。截止2018年5月，李某灯借支项目部资金1 482 228.46元用于其他工程项目开支。经查，2014年1月7日，项目部工商银行一般账户转给李某灯人民币200万元，此款在转入李某灯个人银行卡前，项目部欠付李某灯个人垫付款2 168 608.50元。(3)中乐江南名都工程，李某灯累计垫付金额为32 219 955.44元，建设方累计拨给李某灯的工程进度款和李某灯从项目部累计收回垫付款共计30 652 544.00元。截止2018年5月，项目部欠付李某灯垫付款1 567 411.44元。(4)鸡公山依云小镇二期工程，李某灯累计垫付金额为16 563 618.65元，建设方累计拨给李某灯的工程进度款和李某灯从项目部累计收回垫付款共计8 310 000.00元，截止2018年5月，项目部欠付李某灯垫付款8 253 618.65元。”

4. 东阳市公安局第二次《补充侦查报告书》，“你院所列第2项补充侦查关于审计李某灯项目。因李某灯无法提供河南信阳项目鸡公山项目的记账凭证，故无法进行全面审计”。

5. 东阳市公安局第三次补充侦查，2019年8月8日东阳荣东联合会计师事务所《关于浙江宏成建设集团有限公司河南信阳中乐百花(一期、二期)工程资金使用及垫资情况审计项目，不能作为鉴证业务予以承接的报告》，“东阳市公安局：我们收到东阳市公安局2019年7月24日东公(巍)鉴聘字〔2019〕50 315《鉴定聘请书》后，立即到浙江宏成建设集团有限公司对河南信阳中乐百花(一期、二期)工程及其会计核算情况进行初步了解，查阅了部分会计凭证，发现该工程会计核算存在重大问题，不能将该审计项目作为鉴证业务予以承接”。

6. 案件起诉到东阳市人民法院后，东阳市公安局第四次补充侦查，2020年4月23日东阳荣东联合会计师事务所《浙江宏成建设集团有限公司河南信阳中乐百花(一期、二期)、江南名都项目资金流及垫资情况专项审计报告》，“李某灯在三个项目中除前期以白条报销成本费用的方式投入2 343 513.00外，未发现有其他资金投入，不存在垫资情况”。

7. 四份发包方与宏成公司签订的《建设施工合同》，其中中乐百花一期、二期、江南名都三个项目宏成建设集团合计有垫资壹亿元(10 000万元)义务；四份宏成公司与李某灯签订的《内部承包合同》，宏成公司将垫资壹亿元(10 000万元)的义务转移给了李某灯，约定由李某灯垫资建设了涉案四项目。就中乐百花B区一期项目，合同约定，李某灯垫资施工预算造价4 500万元工程量后，发包方(中乐百花置业有限公司)支付李某灯垫资的70%的工程款；就二期项目，合同约定，李某灯垫资施工预算造价3 500万元工程量后，发包方(中乐百花置业有限公司)支付李某灯垫资的75%的工程款。

8. 东阳市公安局《接收证据清单》，2018年6月19日李某灯向东阳市公安局投案时，委托会计彭某艳将涉案项目的原始会计凭证作为无罪证据提交给东阳市公安局，东阳市公安局签收中乐百花B区一期、二期项目原始会计凭证贰佰叁拾陆册，江南名都项目原始会计凭证应东阳市公安局的要求，移交给了宏成公司。

四、控辩意见

(一)关于李某灯是否该当挪用资金罪主体?

公诉人：《内部经济责任承包合同》、2011年3月15日《劳动合同》、2011年3月15日《任命通知》、2011年6月20日《劳动合同》，社保缴纳记录证实李某灯是宏成公司河南信阳地区项目总负责人。根据《浙江省高级人民法院、浙江省人民检察院、浙江省公安厅〈关于办理建筑施工企业从业人员犯罪案件若干法律适用问题的会议纪要〉》(浙高法〔2017〕228号)“对于项目经理、承包人与建筑企业签订劳动合同或内部承包合同，并负责管理工程项目或者分公司的，相关成员可以成为职务侵占、挪用资金等职务犯罪的主体”的规定，李某灯符合挪用资金罪的主体要件。

辩护人：最高人民法院明确规定，禁止地方法院制定司法解释，浙高法〔2017〕228 号《会议纪要》不能作为裁判案件的依据。① 2011 年 6 月 20 日《劳动合同》不具有真实性，这一点，在审查起诉阶段其实已经与公诉人达成了共识。《内部承包协议》与 2011 年 3 月 15 日《劳动合同》的性质是“李某灯(挂靠)借用宏成公司的资质建设施工项目”，是以“合法形式掩盖非法目的”的行为，宏成公司没有实际给李某灯发放工资、没有实际为李某灯缴纳社会保险，双方地位平等，不具有劳动关系上的“隶属性”，合同的目的“不是劳动”，而是宏成公司“出卖资质，一次性收取管理费，规避法律风险”。对涉案项目的建设，宏成公司的唯一贡献就是“出借了资质”，宏成建设集公司唯一参与项目就是派驻刘某伟到项目部监管财务，宏成公司得到的好处就是“一次性收取管理费”。李某灯与宏成建设集团之间没有形成真正的劳动关系，李某灯不是宏成公司的工作人员，不符合挪用资金罪的主体要件。

(二)关于李某灯是否有“利用职务挪用资金的便利”？

公诉人：李某灯作为宏成公司信阳项目的总负责人，利用职务便利挪用资金。

辩护人：李某灯没有挪用资金的“职务便利”，具体而言：

在李某灯挂靠宏成建设集团垫资建设河南信阳涉案项目期间，宏成建设集团的楼某世、吴某良等人为了收回出借给李某灯的个人借款，在印章的管理上、在财务的支配上，安排了刘某伟全权负责，在使用工程款项时，原始的会计凭证对支出的资金的用途不仅有严格的审批，对于用途也有如实记载。

证明刘某伟代表宏成建设集团监管财务的证据主要有：

1. 刘某伟的证言；
2. 证人彭某艳的证言；
3. 李某灯的供述与辩解；

① （2012 年 1 月 18 日，法发〔2012〕2 号）最高人民法院、最高人民检察院《关于地方人民法院、人民检察院不得制定司法解释性质文件的通知》：“地方人民法院、人民检察院一律不得制定在本辖区普遍适用的、涉及具体应用法律问题的‘指导意见’‘规定’等司法解释性质文件，制定的其他规范性文件不得在法律文书中援引。”

4. 所有原始会计凭证都有刘某伟最后盖章、确认资金用途。

根据《刑法》第272条第1款的规定，成立挪用资金罪，要求“公司、企业或者其他单位的工作人员，利用职务上的便利，挪用本单位资金归个人使用或者借贷给他人”，“利用职务上的便利”是指“利用自己主管、管理、经手资金单位资金所形成的便利条件”，只有在行为人对单位资金有占有、有控制的情况下，才涉嫌“利用职务上的便利”。在本案中，李某灯使用项目部资金，必须经过刘某伟代表宏成公司审批同意，这证明李某灯对项目部的资金虽然有权请求使用，但是并没有占有、控制的事实。这一事实从宏成公司至今挪用项涉嫌项目资金数千元万元拒不交出，可以得到充分印证。

既然如此，李某灯就不能、也不可能“利用职务上的便利”，挪用宏成公司资金。

(三)宏成公司是否刑法意义上的被害人?

公诉人：李某灯利用职务便利，挪用宏成公司资金1 294.2万元未归还。

辩护人：公诉机关指控李某灯涉嫌挪用的资金所有权归李某灯所有，即使归宏成公司所有，宏成公司也不是刑法意义上的被害人。

根据2019年4月26日六方调解协议书：

1. 宏成公司已收到工程款为631 129 098.71元人民币，扣除全部已付给李某灯和已收款项的全部税金、管理费等费用后，应付给李某灯的金额为15 164 966.06元人民币；

2. 发包方欠付工程款的总额为5 500余万元。根据合同相对性的原则，这些工程款也正是宏成公司应支付给李某灯的工程款。

根据上述事实，李某灯与宏成公司互负到期金钱债务，任何一方都有权可以将自己的债务与对方的到期债务抵消，这是民法上的法定抵消权。而且，除了2019年4月26日六方调解协议书，李某灯与宏成公司在涉案项目竣工验收后，双方在多次核算过程中，起诉书所指控的金额早已作为应支付给李某灯的款项予以扣减。

宏成公司对李某灯享有的民法上的请求权只有“一次性按比例收取管理费”，宏成公司事实上已经完全收取了管理费，实现了请求权，宏成公司又怎么能成为刑法意义上的被害人呢？如果公诉机关的逻辑是对的，那就意味着，李某灯可以一手把指控的1 200万元交给宏成公司，同时对宏成公司说，“我们算账说了，这钱是我的啊”，然后另一只手又把钱拿回来，装到自己的口袋里。

(四)关于涉案项目是否李某灯垫资建设?

公诉人：李某灯没有垫资，即使有垫资，也已经完全收回。李某灯所称的垫资是“循环垫资”，“循环垫资”不是垫资。

辩护人：在庭审中，公诉人始终纠缠李某灯，指控李某灯是“循环垫资”，事实上垫资不多。本辩护人认为，公诉人已经用行为表明，涉案项目为李某灯垫资建设。

根据：

1. 发包方与宏成公司签订的《建设施工合同》，证明涉案建设项目中仅中乐百花一期、二期、江南名都三个项目宏成公司有垫资壹亿元(10 000 万元)的义务。

2. 宏成公司与李某灯签订的《内部承包合同》(复印件)，证明宏成公司将垫资壹亿元(10 000 万元)的义务转移给了李某灯，李某灯垫资建设了涉案四项目(具体金额应根据原始会计凭证审计确定)。

其中，仅仅中乐百花 B 区一期项目，根据约定，李某灯垫资施工预算造价 4 500 万元工程量后，发包方(中乐百花置业有限公司)支付李某灯垫资的 70% 的工程款；二期项目，李某灯垫资施工预算造价 3 500 万元工程量后，发包方(中乐百花置业有限公司)支付李某灯垫资的 75% 的工程款。这证明，在发包方第一次支付工程款的时候，李某灯垫资建设的工程量应该已经达到造价 4 500 万元以上。究竟李某灯当时实际垫资多少，这是公诉机关需要举证证明的问题，如果需要彻查也很简单，只要对发包方第一次支付工程款的时候李某灯垫资完成的工程量进行鉴定即可。

(五)李某灯是否有挪用资金的行为?

公诉人：2013 年 3 月 12 日，李某灯利用职务便利，以“还借款”名义从项目部领取 200 万元用于支付其与前者的离婚补偿款；2014 年 1 月 7 日，李某灯以“往来款”名义领取 200 万元用于支付与涉案工程无关的恩施项目土地出让金；2014 年 1 月 6 日，李某灯以“往来款”名义领取工程款 100 万元，用于归还熊某琼的借款；2012 年 2 月至 2013 年 6 月，李某灯从项目部专用账户等账户先后领取工程款，将其中的 803 万元汇入与宏成公司无关的陈某肖账户，这些都是挪用资金行为，依法成立挪用资金罪。

辩护人：荣东会专审字〔2020〕第 7 号《专项审计报告》不能作为认定案件事实的根据，为查清案件事实，本辩护人再次申请审计人员、证人、侦查人员等出庭作证。

如前所述，在审查起诉阶段，本辩护人曾与公诉人多次交流，并达成共识：李某灯是否有挪用资金罪的犯罪事实，必须对涉案项目进行审计才能查清。在今天的庭审中，就有关审计的证据，本辩护人已经发表质证意见，明确指出东阳荣东联合会计师事务所荣东会专审字〔2020〕第7号《专项审计报告》不能作为认定案件事实的根据，主要理由是：

1. 东阳市人民检察院两次退回补充侦查，明确要求对涉案项目进行审理，但东阳市公安局均以无法审计为由而没有审计；2019年7月24日，东阳荣东联合会计师事务所收到东阳市公安局《鉴定聘请书》后，于2019年8月8日出具了《不能作为鉴证业务予以承接的报告》，东阳市公安局第三次补充侦查，是严重程序违法行为。在案件起诉到法院后，东阳市公安局又进行了第四次补充侦查，委托该会计师事务所制作了荣东会专审字〔2020〕第7号《专项审计报告》，姑且不论其是否程序违法，在此，强烈申请由侦查人员周某飞、荣东联合会计师事务所的审计人员出庭接受询问，对为什么又能够做出《专项审计结论》予以说明。

2. 荣东会专审字〔2020〕第7号《专项审计报告》审计目的不明确，没有对指控每笔资金是否挪用进行鉴定，即应该针对指控，审计李某灯转出去每笔款项时，垫资与所转款项的差额是正还是负，如果垫资大于所转款项，李某灯不是挪用，反之为挪用。因为该《专项审计报告》没有这样审计，所以该《专项审计报告》不能作为认定案件事实的根据。

3. 荣东会专审字〔2020〕第7号《专项审计报告》明确指出，是根据宏成公司河南分公司提供的会计资料进行审计的，但是宏成公司河南分公司已经于2018年12月28日注销，涉案项目（中乐百花一期、二期项目）原始会计凭证由李某灯作为无罪的证据提交给了东阳市公安局巍山镇派出所，荣东会专审字〔2020〕第7号《专项审计报告》的审计依据何来，审计依据是否全面，审计的地点在哪里，审计人员是否中立等，只有审计人员出庭接受交叉询问才能调查清楚。

本辩护人于本月5号接到法院电话通知，确认今天（12号）开庭审理本案的时候[①]，本辩护人与李某灯都没有接到“开庭五日前提供证人、鉴定人名单”的通知。我们于7号寄出了证人出庭作证申请书、侦查人员出庭作证申请书、审计人员出庭作证申请书、调取证据申请书，考虑到法院应提前三天通知他们

① “本月”指2020年6月。

出庭作证，我们还特意委托他人于本周一(8 号)的八点半，将这些申请书送到了法院。

为了保护被告人的辩护权，也为查明案件事实，在此，本辩护人再次向法院申请：(1)通知侦查人员周某飞出庭作证；(2)通知荣东会专审字〔2020〕第7 号《专项审计报告》审计人员陆某跃、李某晖出庭作证；(3)通知关键证人彭某艳出庭，涉案项目的原始会计凭证就是她制作的，她最清楚案件事实；(4)通知李某灯自行委托的泰发会计师事务所《审计报告》(渝泰发审字〔2018〕第 62 号)审计人员吴某梅、叶某江出庭作证。

辩护人坚信，指控李某灯挪用资金证据不足。

1. 公诉机关没有提供证据证明李某灯两次 200 万元的转款他用时，垫资款与转出款项的差额。

2. 指控其挪用 794.2 万元中的每一次转款，都是李某灯收回垫资款，至于李某灯收回垫资款后如何使用，是李某灯的权利。公诉机关提供的证据只能证明，从项目部的专用账户内有资金进入了李某灯银行卡尾号为 0733 的账户，又有资金从李银灯账户又转入了陈某肖的账户，但是并没有隐瞒了会计凭证上这些资金的用途，公诉机关必须提供确实充分的证据证实这些资金是李某灯从项目部套取、骗取的，李银灯才可能涉嫌犯罪。

3. 参考浙江省高级人民法院、浙江省人民检察院、浙江省公安厅《关于办理建筑施工企业从业人员犯罪案件若干法律适用问题的会议纪要》，“对于项目经理、承包人垫付范围外的施工项目资金，工程没有完工的，应当以工程结算节点为界。结算以前或者无法进行结算的，施工项目资金的所有权归属于建筑施工企业，结算以后施工项目资金的所有权归属于项目经理、承包人”。既然在工程尚未完工的情况下，应当以工程结算点为界，结算后项目资金的所有权归属于项目经理、承包人，那么在“工程已经完工”的情况下，施工项目资金的所有权理所当然地归“项目经理、承包人”所有，这是当然解释。在项目竣工验收后，打入分公司项目部上的资金的所用权归李某灯所有，仅中乐百花一期项目，2013 年 6 月 27 日起，到 2014 年 1 月 20 日，从中乐百花置业有限公司转入项目部账户的接近 5 000 余万元，到同年 7 月初，接近 6 500 余万元，这些资金的所有权都归李某灯所有。

4. 关键证人彭某艳能够证明李某灯无罪，她表示，只要接到法院通知，她一定出庭作证，如实陈述李某灯没有挪用资金的事实，如实陈述原始会计凭证等会计资料能够证明的案件事实，如果保留在东阳市公安局的原始会计凭证“遗失”，她愿意携电子流水账等证据证明案件事实。

李某灯在挂靠宏成公司建设施工河南信阳涉案项目之前，已经挂靠广泰建设集团建设施工中乐百花 A 区写字楼项目，由李某灯聘请，彭某艳在李某灯挂靠建设的全部项目中担任会计工作。就挂靠宏成公司建设的项目，她与刘某伟的分工是：刘某伟代表宏成建设集团审核、审批、盖章把关，她负责做账。

她是一个非常认真负责的人，所有的原始会计凭证上都有她的签字，她不仅做了会计账，还在电脑上做了电子流水账。对于宏成公司单方面制作的"李某灯与陈某肖挪用资金往来清单"上所列的从项目部专用账户转入李某灯账户的资金，她在流水账上查询到了全部用途，这些款项全部用于了工程建设。

彭某艳做的电子流水账是否准确？只有原始会计凭证才能核实，没有原始会计凭证就不能认定李某灯有罪。

辩护人认为：1. 认定挪用资金罪必须有证据能够证实行为人将"公司、企业或者其他单位的资金挪作他用"，其最主要、最重要的直接证据就是原始会计凭证，没有原始会计凭证，对李某灯是否有挪用资金的犯罪事实根本就无从谈起。

2. 在建筑领域中，由于存在实际施工人（包括项目经理、承包人等）垫资建设的情况，而使得在认定挪用资金罪上具有一定特殊性。若要证明李某灯有罪，必须查清他的垫资情况，查明其转款私用之时，所转款项究竟是大于还是小于垫资，如果垫资大于所转款项，没有挪用行为；如果垫资小于所转款项，有挪用行为。

在此，辩护人再次请求：调取原始会计凭证，委托中立审计机构重新审计，彻查案件事实，还李某灯清白。

五、法院判决

东阳市人民法院拒绝通知证人出庭作证、审计人员出庭作证、调取原始会计凭证、重新审计申请，以〔2019〕浙 0 783 刑初 1 136 号《刑事判决书》对公诉机关指控的事实全面予以认定（其中包括采信 2011 年 6 月 20 日《劳动合同》认定李某灯是宏成公司信阳项目总负责人的身份），判决认为：

内部项目经济责任承包合同、劳动合同、任职文件、东阳市企业养老保险缴纳情况等证实，宏成公司中标涉案工程项目后与被告人李某灯签订经济责任承包合同、劳动合同等，定期向其支付工资，自 2011 年 5 月至 2015 年 12 月间为其缴纳社会基本养老保险，并发文任命其为宏成公司河南信阳地区工程项目负责人的事实，被告人李某灯对上述事实亦有供述，足以认定。被告人李某灯与宏成公司之间存在合法的劳动关系，其由宏成公司任职，且对外以宏成公司名中义施工。宏成公司具有承建相应建筑工程的条件和资质，其分别与甲方公司签订建设工程施工合同，系中乐百花、中乐江南名都、鸡公山等项目的法定承包单位，依约享有相应权利，承担相应义务。被告人李某灯与宏成公司或就涉案工程签订项目部经济责任是制承包合同，或对涉案工程进行实际代管，应认定其具有管理该主工程的职务和在工程结算后依法取得相应收益的权利，也有接受宏成公司行政管理的义务，而非单纯“平等”关系。据此，被告人李某灯具有宏成公司工作人员身份，符合挪用资金罪的主体要求。

被告人李某灯作为宏成公司河南信阳地区工程项目负责人，根据双方约定，在项目工程竣工结算完毕之前，建设单位提供的资金、材料、项目工程的全部财产及全部资料均属集团公司所有。在项目工程竣工结算、利润分配完毕之前，李某灯方无权分配。根据在案的宏成公司借款审批表、借条等证据，证实被告人李某灯申请借款时与宏成公司约定借款系用于工程项目，专款专用并接受分公司及分公司财务的监督使用。因此，对于项目工程款项的进出，应当按照约定用于工程使用，而被告人李某灯利用职务之便，将工程款挪作他用，显系挪用资金的犯罪行为。

东阳荣东联合会计师事务所出具的关于宏成公司河南信阳中乐百花(一期、二期)工程资金使用及垫资情况审计项目不能作为鉴证业务予以承接的报告，系由该会计师事务所在查阅部分会计凭证后发现该工程会计核算存在重大问题，根据行业准则无法作为鉴证业务予以承接后出具的。该节在该会计师事务所后续提供的审计报告中亦有提及，其审计仅就河南分公司项目部提供的账簿、凭证和有关资料进行审计并出具合理保证的结果，虽实施了检查、核对等审计程序，但对收入、支出和往来款均未能实施函证程序，未能向有关单位和个人核实，故无法形成确定的审计结论。故前后报告并无矛盾。在此基础之上，依据现有会计凭证现状，进行重新审计确无必要。

被告人李某灯在前期侦查阶段多次供述自己部分垫资来源于向宏成公司借款且现已全部结算清楚，其余垫资也已全部从项目部中支取，故垫资一事已不存在的事实，且对部分挪用资金事实供认不讳。对被告人李某灯以自制单据或者开具简易票据形式的、未有实际资金进入涉案工程项目部专用资金账户的款项中的部分，即被告人李某灯自 2012 年 2 月后抽回的金额共计 113.1 万元，依照“有利于被告人”的原则作为被告人李某灯在相应时间段内垫付的工程款，在挪用资金的犯罪数额中予以扣减对于在案调解协议的签订背景，宏成公司后续也作出了合理解释，系权衡多方利益后所签订，后并未予以履行。

调解协议仅为双方协商结算所用，并不能据此否定被告人李某灯挪用资金的事实。退一步说，辩护人仅依据该调解协议，尚无法形成完整的证据链，实现其待证目的。

依照《中华人民共和国刑事诉讼法》第 50 条之规定，审判人员、检察人员、侦查人员必须依照法定程序，收集能够证实被告人有罪或无罪、犯罪情节轻重的各种证据。本案中，办案人员已依照法定程序收集各种证据，不存在选择性收集证据的情况。根据相关规定，在认定项目经理、承包人垫付工程款时，应由项目经理、承包人提供明确规范的资金往来财务凭证，并向建筑企业与项目经理、承包人核实确认。本案中，被告人李某灯既不能提供明确规范的资金往来财务凭证，也不能获得建筑企业的核实确认。故被告人李某灯及其辩护人当庭所提辩解及辩护意见，本院不予采纳。

东阳市人民法院认为，被告人李某灯利用职务上的便利，挪用本单位资金归个人使用，超过三个月未归还，或进行营利活动，数额巨大，其行为已触犯刑律，构成挪用资金罪。公诉机关指控的罪名成立，依法应予支持。被告人李某灯及其辩护人的辩护意见，本院不予采纳。被告人李某灯能主动向公安机关投案，且能部分退回赃款，均可酌情从轻处罚。依照《中华人民共和国刑法》第 272 条第 1 款、第 64 条之规定，判决如下：

1. 被告人李某灯犯挪用资金罪，判处有期徒刑五年(刑期从判决执行之日起计算。判决执行以前先行羁押的，羁押一日折抵刑期一日，即服刑至 2025 年 9 月 2 日止)。

2. 继续追缴被告人李某灯的犯罪所得，发还被害单位。

一审判决后，李某灯不服，上诉到金华中级人民法院。金华中级人民法院经开庭审理，以〔2020〕浙 07 刑终 656 号刑事判决认定：

2011 年 2 月 9 日和 2012 年 8 月 8 日，宏成公司先后与中乐百花公司签订建筑施工承包合同协议书，双方约民定由宏成公司承建中乐百花公司开发的中乐百花 B 区 1#7#楼工程和中乐百花 B 区 8#—15#楼工程。201 年 3 月 15 日，宏成公司任命被告人李某灯为宏成公司河南信阳地区工程项目负责人，同日，宏成公司与李某灯签订劳动合同，约定李某灯按照宏成公司工作需要，在项目负责人岗位工作，完成该岗位所承担的各项工作内容。2011 年 6 月 20 日，宏成公司再次和李某灯签订劳动合同，约定由李某灯负责宏成公司在河南信阳承建项目的各项工作。

2012 年 7 月 12 日，宏成公司与信阳新泰阳置业有限公司签订建筑施工承包合同协议书，由宏成公司承建鸡公山国际温泉度假村项目。2012 年 10 月 22

日，宏成公司与信阳市中乐房地产开发有限公司签订建设工程协议书，由宏成公司承建中乐房地产公司投资开发的江南名都项目。2011 年 3 月 20 日、2012 年 6 月 15 日、2012 年 11 月 28 日，宏成公司先后与被告人李某灯签订内部项目经济责任承包合同，合同约定："在本项目工程竣工结算完毕之前，建设单位提供的资金、材料、本项目工程的全部财产及全部资料均属集团公司(即宏成公司)所有，乙方(即李某灯)无权分配"等。

被告人李某灯在担任宏成公司河南信阳地区工程项目负责人及涉案工程施工管理经济责任内部承包人期间，利用职务之便，以往来款等名义领取工程款用于其个人使用，超过三个月未归还或用于营利活动。具体如下：

1. 2012 年 2 月至 2013 年 6 月间，被告人李某灯利用职务之便，从河南信阳地区的涉案工程项目部尾号为 7067 的专用账户等账户先后领取工程款共计 1 100 余万元至其个人尾号为 0733 的银行账户内，先后将其中 527 万元汇至与宏成公司无关的陈某肖尾工号为 0783 的个人银行账户内。2012 年 7 月 6 日，陈某肖尾号为 0783 的银行账户内向被告人李某灯尾号为 0733 的银行账户内汇回 8. 8 万元。

2. 2013 年 3 月 12 日，被告人李某灯利用职务之便，从工程项目部尾号为 7067 的专用账户内以"还借款"名义领取工程款 200 万元至其个人尾号为 0733 的银行账户内。同日，被告人李某灯将该 200 万元连同个人账户内的 10 万元一起汇款至重庆市云阳县法院尾号为 1911 的银行账户，用于支付其与前妻的离婚补偿款。

3. 2014 年 1 月 7 日，被告人李某灯利用职务之便，从工程项目部尾号为 7067 的专用账户内以"往来款"名义领取工程款 200 万元至其个人尾号为 0733 的银行账户内。次日，被告人李某灯将该 200 万元连同其个人账户中的其余 3 449万元，合计 3 649 万元，汇款至与涉案工程无关的恩施州经济开发有限责任公司尾号为 0986 的银行账户内用于个人投资。

4. 2014 年 8 月 14 日，被告人李某灯利用职务之便，从工程项目部尾号为 7067 的专用账户内以"往来款"名义领取工程款 100 万元至其个人尾号为 0733 的账户内。同日，连同其他钱款将 200 万元汇至熊某琼尾号为 8458 的银行账户内，用于归还熊某琼的借款。

另查明，李某灯于 2011 年 2 月向建设单位交纳保证金 100 万元；项目开工前期投入资金 235. 451 3 万元。

综上，2012 年 2 月至 2014 年 8 月期间，扣除垫付资金，李某灯共计挪用宏成公司项目资金 682. 748 7 万元。案发后，被告人李某灯主动到公安机关投案，并向宏成公司退回300万元。

关于上诉理由、辩护意见及出庭检察员的意见，经查：

1. 关于主体问题。建设工程施工合同、建设工程协议书、内部经济责，即任承包合同、劳动合同、任命书、证人楼某世、吴某良、刘某伟、业彭某艳的证言及被告人李某灯的供述证实，宏成公司在河南信阳地区承包中乐百花B区工程、鸡公山温泉项目及江南名都项目后，与李某灯签订内部经济责任承包合同约定上述项目由李某灯承建施工，并与李某灯签订劳动合同，任命李某灯为宏成公司在河南信阳地区项目的负责人，负责管理涉案工程项目。李某灯对外均以宏成公司名义施工，并结算工程款，对内接受宏成公司监督管理，应认定李某灯可以成为挪用资金罪的主体。

2. 关于项目工程款权属问题。本案中，李某灯与宏成公司签订的内部经济责任承包合同约定，“在本项目工程竣工结算完毕之前，建设单位提供的资金、材料、本项目工程的全部财产及全部资料均属集团公司(宏成公司)所有，乙方(李某灯)无权分配，否则按违法挪用或侵占论处，即追究刑事责任”。根据该约定，李某灯挪用涉案资金时，涉案工程项目并未结算完毕，建设单位所支付的工程款，属宏成公司所有，李某灯无权挪作他用。

3. 关于李某灯用其自有资金垫资问题。第一，虽然项目内部经济责任承包合同约定，在项目施工达到3 000万元产值之前，宏成公司不借款垫资，由李某灯自筹资金垫资施工，但不能根据该约定就推定李某灯已实际垫资3 000万元。第二，东阳荣东联合会计师事务所出具的专项审计报告证实，李某灯一方所提供的记账凭证存在部分记账凭证被涂改，装订好的凭证被拆散，会计凭证被伪造、变造的痕迹，部分记账凭证与原始凭证的内容不一致等问题。第三，证人彭某艳陈述称其是项目上的会计，负责项目资金流的记账，该证言反映了相关的记账凭证只是对资金流向的记录。而从在案银行流水看，截止每笔挪用款项发生之时，李某灯均累计从专用账户和建设单位获取大量的资金。第四，东阳荣东联合会计事务所出具的审计报告、李某灯投资款明细表、记账凭证、银行个人业务凭证等证据证实，李某灯于2011年2月向建设单位交纳保证金100万元，项目开工前期李某灯以白条报销成本费用235.451 3万元。综上，在李某灯从项目部专用账户及建设单位领取大量资金的情况下，李某灯提供未与宏成公司核实确认、且不规范明确的财务凭证，不足以证实其所支付人工、材料等费用的资金来源于其自有资金，不能有效认定其垫资情况，但考虑到其在项目开工前期确需投入一定的成本费用，从有利于被告人原则，可认定李某灯前期投入的235.451 3万元及交纳的保证金100万元为其垫付资金。

4. 关于李某灯向宏成公司借款投入项目的资金是否为李某灯垫资的问题。内部项目经济责任承包、借款审批表、借条证实，李某灯与宏成公司约定李某灯以借款形式从宏成公司筹措的资金必须用于涉案项目，宏成公司跟踪监管使用，并按约收取利息证人楼某世的证言证实李某灯承包涉案项目时没有资金，提出要宏成公司先行垫资作为项目启动资金；证人吴某良的证言、被告人李某灯的供述、信阳项目向公司借款情况统计及转账凭证证实，李某灯向宏成公司所借本金及其利息，截至 2014 年 5 月 26 日均已由宏成公司从信阳建设单位支付的工程进度款中收回。前述证据足以证实，李某灯以借款形式从宏成公司所获得的项目资金必须使用于涉案项目，受财务监管，无权自由支配，不应认定为李某灯的垫资。

5. 关于挪用资金的犯罪数额。项目部专用尾号 7067 银行账户交易明细、李某灯尾号 0733 银行账户交易明细、民事调解书、汇款单、证明、中乐百花项目会计凭证、被告人李某灯的供述证实，2013 年 3 月 12 日，李某灯以“还借款”名义从项目部专用账户领取工程款 200 万元，用于支付与前妻的离婚补偿款。项目部专银行账户交易明细、李某灯尾号 6130 银行账户交易明细、汇款凭证、记账凭证、情况说明、证人张某浩、彭某仿的证言、被告人李某灯的供述证实，2014 年 1 月 7 日，李某灯以“往来款”名义从项目部专用账户领取工程款 200 万元用于个人投资。熊某琼、彭某仿、李某灯银行账户交易明细、项目部专用账户交易明细、证人熊某琼、彭某仿的证言、被告人李某灯的供述证实，2014 年 8 月 14 日，李某灯以“往来款”名义从项目部专用账户领取工程款 100 万元用于归还个人借款。银行账户交易明细、李某灯与陈某肖往来资金清单、证人陈某肖、彭某艳、吴某良的证言、被告公人李某灯的供述证实，2012 年 2 月至 2013 年 6 月间，李某灯陆续从项目部专用账户或信阳建设单位支取 1 100 余万元，其中 2012 年 4 月 11 日支取 226 万元，后陆续汇给陈某肖 703 万元；2012 年 7 月 6 日，陈某肖汇给李某灯 8. 8 万元。承兑汇票、转账支票存根、承兑汇票使用情况、银行流水、及李某灯的供述等在案证据证实，2012 年 4. 月 11 日，李某灯从项目部专用账户支取的 226 万元中的 176 万系领承兑汇票的款项，而相关承兑汇票也用于涉案项目款项支付；2012 年 5 月 15 日李某灯转账给陈某肖的 200 万中的 100 万元来源于彭某仿。前述证据足以证实，2012 年 2 月至 2014 年 8 月，李某灯挪用宏成公司工程款 1 018. 2 万元归个人使用或用于投资，原判将李某灯通过交付项目部承兑汇票代领的 176 万元及资金来源于彭某仿的 100 万元计入挪用数额依据不足，该 276 万元应从原判认定挪用金额中扣减。

6. 关于一审程序问题。本案一审经过两次开庭，第一次开庭后已基本明确案件争议焦点等问题，因另有证据需举证质证进行第二次开庭并当庭宣判并无不当；李某灯一方向东阳公安提交记账凭证后，东阳公安已委托审计机构对记账凭证所反映财务情况进行审计并出具报告，该报告也在一审庭审中举证质证，记账凭证未随案移送，不影响本案实体处理；东阳荣东联合会计师事务所具有相应审计资质，对记账凭证存在的问题及可能影响审计结论的因素在报告中已予以说明，重新审计上述客观问题及影响因素仍然存在，故无重新审计的必要。

综上所述，被告人李某灯作为宏成公司在河南信阳地区的工程项目负责人，在承包施工涉案项目过程中，利用管理职责及支取项目资金的便利，在涉案工程竣工结算完毕之前，挪用宏成公司所有的项目资金归个人使用，超过三个月未还，或用于营利活动，其行为符合挪用资金罪的构成要件，应以挪用资金论处。本院认为，被告人李某灯利用职务上的便利，挪用本单位资金归个人使用，超过三个月未还，或进行营利活动，数额巨大，其行为已构成挪用资金罪。原判定罪准确，审判程序合法，但有一关犯罪数额的认定不当，本院依法予以纠正。根据李某灯的犯罪数额、性质、情节及退出部分赃款等，本院对量刑依法予以调整。

被告人李某灯的上诉理由、辩护人的辩护意见及检察员的出庭意见合法有据部分，本院予以采纳，其余部分不予采纳。依照《中华人民共和国刑法》第272条第1款、第64条及《中华人民共和国刑事诉讼法》第236条第1款第(3)项之规定，判决如下：

一、撤销东阳市人民法院〔2019〕浙0783刑初1 136号刑事判决第一项中的量刑部分及第二项，维持东阳市人民法院〔2019〕浙0783刑初1 136号刑事判决第一项中的定罪部分。

二、被告人李某灯犯挪用资金罪，判处有期徒刑三年六个月(刑期从判决执行之日起计算。判决执行以前先行羁押的，羁押一日折抵刑期一日，自2020年10月26日起至2024年3月3日止)。

三、继续追缴被告人李某灯的犯罪所得3 827 487元，发还被害单位。

本判决为终审判决。

六、理论评析

根据《刑法》第272条第1款规定，挪用资金罪，是指公司、企业或者其他单位的工作人员，利用职务上的便利，挪用本单位资金归个人使用或者借贷给他人，数额较大、超过三个月未还的，或者虽未超过三个月，但数额较大、进行营利活动的，或者进行非法活动的行为。客观不法要件方面，行为主体是公司、企业或者其他单位的工作人员；行为对象是单位资金；行为内容是利用职务上的便利，挪用本单位资金归个人使用或者借贷给他人，具体包括三种情形：(1)挪用单位资金用于营利活动与非法活动以外的活动，数额较大，超过三个月未还；(2)挪用单位资金用于营利活动，数额较大；(3)挪用单位资助金用于非法活动。主观有责要件为故意，行为人明知是单位的资金而非法占有、使用，但不具有非法所有的目的。

在此，根据挪用资金罪的犯罪构成，就本案证据采信、事实认定、法律适用等方面予以综合性评价。

(一)关于李某灯是否该当挪用资金罪的行为主体

1.《刑法》第272条"公司、企业或者其他单位的工作人员"如何认定？

挪用资金罪的行为主体是公司、企业或者其他单位的工作人员，但是国有公司、企业或者其他国有单位中从事公务的人员和国有公司、企业或者其他国有单位委派到非国有公司、企业以及其他单位从事公务的人员实施《刑法》第272条第1款规定的挪用资金行为的，成立挪用公款罪，而非本罪。

对于职务侵占罪、挪用资金罪主体的认定，"不能采取身份说，只要行为人事实上从事公司、企业或者其他单位的员工所从事的事务，原则上就应认定为本罪的行为主体"。① 一般来说，"公司、企业或者其他单位的工作人员"包括"正式职工、合同工和临时工"三种情况，但是否构成挪用资金罪的关键在于公司、企业或者其他单位的工作人员的挪用资金行为是否利用了职务上的便利，而不在于行为人在单位的身份。原则上，公司、企业、或者其他单位的正式职工、合同工和临时工都可能成为本罪的主体。② "只要在公司、企业等单位中履行一定的事务管理职能，而该职能又与本单位财物的管理、保管、经营或者经手密切相关，则该类职能的承担就完全具备本罪的主体资格。"③

因此，认定行为人是否该当挪用资金罪的行为主体要件的关键不在于行为人在公司、企业或者其他单位作为"工作人员"的身份，而在于其在公司、企

① 张明楷：《刑法学》(第六版)，法律出版社2021年版，第1336页。

② 王作富：《刑法分则实务研究(中)》(第五版)，中国方正出版社2013年版，第2013页。

③ 马克昌：《百罪通论(下卷)》，北京大学出版社2014年版，第854页。

业或者其他单位从事工作人员事务的事实。换言之，就是行为人与公司、企业或者其他单位之间可以是劳动关系、劳务关系，甚至可以是除此之外的其他合同关系，这对认定行为人是否公司、企业或者其他单位的工作人员没有影响；认定行为人是否公司、企业或者其他单位工作人员的关键在于行为人是否在单位从事单位员工的事务，具有基于单位的信任、安排取得“主管、经管或者经手资金”的职务便利。行为人对外以公司、企业或者其他单位名义从事单位事务，对内从事单位安排的事务，并接受单位管理，双方地位上不具有平等性。如在非国有公司从事财务工作的人员，实施《刑法》第272条第1款规定的挪用资金行为，与公司成立劳动关系的，成立本罪；接受劳动派遣，与公司成立劳务关系的，成立本罪；与公司既没有劳动关系，又没有劳务关系的，与公司成立“帮工关系”的，同样符合挪用资金罪行为主体的要求。

2. 李某灯是涉案项目实际施工人，不是宏成公司工作人员。

法院根据内部经济承包合同、劳动合同、任职文件、东阳市企业养老保险缴纳情况等证据认定李某灯与宏成公司之间具有劳动关系，并进而认定李某灯该当挪用资金罪的主体要件。然而，这些证据材料并不必然证实双方建立了劳动关系。正如辩护人所言，李某灯确实与宏成公司之间涉嫌规避《建筑法》《合同法》等法律法规关于建筑施工企业不得出借资质给没有资质的实际施工人、建筑企业不得非法转包、违法分包建设工程等禁止性规定。因此，李某灯与宏成公司之间是否成立劳动关系必须进行实质性判断。鉴于宏成建设集团没有实际给李某灯发放工资、没有实际为李某灯缴纳社会保险，双方地位平等，不具有劳动关系上的“隶属性”，双方签订劳动合同的目的“李某灯为宏成公司提供劳动”，而是李某灯利用宏成公司的建筑资质，承揽建设项目，应认定李某灯与宏成建设集团之间没有形成真正的劳动关系。

即使成立劳动关系，也不是判断李某灯是否宏成公司工作人员的关键，仍然需要判断李某灯是否基于劳动关系，取得对“主管、经管或者经手涉案项目资金”的职务便利。在本案中，李某灯与宏成公司除了在中乐百花B区一期项目上签订《劳动合同》外，还与宏成公司签订了《内部项目经济责任承包合同》，合同目的是李某灯一次性支付管理费，宏成公司将其承包的《建设施工合同》的权利、义务关系全部转让给李某灯，在涉案项目的建设上，确立双方权利、义务的根据是《内部项目经济责任承包合同》而非《劳动合同》。

因此，就指控的案件事实而言，李某灯是否宏成公司的工作人员进而该当挪用资金罪的行为主体，需要根据《内部项目经济责任承包合同》的性质确定。详言之，在李某灯以宏成公司名义开展经营活动的情况下，若双方根据《内部项目经济责任承包合同》建立了公司内部管理与被管理的“隶属关系”的情况下，则李某灯是宏成公司的工作人员；若双方属于平等主体之间关系，则李某灯不是宏成公司的工作人员，不符合挪用资金罪的主体要件。

(1)李某灯与宏成公司成立“挂靠”经营关系，李某灯是涉案项目实际施工人，不是宏成公司工作人员。

李某灯辩称，他虽与宏成公司签订过劳动合同，但不是为了成为宏成公司的职工，而是借用宏成公司建筑资质，为规避法律风险而签订的。对其辩解是否成立，涉及对双方签订的《内部项目经济责任承包合同》性质的认定。

本案中，有以下几个事实需要重点关注：一是，李某灯虽然与宏成公司签订劳动合同，但事实上没有建立劳动工资和社会养老保险关系；二是，项目负责人胡某云、技术负责人何某阳等人由李某灯自行聘请，没有与宏成公司签订劳动合同，没有建立劳动工资和社会养老保险关系；三是，宏成公司以内部承包的形式，一次性收取管理费，将其承包项目工程全部转给李某灯施工；四是，在与宏成公司签订《劳动合同》之前，李某等本在挂靠广泰建设集团建设施工中乐百花A区写字楼项目，李某等本已与建设方谈妥建设B区1—7号楼建设施工合同条款，并拟继续以广泰建设集团签订合同施工，但宏成公司向其表达了希望合作的愿望，李某灯考虑到宏成公司的收取的管理费更低，才决定与宏成公司合作。

《合同法》第52条第1款第(5)项规定，“违反法律、行政法规的强制性规定”的合同是无效合同，对于“没有资质的实际施工人借用有资质的建筑施工企业名义”承揽建筑项目所签订的建设施工合同，最高人民法院《最高人民法院关于审理建设工程施工合同纠纷案件适用法律问题的解释》(法释〔2004〕14号)第1条明确规定，“应当根据合同法第52条第(五)项的规定，认定无效”。“挂靠”是行业内约定俗成的通行名词，与“挂靠”概念相对应的法律概念是“借用资质”。李某灯与宏成公司是否成立“挂靠”经营关系，需要根据住建部相关规定予以认定。

在建筑施工领域，为确保工程质量和施工安全，国家一直严禁违法发包、转包、违法分包和挂靠。2014年8月4日住房和城乡建设部发布《建筑工程施工转包违法分包等违法行为认定查处管理办法(试行)》，2019年1月3日住房和城乡建设部正式发布《建筑工程施工发包与承包违法行为认定查处管理办法》(建市规〔2019〕1号)(以下简称《管理办法》)。《管理办法》第9条第1款规定，“本办法所称挂靠，是指单位或个人以其他有资质的施工单位的名义承揽工程的行为”。同条第2款规定，“前款所称承揽工程，包括参与投标、订立合同、办理有关施工手续、从事施工等活动”。《管理办理》第 8 条规定了九种属于“转包”的情形，第 9 条规定了什么是挂靠，第 10 条规定了九种属于“挂靠”的情形。从中可以看出，挂靠通常具有以下特征：一是挂靠人不具备资质或者资质不够而利用有相应资质的被挂靠人的名义对外签订承包合同；二是被挂靠人具备该承建建设工程要求的资质；三是挂靠人向被挂靠人缴纳一定的“管理费”，但被挂靠人并未实际履行管理义务，仅仅是配合挂靠人承接工程；四是挂靠人自主经营、独立核算、自负盈亏，与被挂靠人在人员、财务等方面无隶属关系，并独自组织施工，实际履行建筑施工合同约定的义务。

根据《管理办法》第 9 条规定，李某灯与宏成公司显然成立挂靠经营关系。同时，有证据证明：①李某灯虽然与宏成公司签订劳动合同，但事实上没有建立劳动工资和社会养老保险关系；项目负责人胡某云、技术负责人何某阳等人由李某灯自行聘请，没有与宏成公司签订劳动合同，没有建立劳动工资和社会养老保险关系；②宏成公司以内部承包的形式，一次性收取管理费，将其承包项目工程全部转给李某灯施工。虽然①②都是也《管理办法》规定的“转包”情形，但鉴于涉案项目的建筑施工合同系李某灯谈定，根据相关证据①②应认定为“挂靠”。

在李某灯与宏成公司之间成立“挂靠”经营的情况下，李某灯以宏成公司名义与建设方(发包方)签订的《建设施工合同》、李某灯与宏成公司签订的《内部项目经济责任承包合同》都是无效合同，在法律上，李某灯是建设项目的实际施工人；在事实上，李某灯与宏成公司之间地位平等，不具有管理与被管理的关系，因此，李某灯不是宏成公司的工作人员，不符合挪用资金罪的主体要件。

(2)即使证据不能证实李某灯借用宏成公司资质承揽建筑项目，本案也应认定为宏成公司与李某灯之间是建设项目违法转包关系，李某灯仍然是涉案项目实际施工人，不是宏成公司工作人员。

《建筑法》第 28 条，“禁止承包单位将其承包的全部建筑工程转包给他人，禁止承包单位将其承包的全部建筑工程肢解以后以分包的名义分别转包给他人”。最高人民法院《最高人民法院关于审理建设工程施工合同纠纷案件适用法律问题的解释》(法释〔2004〕14 号)第 4 条，“承包人非法转包、违法分包建设工程没有资质的实际施工人借用有资质的建筑施工企业名义的建设工程或者没有资质的实际施工人借用有资质的建筑施工企业名义与他人签订建设工程施工合同的行为无效”。《建设工程质量管理条例》第 78 条第 3 款，“本条例所称转包，是指承包单位承包建设工程后，不履行合同约定的责任和义务，将其承包的全部建设工程转给他人或者将其承包的全部建设工程肢解以后以分包的名义分别转给其他单位承包的行为"。

工程转包在我国建筑市场同样长期存在,《管理办法》第 7 条规定,"转包是指承包单位承包工程后,不履行合同约定的责任和义务,将其承包的全部工程或者将其承包的全部工程肢解后以分包的名义分别转给其他单位或个人施工的行为",第 8 条非常详细地规定了成立"违法转包"的具体情形。挂靠行为与转包行为在表现形式上存在高度相似性,极易混淆,但通过分析现行法律规定和实践案例,可以看出两者还是存在一些区别:1. 介入时间上,挂靠人往往在招投标阶段甚至招投标之前就已经介入,借用被挂靠人的资质进行投标、订立合同等,而在转包中,通常是转包人承接工程后,再将工程转包给他人;2. 作用和地位上,在挂靠的情况下,是否承接工程、以什么条件承接工程主要是由挂靠人决定,被挂靠人只是提供资质并配合承接,但在转包中,前期通常是转包人与发包人对接及直接承揽工程;3. 费用承担上,由于挂靠人前期就介入工程,因而购买招标文件、投标保证金、投标文件制作等相关费用全部由挂靠人负担,但在工程转包中则相反,一般是由转包人负担前期前述费用。

《内部项目经济责任承包合同》约定的主要条款为:宏成公司一次性收取管理费,建设施工合同的所有权利由李某灯享受、所有义务由李某灯承担,《内部项目经济责任承包合同》即使不能认定为"挂靠协议",也必定属于"转包协议"。在宏成公司不退出原合同关系的前提下,李某灯与原建设施工合同的发包人"建立了新的事实合同关系"①,宏成公司与建设方签订的《建设施工合同》虽为有效,但并未履行;李某灯与宏成公司签订的《内部项目经济责任承包合同》是无效合同,李某灯是涉案项目的实际施工人,李某灯与宏成公司之间地位平等,不具有管理与被管理的关系。因此,李某灯同样不是宏成公司的工作人员,不该当挪用资金罪的主体要件。

综上,无论《内部项目经济责任承包合同》的性质挂靠协议还是转包协议,都是无效合同,李某灯都是涉案项目的实际施工人。他与宏成公司之间地位平等,不具有管理与被管理的关系,涉案项目的工程款归李某灯所有,宏成公司基于《内部项目经济责任承包合同》收取的管理费为"非法所得",李某灯不是宏成公司的工作人员,不该当挪用资金罪的主体要件。

(二)关于宏成公司是否刑法意义上的被害人。

如前所述,李某灯是涉案项目的实际施工人,宏成公司不能成为挪用资金

---

① 潘福仁:《建设施工合同纠纷》(第 3 版),法律出版社 2013 年版,第 53 页。

罪的被害人。在此，姑且不论李某灯是否该当挪用资金罪的行为主体，从其他角度就此进行分析。

1. 李某灯是否有挪用资金的职务便利？

对此，涉及事实认定。李某灯辩称：在李某灯挂靠宏成建设集团垫资建设河南信阳涉案项目期间，宏成建设集团的楼某世、吴某良等人为了收回出借给李某灯的个人借款，在印章的管理上、在财务的支配上，安排了刘某伟全权负责，在使用工程款项时，原始的会计凭证对支出的资金的用途不仅有严格的审批，对于用途也有如实记载，李某灯使用项目部资金，必须经过刘某伟代表宏成公司审批同意。但是，法院并不认为其陈述的事实具有重要性，其辩解是否属实，刘某伟是关键证人，而刘某伟的庭前陈述与李某灯的辩解矛盾，究竟谁说了虚假陈述，唯有刘某伟出庭接受询问，必要时通过对质的方式，才能查清。法院拒绝通知刘某伟出庭作证，是不对的。

根据《刑法》第 272 条第 1 款的规定，成立挪用资金罪，要求“公司、企业或者其他单位的工作人员，利用职务上的便利，挪用本单位资金归个人使用或者借贷给他人”。“利用职务上的便利”是指“利用自己主管、管理、经手资金单位资金所形成的便利条件”，只有在行为人对单位资金有占有、有控制的情况下，才涉嫌“利用职务上的便利”。在本案中，李某灯使用项目部资金，必须经过刘某伟代表宏成建设集团审批同意，这充分证实李某灯对项目部的资金虽然有权请求使用，但是并没有占有、控制的事实。这一事实从宏成建设集团至今挪用项涉嫌项目资金数千元万元拒不交出，可以得到充分印证。

如果认为，利用职务上的便利盗用、骗用本单位的资金，也属于“挪用”资金，那么本案中，公诉机关就必须提供证据证明李某灯将项目部资金转到本人账户中时使用了虚假的会计凭证或者编造了资金用途。

2. 涉案项目资金是否宏成公司资金？

法院认为，“李某灯与宏成公司签订的内部经济责任承包合同约定，‘在本项目工程竣工结算完毕之前，建设单位提供的资金、材料、本项目工程的全部财产及全部资料均属集团公司（宏成公司）所有，乙方（李某灯）无权分配，否则按违法挪用或侵占论处，即追究刑事责任。’根据该约定，李某灯挪用涉案资金时，涉案工程项目并未结算完毕，建设单位所支付的工程款，属宏成公司所有，李某灯无权挪作他用。”换言之，就是法院认为，宏成公司与李某灯在《内部经济责任承包合同》约定涉案资金是宏成公司的单位资金，所以涉案资金是宏成公司的单位资金。但是法院观点值得商榷，因为建设单位提供的资金的所有权属应予以规范判断，不能通过约定确定。

李某灯与宏成公司是挂靠经营关系，李某灯是实际施工人，工程价款已经支付到出借资质建筑企业账户的，其所有权归实际施工人享有，建筑企业收取的管理费应作为工程价款抵扣。

如前所述，《民法总则》第143条(《民法典》第143条)规定了民事法律行为有效所应具备的三个要件：一是行为人具有相应的民事行为能力；二是意思表示真实；三是不违反法律、行政法规的强制性规定，不违背公序良俗。实际施工人借用有资质的建筑企业与发包人签订建设工程施工合同，实际包含两个法律行为：一是出借资质的建筑施工企业与发包人签订的建设工程施工合同，属于“虚假的意思表示实施的民事法律行为”。根据《民法总则》第146条第1款(《民法典》第146条第1款)关于“行为人与相对人以虚假的意思表示实施的民事法律行为无效”的规定，该合同因缺乏民事法律行为生效二而无效。二是借用资质的实际施工人利用出借资质的建筑施工企业与发包人签订的建设工程施工合同，属于“以虚假的意思表示隐藏的民事法律行为”。《民法总则》第146条第2款(《民法典》第146条第2款)规定“以虚假的意思表示隐藏的民事法律行为的效力，依照有关法律规定处理”，《建设工程司法解释(一)》第4条规定，没有资质的实际施工人借用有资质的建筑施工企业名义与他人签订建设工程施工合同的行为无效，因此该合同因缺乏生效要件三也无效。缺乏第二个生效要件，说明出借资质的建筑施工企业和发包人并没有签订建设工程施工合同的意思，或者说缺乏就建设特定工程而相互设定权利义务的意思，双方甚至没有实质性的缔约行为。对于建设工程施工合同的标的而言，双方无实质性的法律关系。缺乏第三个生效要件，说明借用资质的实际施工人与发包人签订建设工程施工合同有签订建设工程施工合同的意思，或者说双方就建设特定工程而相互设定权利义务形成了合意，只是双方形成的意思表示违反了法律、行政法规的强制性规定，故不能得到法律认可的后果，不产生合同效力但要产生《合同法》上的效力。即借用资质的实际施工人与发包人之间就建设工程施工合同之标的产生了实质性的法律关系。因此，虽然实际施工人借用有资质的建筑施工企业名义与发包人签订建设工程施工合同无效，但双方当事人围绕合同订立、履行建设工程施工合同而形成一系列法律关系，双方当事人之间由此产生债法上的请求权。具体而言，在建设工程施工合同无效的情况下，应根据《合同法》第58条关于“合同无效或者被撤销后，因该合同取得的财产，应当予以返还；不能返还或者没有必要返还的，应当折价补偿。有过错的一方应当赔偿对方因此所受到的损失，双方都有过错的，应当各自承担相应的责任”的规定，确定借用资质的实际施工人与发包人之间的责任规定，在建设工程质量合格的情况下，实际施工人有权根据《建设工程司法解释(一)》第2条直接向发包人请求参照合同约定支付工程价款。① 换言之，在实际施工人借用资质签订建设施工合同的案件中，出借资质的建筑企业并没有与建设方因在形式上签订建设工程施工合同而成为合同的主体，实际施工人享有工程价款的请求权，工程价款已经支付到出借资质建筑企业账户的，其所有权归实际施工人享有，建筑企业收取的管理费应作为工程价款抵扣。

如前所述即使不成立挂靠经营关系，也必定属于“转包关系”，虽然宏成公司与建设方签订的建筑施工合同有效，但宏成公司未实际履行合同，建设方支付到宏成公司的账户上的工程款，其所有权也应归属李某灯。

如果本案不是李某灯借用宏成公司资质承揽建设施工项目，则属于宏成公司违法转包行为。实际包含两个法律行为：一是承包人(建筑施工企业)与发包人之间签订的建设工程施工合同；二是实际施工人与转包人(作为原承包人的建筑施工企业)之间签订的建设工程施工合同。前者为有效合同，后者因违反《建筑法》等法律法规关于“禁止承包单位将其承包的全部建筑工程转包给他人”的强制性规定而无效。后者在尚未履行前被确认无效的，不得继续履行；后者已经履行完毕，建设工程经竣工验收合格的，实际施工人有权请求转包方按照合同约定支付工程价款，转包方因转包所取得的“管理费”等是“非法所得”。在这种情况下，虽然建筑施工企业不退出原合同关系，但实际施工人与原建设施工合同的发包人(建设方)“建立了新的事实合同关系”②，由于建筑施工企业没有履行合同，因此无权请求发包方支付工程价款；发包方已经向建筑施工企业支付工程价款的，应支付给实际施工人。就本案而言，建设方之所以向宏成公司支付工程价款，是因为李某灯以宏成公司的名义履行了建设方与宏成公司签订的《建设工程施工合同》约定的“垫资建设工程”的义务，相应地，建设方支付的工程价款，即使在宏成公司的账户上，也应归李某灯所有。

以上两种情况下，涉案资金都不是宏成公司的单位资金，宏成公司不是符合刑法规定的被害人。

3. 生效判决认定李某灯挪用资金682.748 7万元，继续追缴，被告人李某灯的犯罪所得3 827 487元，发还被害单位，是否正确？

如前所述，建设方支付的工程价款的所有权归李某灯所有，姑且不论涉案

---

① 以上观点参见：最高人民法院民事审判第一庭：《最高人民法院〈建设工程施工合同司法解释(二)〉理解与适用》，人民法院出版社2019年版，第500~502页。

② 潘福仁：《建设施工合同纠纷》(第3版)，法律出版社2013年版，第53页。

资金的所有权属，生效判决认定“李某灯挪用资金金 682.748 7 万元”、判决“继续追缴，被告人李某灯的犯罪所得 3 827 487 元，发还被害单位”也是错误的。

一审、二审法院裁判案件是建立涉案《建设施工合同》《内部项目经济责任承包合同》都是有效合同基础上的，姑且不论这一前提是否正确，但是《六方调解协议书》确实证明以下事实：

“第一、宏成公司已收到工程款为 631 129 098.71 元人民币，扣除全部已付给李某灯和已收款项的全部税金、管理费等费用后，应付给李某灯的金额为 15 164 966.06 元人民币；第二、发包方欠付工程款的总额为 5 500 余万元。”

根据上述事实，至少在 2019 年 4 月 26 日，李某灯“挪用的资金”已经从宏成公司所欠付的工程款中抵扣，“互负到期金钱债务，任何一方都有权可以将自己的债务与对方的到期债务抵销”，这是民法上的法定抵消权。而且，除了 2019 年 4 月 26 日六方调解协议书，李某灯与宏成建设集团在涉案项目竣工验收后，双方早就多次核算，起诉书指控的李某灯“挪用资金”早就已经抵扣，宏成建设集团也从未要求李某灯归还起诉书所指控的金额。

李某灯提交的 2019 年 4 月 26 日《六方调解协议书》证实李某灯没有挪用资金不还的事实，但一审、二审法院没有辩方提交《六方调解协议书》的证明目的进行审查，一审法院对宏成公司欠付李某灯巨额工程款的事实视而不见，认为，“调解协议仅为双方协商结算所用，并不能据此否定被告人李某灯挪用资金的事实，退一步说，辩护人仅依据该调解协议，尚无法形成完整的证据链，实现其待证目的”。

法院判决是非常错误的。正如辩护人所言，宏成公司对李某灯享有的民法上的请求权只有“一次性按比例收取管理费”，宏成公司事实上已经完全收取了管理费，实现了请求权，按照判决逻辑意味着：李某灯可以一手把指控的 1 200万元交给宏成公司，同时对宏成公司说，“我们算账说了，这钱是我的啊”，然后另一只手又把钱拿回来，装到自己的口袋里。

根据浙江省高级人民法院、浙江省人民检察院、浙江省公安厅《关于办理建筑施工企业从业人员犯罪案件若干法律适用问题的会议纪要》，“对于项目经理、承包人垫付范围外的施工项目资金，工程没有完工的，应当以工程结算节点为界。结算以前或者无法进行结算的，施工项目资金的所有权归属于建筑施工企业，结算以后施工项目资金的所有权归属于项目经理、承包人”，在“工程已经完工”的情况下，施工项目资金的所有权理所当然地归“项目经理、承包人”所有，这是当然解释。在项目竣工验收后，打入分公司项目部上的资金的所用权归李某灯，仅中乐百花一期项目，2013 年 6 月 27 日起，到 2014 年

1 月 20 日，从中乐百花置业有限公司转入项目部账户的接近 5 000 余万元，到同年 7 月初，接近 6 500 余万元，这些资金的所有权都归李某灯。

(三)李某灯是否挪用宏成公司单位资金不归还，从而该当挪用资金罪的客观不法要件？

前面已经论证，宏成公司没有资金被挪用因而不能成为刑法意义上的被害人，这里主要从客观行为要件角度对法院判决予以评价。在讨论这个问题之前，首先必须明确几个前提：(1)实际施工人垫资建设项目的案件中，实际施工人收回垫资款的，是合法行为，绝对不是犯罪行为。因此，本案首先必须查清涉案项目是否李某灯垫资建设。(2)挪用资金罪保护法益是单位资金的占有权与使用权，成立挪用资金罪以行为人对单位资金已经取得占有或有权占有为前提。因此，本案需要查清李某灯是否利用职务便利占有了资金。(3)在垫资建设项目的案件中，因为存在实际施工人收回垫资款的情况，所以指控其犯挪用资金罪，必须查清其转出资金挪作他用时，垫资与挪用资金的差额，垫资大于或等于挪用资金的，没有犯罪事实，只有挪用资金大于垫资金额的，二者的差额才是挪用的数额。因此，在证据上，必须就只指控的每一笔挪用行为进行鉴定，查清垫资与指控的挪用资金之间的差额。

1. 关于涉案项目是否李某灯垫资建设？

一审公诉机关指控李某灯没有任何垫资，一审法院认定李某灯没有任何垫资；二审公诉机关认为有垫资，二审法院认定“李某灯于 2011 年 2 月向建设单位交纳保证金 100 万元，项目开工前期李某灯以白条报销成本费用 235. 451 3 万元”，“李某灯提供未与宏成公司核实确认、且不规范明确的财务凭证，不足以证实其所支付人工、材料等费用的资金来源于其自有资金，不能有效认定其垫资情况，但考虑到其在项目开工前期确需投入一定的成本费用，从有利于被告人原则，可认定李某灯前期投入的 235. 451 3 万元及交纳的保证金 100 万元为其垫付资金”。简言之，二审法院认定涉案项目是李某灯垫资建设的，但是只把李某灯在 2011 年 3 月 15 日签订《内部项目经济责任承包合同》之前“投入的 235. 451 3 万元及交纳的保证金 100 万元”作为垫资，没有认定《内部项目经济责任承包合同》签订后有垫资。

但是，涉案项目都由李某灯垫资建设，且垫资数额巨大：

(1)发包方与宏成建设集团签订的《建设施工合同》，证明涉案建设项目中仅中乐百花一期、二期、江南名都三个项目宏成建设集团有垫资壹亿元(10 000万元)的义务。

(2)宏成建设集团与李某灯签订的《内部承包合同》(复印件)，证明宏成建设集团将垫资壹亿元(10 000 万元)的义务转移给了李某灯，李某灯垫资建设了涉案四项目(具体金额应根据原始会计凭证审计确定)。

(3)仅中乐百花 B 区一期项目，根据约定，李某灯垫资施工预算造价 4 500万元工程量后，发包方(中乐百花置业有限公司)支付李某灯垫资的 70%的工程款；二期项目，李某灯垫资施工预算造价 3 500 万元工程量后，发包方(中乐百花置业有限公司)支付李某灯垫资的 75%的工程款。这证明，在发包方第一次支付工程款的时候，李某灯垫资建设的工程量应该已经达到造价 4 500万元以上。

(4)李某灯能否提供证据证明垫资的具体数额？当然有，他在投案前，已经把四个项目的原始会计凭证全部作为无罪证据提交给了侦查机关(东阳市公安局巍山镇派出所)，但是侦查机关没有移送李某灯提交的无罪证据。

(5)究竟李某灯当时实际垫资多少，这是公诉机关需要举证证明的问题，如果需要彻查也很简单，只要对发包方第一次支付工程款的时候李某灯垫资完成的工程量进行鉴定即可。

2. 李某灯是否有挪用资金的行为？

二审法院认定李某灯有如下挪用资金行为：

(1)2012 年 2 月至 2013 年 6 月间，被告人李某灯利用职务之便，从河南信阳地区的涉案工程项目部尾号为 7067 的专用账户等账户先后领取工程款共计 1 100 余万元至其个人尾号为 0733 的银行账户内，先后将其中 527 万元汇至与宏成公司无关的陈某肖尾号为 0783 的个人银行账户内。2012 年 7 月 6 日，陈某肖尾号为 0783 的银行账户内向被告人李某灯尾号为 0733 的银行账户内汇回 8. 8 万元。

(2)2013 年 3 月 12 日，被告人李某灯利用职务之便，从工程项目部尾号为 7067 的专用账户内以“还借款”名义领取工程款 200 万元用于支付其与前妻的离婚补偿款。

(3)2014 年 1 月 7 日，被告人李某灯利用职务之便，从工程项目部尾号为 7067 的专用账户内以“往来款”名义领取工程款 200 万元用于个人投资。

(4)2014 年 8 月 14 日，被告人李某灯利用职务之便，从工程项目部尾号为 7067 的专用账户内以“往来款”名义领取工程款 100 万元用于归还熊某琼的借款。

另查明，李某灯于 2011 年 2 月向建设单位交纳保证金 100 万元；项目开工前期投入资金 235. 451 3 万元。扣除垫付资金，李某灯共计挪用宏成公司项目资金 682. 748 7 万元，案发后，被向宏成公司退回 300 万元。

但是，法院这种计算方法是错误的。在垫资建设工程项目施工中，对实际施工人而言，建设项目就是他本人承揽的项目，为了获取更大利润，他必须充分发挥资金的流动性，根据项目需要，随时垫资，又随时收回。李某灯在建设涉案项目的同时，还挂靠其他建筑公司建设同一楼盘其他项目(中乐百花A区项目)，需要垫资的数额巨大，更是随时垫资随时收回。本案中李某灯前期投入的235.451 3万元在指控的这些挪用行为之前早已收回，只有向建设单位缴纳的保证金100万元还在建设单位的账户上。

如前所述，在“随时垫资随时收回”的情况下，在证据上，必须就针对指控的每一笔挪用行为进行审计，查清垫资与指控的挪用资金之间的差额。不过问题来了，有完整的会计凭证能够审计吗？显然是可以的，因为根据卷宗材料，所有的原始会计凭证都已经作为证据提交给了侦查机关。法院以会计凭证存在涂改的情况为由，认为不具备审计条件，从而认为没有审计的必要，是极其错误的。因为，在会计凭证存在涂改情况下，需要进一步调查的是是谁涂改的？什么时候涂改的？为什么涂改？涂改后的内容是否真实？如果涂改行为发生刑事诉讼过程中，或者相关人员做虚假陈述的，可能需要追究刑事责任，这根本就不能成为“没有必要审计”的理由。

拓展阅读：

1. 周光权：《挂靠施工、工程转包纠纷与财产犯罪》，载《法治日报》2021年7月21日9版。
2. 冯彦君、张颖慧：《“劳动关系”判定标准的反思与重构》，载《当代法学》2011年第6期。
3. 陈兴良：《刑民交叉案件的刑法适用》，载《法律科学》2019年第2期。
4. 陈瑞华：《程序性制裁理论》(第三版)，中国法制出版社2017年版。
5. 黄继坤：《庭审实质化视角下证人出庭作证难的形成原因及解决》，载《河南警察学院学报》2020年第5期。

案例五 陶某故意伤害案

导读：

使用轻微暴力致人死亡的，难以认定其该当故意伤害罪的客观不法要件与主观有责要件，若能认定其主观上对死亡结果有认识可能性，应认定其成立过失致人死亡罪；否则，应成立意外事件，行为人不负刑事责任。

犯罪后，经传唤到案，如实供述自己的罪行的，是否成立自首，关键在于传唤是否具有强制性。经电话传唤、口头传唤、书面传唤到案的，应传唤方式不具有强制性，应视为自动投案。得知在传唤或抓捕时没有逃跑，而是等待公安人员到来，并主动跟随到案的，也应认定为主动投案。

关键词：

轻微暴力；伤害；预见义务；意外事件；传唤；自首

一、指控事实

鹤峰县人民检察院以鹤检刑诉〔2017〕48 号起诉书指控：

2017 年 4 月 26 日 13 时许，被告人陶某与被害人田某等四人在鹤峰县太平镇四坪村三组一小卖部中带彩“斗地主”，因田某一局输钱后不给陶某等人开钱，与陶某、陶某的父亲发生口角，继而陶某与田某发生拉扯。在与田某拉扯的过程中，陶某将田某摔倒在地致后脑受伤，后田某骑摩托车自行回家。次日，田某被送往鹤峰县中心医院抢救治疗，二日后即 4 月 29 日，田某因抢救无效死亡。经鉴定，田某系头枕部外伤致颅骨骨折、严重脑挫裂伤、颅内出血、脑水肿引起颅内高压而死亡。被告人陶某故意伤害他人，致人死亡，应当以故意伤害罪追究其刑事责任。

二、辩护要点

(1)被告人以轻微暴力伤害田某身体，致其死亡，成立过失致人死亡罪，而非故意伤害罪。

(2)被告人经口头传唤到案后如实供述犯罪罪行，成立自首。

(3)被告人未成年时所犯故意伤害罪不成立前科。

三、关键证据

该案中，陶某供认田某是在双方拉扯中自己不小心摔倒在地，当时在场的人都没有注意到田某后脑勺受伤严重。另外，共有24名证人在侦查机关作证，但只有覃某、向某两名证人陈述看到“陶某用力将田某摔倒在地”，其证言直接关系到暴力程度的认定。二证人的陈述如下：

覃某第一次证言：“我们把他们分开后给他们说了几句，叫他们不要打了，我们都以为他们不会打了，我们劝架的人就准备回屋里去，这时候就听到人摔到地上的声音，我转身就看见田某被陶某摁倒公路中间位置的……”

覃某第二次证言：“我和陶某萍合力将两人分开之后，陶某准备要走的，田某迅速站了起来，就上前找陶某去拉扯…他们两个人的动作就是你推我一下，我推你一下，你拉我一下，我拉你一下。两个人边拉扯边向马路中间退，到了马路中间，田某可能是要伸手推陶某就顺手将田某摔倒在地了”……“田某倒地的过程是很快的，大概一到两秒就倒地了。我看得并不是特别清楚，应该是陶某抓住田某(至于抓的什么位置我确实记不清楚了)，陶某一弯腰，就把田某摔倒在地上。”

向某证言：“我看到陶某在那里‘赌’他(打)，就拿石头打了陶某头上一下，但是田某这下打陶某，并没有使多大的劲，田某这一打，陶某的火就来了，就把田某使劲推了几下，把田某从屋边上推到了公路上，大约推过去四五米远左右，然后像摔跤一样，就把田某摔倒在地。这时田某就睡在公路上了，不动了。”“当时就是陶某将田某推到公路上之后，用手将田某的肩膀或者胸口扳着，一下就将田某摔倒在地上了。当时陶某是背对着我的，我的眼睛有点近视，他们两个人隔我的距离大约有十米左右，我看的不是很清晰，反正看见陶某一下就把田某摔倒在地了。”

四、控辩意见

(一)被害人是否被陶某暴力摔倒在地?

1. 公诉人:

证人证言证实被告人将被害人摔倒在地，致其死亡。

2. 辩护人:

覃某、向某的证言不能证明被告人将被害人摔倒在地，因为:

第一，覃某第一次询问笔录能证明其没有看到田某不在现场，没有看到田某是如何摔倒在地的。覃某的第二次证言，使用了推测性的语言“可能”“应该是”，因此不能作为认定案件事实的根据。

第二，向某的证言不能作为认定案件事实的根据。向某的证言使用了评论性的语言，“像摔跤一样，将田某摔倒在地”；向某的证言不真实，因为根据向某的证言，向某眼睛近视，与被告人、被害人的距离有10米多远，事发时陶某背对着他，所以向某根本不可能看到陶某用手将田某的肩膀或者胸口扳着，一下就将其摔倒在地。

(二)被告人的行为成立故意伤害罪还是过失致人死亡罪?

1. 公诉人：被告人的行为成立故意伤害罪

被告人客观上有伤害的行为，有证人证言证明双方拉扯中被告人将被害人摔倒在地，没有一份证言证明被害人不是被告人摔倒的；被告人的行为与被害人的死亡结果之间存在刑法上的因果关系。被告人主观上有伤害的故意，公路上拉扯有风险，该条公路是省道，车流量大，成年人应当了解、认识到危险，被告人明知危险而拉扯。

2. 辩护人：被告人的行为成立过失致人死亡罪

成立故意伤害致人死亡罪在客观上要求行为具有高度的致害性，主观上必须认识到自己的行为能够造成他人轻伤或者重伤甚至是死亡的危害结果。本案被告人陶某和被害人田某之间的“拉扯”行为不具有高度的致害性，不是刑法上的“故意伤害行为”。陶某使用轻微暴力致被害人死亡，主观上没有轻伤故意，也没有重伤故意，因此其行为不成立故意伤害罪。考虑到被害人田某年老体弱，最多可以认定陶某应该预见到自己的行为会对其造成伤害而未能预见，存在疏忽大意的过失，其行为最多成立过失致人死亡罪。

（三）被告人经口头传唤到案后如实供述犯罪罪行，成立自首

1. 公诉人：不是自首

自首是指犯罪事实或者犯罪嫌疑人未被司法机关发觉，或者虽被发觉，但犯罪嫌疑人尚未受到讯问、未被采取强制措施时，主动、直接向公安机关、人民检察院或者人民法院投案。本案中，陶某是侦查人员去其家中口头传唤到派出所接受讯问的，不是主动投案，因此不成立自首。

2. 辩护人：是自首

第一，传唤既不是讯问，也不是刑事强制措施，其人身自由并未被实际控制，行为人经传唤后，无论司法机关此时是否已经掌握其主要或者全部犯罪事实，只要其在司法机关采取任何强制措施前如实供述了主要或者全部犯罪事实，完全能体现出归案的"自动性"，应认定为自首。

第二，刑法之所以规定自首应当从轻、减轻处罚，是因为行为人将自己主动置于司法机关控制之下并如实供述罪行的行为节约了司法资源，这是自首制度的立法本意。本案中，陶某在得知公安局侦查人员将去其家中带走他时，没有逃跑、躲避，而是主动留在家里等待他们的到来，与最高人民法院有关自首司法解释"关于'自动投案'具体认定"规定的情形类似，其行为节约了司法资源，符合立法本意，应认定为自动投案。

（四）被告人未成年时所犯的故意伤害罪是否为前科

1. 公诉人：是前科

《刑法》第65条规定，"被判处有期徒刑以上刑罚的犯罪分子，刑罚执行完毕或者赦免以后，在五年以内再犯应当判处有期徒刑以上刑罚之罪的，是累犯，应当从重处罚，但是过失犯罪和不满十八周岁的人犯罪的除外"。《刑法》例外规定未成年人犯罪不成立累犯，但是不能否定未成年人犯罪也是前科。

2. 辩护人：不是前科

第一，根据《刑法》第65条未成年人犯罪不成立累犯的规定，未成年人犯罪更不能成立前科。《刑法》规定未成年人犯罪，即使其在刑罚执行完毕或者赦免以后，在五年以内再犯应当判处有期徒刑以上刑罚之罪的，都不得从重处罚，那么其超过五年之后再犯应当判处有期徒刑以上刑罚之罪的，更不得从重处罚。

第二，未成年人犯罪不成立前科符合《刑法》第100条"前科报告制度"的

规定。《刑法》第 100 条第 1 款规定，“依法受过刑事处罚的人，在入伍、就业的时候，应当如实向有关单位报告自己曾受过刑事处罚，不得隐瞒”。第 2 款规定，“犯罪的时候不满十八周岁被判处五年有期徒刑以下刑罚的人，免除前款规定的报告义务”。既然刑法规定免除未成年人犯罪的前科报告义务，那么其未成年人时的犯罪记录不得作为前科酌定从重处罚。

第三，《刑事诉讼法》及司法解释规定了“未成年人犯罪档案封存制度”，“犯罪的时候不满十八周岁，被判处五年有期徒刑以下刑罚的，应当对相关犯罪记录予以封存。犯罪记录被封存的，不得向任何单位和个人提供”，除非司法机关为了办案需要或者有关单位根据国家规定进行查询。本案中，陶某成年时的犯罪记录应当予以封存而没有予以封存，不是为了办案的需要，而是为了从重处罚他而查询的，是违法行为。也就是说，将陶某未成年时的犯罪判决书引进起诉书、装入本案卷宗，都是违法的。

第四，最高人民法院关于常见犯罪的量刑指导意见（2017 年 4 月 1 日起施行）明确规定，“对于有前科的，综合考虑前科的性质、时间间隔长短、次数、处罚轻重等情况，可以增加基准刑的 10%以下。前科犯罪为过失犯罪和未成年人犯罪的除外”。

辩护中，辩护人还提出陶某具有多种酌定从轻处罚情节：①陶某的胞姐向被害人的近亲属赔礼道歉并达成赔偿协议且履行，取得了被害人近亲属的谅解。②案件系因邻里纠纷民间矛盾引发。③被害人对矛盾激化负有直接责任，存在重大过错。④陶某暴力程度轻微，主观恶性不大且当庭悔罪。同时，还建议对陶某宣告缓刑。

五、法院判决

湖北省鹤峰县人民法院以［2017］鄂 2828 刑初 56 号判决认定：

关于对被害人田某是如何倒地的认定……现场多名证人均证称未目击到被害人倒地的瞬间，仅有两名证人即覃某、向某证称是被陶某摔倒的。覃某第一次证称：“我们劝架的人就准备回屋里去，这时候就听到有人摔到地上的声音，我转身就看见田某被陶某摁到在公路中间位置”，这表明覃某没看见田某具体倒地的过程。在侦查人员第二次找覃某核实时，覃某作证称：“田某倒地的过程是很快的，大概一两秒就倒地了，我看的并不是特别清楚，应该是陶某抓住田某（至于抓的什么位置我确实记不清楚了），陶某一弯腰，就把田某摔倒在了地上，然后，陶某就站了起来”。这次，对田某如何倒地，覃某用了

“应该是……”的推测。向某证称：“当时就是陶某将田某推到公路上之后，用手将田某的肩膀或是胸口扳着，一下就将田某摔倒在地上了。当时陶某是背对着我的，我的眼睛也有点近视，他们俩人隔我的距离约有十米左右，我看的不是很清晰，反正看见陶某就一下把田某摔倒在地了。”据此，覃某、向某的证言均不能证实田某是被陶某“摔”倒在地的。综上，本院根据陶某的供述与辩解，结合现场多名证人的证言，认定陶某在与田某拉扯、推搡中致使田某倒地。

关于被告人陶某的辩护人认为陶某的行为不成立故意伤害罪，而成立过失致人死亡罪的辩护意见，经查，最高人民法院刑事审判一至五庭编撰的《刑事审判参考》2015年第二辑总第103集发表的第1080号指导案例，对轻微暴力致人死亡案件如何定性发布了明确的指导意见。纵观本案，陶某与被害人田某因带彩“斗地主”发生口角，在田某捡拾石头可能伤人的情况下二人发生肢体接触进而相互拉扯，陶某在身强体壮的情形下，并未对田某拳打脚踢，亦未使用杀伤性工具对田某实施伤害，其拉扯行为本身亦未对田某造成伤害，推搡中致田某倒地后即停止侵害，行为较为克制。陶某的拉扯、推搡行为，在客观上不具有高度的致害危险性，有别于刑法上较为严重的“故意伤害行为”。陶某主观上对田某的死亡没有明确的认知或预见，也不希望或放任该严重危害结果的发生。但在现场处于来往车辆较多的省道公路上的情形下，陶某应当负有避免对方因他的拉扯、推搡行为而摔倒磕碰致死或发生车祸等其他意外的注意义务。陶某因疏忽大意，没有尽到注意义务进而发生被害人死亡严重危害结果，应承担相应的刑事责任。根据最高人民法院的指导意见，对被告人陶某以过失致人死亡罪定罪有利于贯彻罪刑相适应原则，也符合社会公众的一般合理判断。综上，本院决定以过失致人死亡罪对陶某定罪处罚。故陶某的辩护人的该辩护意见，本院予以采纳。

关于被告人陶某的辩护人认为陶某成立自首的辩护意见，经查，案发后，陶某已被公安机关明确为犯罪嫌疑人。2017年4月27日，鹤峰县公安局太平派出所民警到陶某住所将其传唤至太平派出所。陶某的该归案情形，与最高人民法院相关两个司法解释中规定的“形迹可疑……”“一般性排查……”“明知他人报案在现场等待……”“准备投案或在投案途中……”等12种视为自动投案的情形均不相符。另，公安民警直接到陶某的住所传唤，未节约司法资源。陶某只能随公安民警到案或被公安民警强制到案，不具备是否到案的自主选择性，其归案具有被动性。陶某的该归案情形，亦不属司法解释规定的“其他符合立法本意，应当视为自动投案的情形”。综上，不能认定陶某是自动投案。

则陶某归案后如实供述自己犯罪事实的情形不能成立自首，只宜认定为坦白。故陶某的辩护人的该辩护意见，本院不予支持。

关于被告人陶某的辩护人建议对陶某宣告缓刑的辩护意见，经查，根据本县经济发展条件，村民间聚集在他处进行一局输赢近200元的“斗地主”，本就不属正常娱乐活动。陶某因此而与被害人田某产生争执并相互拉扯的行为不具备正当性；田某不开钱的先行行为及由此而与陶某相互争吵、拉扯的行为，亦不宜认定田某是在陶某犯罪前实施了违反法律、道德规范和公序良俗，损害被告人的正当法益或社会公共利益的不当行为，即不宜认定被害人田某在本案中存在刑法意义上的过错；犯罪现场位于省道S325公路上，路面坚硬、来往车辆较多。在现场拉扯致人伤害、伤亡的可能性相对较大，陶某疏忽大意的过失不宜评判为犯罪情节较轻；陶某与被害人因“带彩”玩牌发生纠纷并导致严重危害后果，当时围观群众较多，事后消息传播面广，社会负面影响较大；陶某虽是过失犯罪且认罪、悔罪，但不具有法定减轻或免除处罚量刑情节。综上，对陶某宣告缓刑不符合《刑法》第72条之规定。故陶某的辩护人的该辩护意见，本院不予支持。

本院认为，被告人陶某因琐事与被害人田某发生争执进而拉扯、推搡，应当预见其行为可能发生被害人伤亡的危害后果，因其疏忽大意未能预见，造成被害人倒地致颅脑损伤而死亡，其行为已构成过失致人死亡罪。公诉机关指控陶某犯罪的事实清楚，证据确实、充分，但指控陶某犯故意伤害罪的罪名不准确。陶某归案后，如实供述自己的犯罪事实，系坦白，可依法从轻处罚。此案系民间纠纷引发，案发后，陶某及其亲属积极赔偿被害人近亲属的相关经济损失并取得被害方谅解，可酌情对陶某从轻处罚。陶某的辩护人发表的与前述评判一致的相关辩护意见，本院予以采纳。为保护他人生命健康，根据陶某的犯罪事实、情节、危害后果及认罪、悔罪表现，判决如下：

被告人陶某犯过失致人死亡罪，判处有期徒刑三年。

六、理论评析

一审判决采纳了辩护人“使用轻微暴力致人死亡成立过失致人死亡罪”的辩护意见；采纳了未成年犯罪不是酌定从重处罚的前科的辩护意见，为了达到“未成年人犯罪档案封存”的目的，在判决书中对该部分没有进行裁判，但没有采纳被告人成立自首、符合判处缓刑的辩护意见。在这里，对本案有争论的法律问题，做如下评析：

(一)关于使用轻微暴力致人死亡案件的定性问题

1. 使用轻微暴力致人死亡的，不该当故意伤害罪的客观要件。

故意伤害罪是故意非法伤害他人身体健康行为。具体表现为两个方面：一是破坏他人身体组织的完整性，二是虽然不破坏身体组织的完整性，但使身体某一器官机能受到损害或者丧失。[①] 基于罪刑法定主义，立法者将各种值得科处刑罚的法益侵害行为予以类型化规定，没有侵害法益的结果或危险的行为不是犯罪，因此，该当故意伤害罪的伤害行为必须是具有造成轻伤、重伤结果的危险行为，不具有这种高度致害性的行为不是故意伤害罪的伤害行为。轻微暴力行为不具有致人轻伤、重伤的危险，因此不该当故意伤害罪的客观不法要件。

2. 使用轻微暴力致人死亡的，不该当故意伤害罪的主观要件。

故意伤害罪的故意是指行为人明知其行为能够损害他人身体健康，造成轻伤或重伤的结果，希望或者放任结果发生的心理态度。因此，成立故意伤害罪的故意，在认识因素方面，行为人必须对自己的伤害行为能够造成被害人轻伤或重伤的结果有认识；在意志因素方面，要么希望即积极追求犯罪结果的发生，要么放任即毫不关心犯罪结果的发生。

成立故意伤害罪的故意，行为人首先必须对伤害行为的性质或社会意义有认识，这是前提，没有认识的，当然不该当故意伤害罪的主观不法要件。使用轻微暴力殴打他人的行为，客观上行为不具有造成他人轻伤或重伤的危险，行为人在主观上虽然能够认识到其行为能够造成被害人身体上的一定程度的伤害，如暂时的肉体疼痛或轻微的神经刺激，但行为人认识不到其行为能够导致轻伤或重伤的结果。因此，使用轻微暴力殴打他人造成他人重伤的，不成立故意伤害罪，但可能成立过失致人重伤罪；造成他人死亡的，不成立故意伤害罪，但可能成立过失致人死亡罪。

(二)关于本案是否成立自首

《刑法》第 67 条规定，犯罪后主动投案，如实供述自己的罪行的，是自首。被采取强制措施的犯罪嫌疑人、被告人和正在服刑的罪犯，如实供述司法机关还未掌握的本人其他罪行的，以自首论。前者为一般自首，后者为准自

---

① 参见王作富：《刑法分则实务研究》(中)(第五版)，中国方正出版社 2013 年版，第 737 页。

首。成立一般自首须具备两个条件，一是犯罪后主动投案，二是如实供述自己的罪行。本案中涉及的问题：一是经传唤到案的，是否主动投案？二是得知在传唤或抓捕时没有逃跑，而是等待公安人员到来，并主动跟随到案的，是否主动投案？

1. 什么是自动投案？

(1)最高人民法院 1998 年 4 月 17 日发布的《关于处理自首与立功具体应用法律若干问题的解释》规定，“自动投案是指犯罪事实或者犯罪嫌疑人未被司法机关发觉，或者虽被发觉，但犯罪嫌疑人尚未受到讯问、未被采取强制措施时，主动、直接向公安机关、人民检察院或者人民法院投案”。

(2)最高人民法院、最高人民检察院 2009 年 3 月 12 日发布的《关于办理职务犯罪案件认定自首、立功等量刑情节若干问题的意见》规定，“犯罪事实或者犯罪分子未被办案机关掌握，或者虽被掌握，但犯罪分子尚未受到调查谈话、讯问，或者未被宣布采取调查措施或者强制措施时，向办案机关投案的，是自动投案”。

因此，根据上述规定，自动投案是指犯罪事实或者犯罪嫌疑人未被公安、检察、审判等办案机关发觉，或者虽被发觉，但犯罪嫌疑人尚未受到办案机关的调查谈话，询问，或者未被宣布采取调查措施或者强制措施、未被群众扭送上，主动将自已置于办案机关的合法控制下，接受审查与裁判的行为。①

2. 自动投案包括哪些情形？

最高人民法院 1998 年 4 月 17 日《关于处理自首与立功具体应用法律若干问题的解释》规定了以下情形：

(1)犯罪嫌疑人向其所在单位、城乡基层组织或者其他有关负责人员投案的；

(2)犯罪嫌疑人因病、伤或者为了减轻犯罪后果，委托他人先代为投案，或者先以信电投案的；

(3)罪行尚未被司法机关发觉，仅因形迹可疑，被有关组织或者司法机关盘问、教育后，主动交代自己的罪行的；

(4)犯罪后逃跑，在被通缉、追捕过程中，主动投案的；

(5)经查实确已准备去投案，或者正在投案途中，被公安机关捕获的，应当视为自动投案；

(6)并非出于犯罪嫌疑人主动，而是经亲友规劝、陪同投案的；

---

① 张明楷：《刑法学》(第六版)，法律出版社 2021 年版，第 734 页。

(7)公安机关通知犯罪嫌疑人的亲友，或者亲友主动报案后，将犯罪嫌疑人送去投案的，也应当视为自动投案。

最高人民法院2010年12月22日《关于处理自首和立功若干具体问题的意见》规定以下情形是自动投案：

(1)犯罪后主动报案，虽未表明自己是作案人，但没有逃离现场，在司法机关询问时交代自己罪行的；

(2)明知他人报案而在现场等待，抓捕时无拒捕行为，供认犯罪事实的；

(3)在司法机关未确定犯罪嫌疑人，尚在一般性排查询问时主动交代自己罪行的；

(4)因特定违法行为被采取劳动教养、行政拘留、司法拘留、强制隔离戒毒等行政、司法强制措施期间，主动向执行机关交代尚未被掌握的犯罪行为的；

(5)其他符合立法本意，应当视为自动投案的情形。

这两个司法解释在犯罪人主动、直接向公安机关、人民检察院或者人民法院等办案机关投案之外，具体列举规定了11种"主动投案"的情形，同时还规定"其他符合立法本意的"，也"应当视为自动投案"。司法实践中，如何理解"其他符合立法本意的"，也"应当视为自动投案"，是个非常重要的问题。对此，问题的关键在于如何理解刑法总则规定自首制度的"立法本意"。

自首制度的"立法本意"也可谓自首制度的"规范目的"，讲的是自首制度的立法理由。刑法之所以规定自首是"可以从轻、减轻处罚"事由，无非是犯罪人自动投案后如实供述的行为一方面自动将自己置于办案机关的控制之下，节约了司法资源，使案件得以及时侦破与审判；另一方面犯罪人可能有悔过自新之意，再犯可能性减少。因此，犯罪人是否主动投案，关键在于犯罪人的归案行为是否能充分体现其投案的主动性和自愿性，是否主动地将自己置于办案机关的控制之下，从而节约了司法资源，使案件得以顺利、及时侦破与审判。

3. 经传唤到案的，是否属于主动投案？

(1)传唤不是刑事强制措施。

主动投案要求犯罪人尚未被采取刑事强制措施，若犯罪人系被采取强制措施到案的，显然不是自动投案。刑事诉讼中的强制措施是个法定的概念，特指刑事诉讼法第六章规定的"拘传、取保候审、监视居住、拘留、逮捕"。刑事诉讼中的传唤不是刑事强制措施，它是指通知不需要拘留、逮捕的犯罪嫌疑人自行按照指定时间到达指定地点接受讯问的一种法律措施。

我国《刑事诉讼法》第117条第1款规定："对于不需要逮捕、拘留的犯罪嫌疑人，可以传唤到犯罪嫌疑人所在市、县内的指定地点或者到他的住处进行讯问，但是应当出示人民检察院或者公安机关的证明文件。”实践中，传唤存在书面传唤、口头传唤、电话传唤等形式，但《刑事诉讼法》第 117 条第 1 款规定，传唤犯罪嫌疑人，必须出示传唤证，因此《刑事诉讼法》规定的传唤只能是书面传唤。实践中，侦查机关经常地采取口头传唤、电话传唤的方式督促犯罪嫌疑人到案，到案后补签传唤证，在这种办案模式下，因为口头传唤、电话传唤不具备刑事诉讼中法定传唤的形式要件，所以更不能认定为是带有强制性的措施。

(2)书面传唤、口头传唤、电话传唤不具有强制性。

实践中存在的电话传唤当然不具有强制性，同时书面传唤、口头传唤也不具有强制性，这一点从《治安管理处罚法》的第 82 条的规定可以看出。根据第 1 款规定，“需要传唤违反治安管理行为人接受调查的，经公安机关办案部门负责人批准，使用传唤证传唤。对现场发现的违反治安管理行为人，人民警察经出示工作证件，可以口头传唤，但应当在询问笔录中注明”，可以得出结论，传唤以书面传唤为原则，只有对于违反治安管理法的“现行犯”才适用口头传唤。根据第 2 款规定，“公安机关应当将传唤的原因和依据告知被传唤人。对无正当理由不接受传唤或者逃避传唤的人，可以强制传唤”，据此，只有在被传唤人“无正当理由不接受传唤或者逃避传唤的人”适用强制传唤时，才具有强制性。

由于刑事警察经常具有治安警察的工作经历，因此刑事侦查中的传唤，深深打上了“治安管理处罚法”规定的“传唤”的烙印。无论是书面传唤还是口头传唤，都不具有强制性，只要被传唤人没有“无正当理由不接受传唤或者逃避传唤”，只要对被传唤人没有“强制传唤”，即被传唤人只要不是被强制传唤到案的，都是主动投案。

(3)经传唤到案的，是主动投案。

最高人民法院 1998 年 4 月 17 日发布的《关于处理自首与立功具体应用法律若干问题的解释》规定，“自动投案是指犯罪事实或者犯罪嫌疑人未被司法机关发觉，或者虽被发觉，但犯罪嫌疑人尚未受到讯问、未被采取强制措施时，主动、直接向公安机关、人民检察院或者人民法院投案”。而《刑事诉讼法》第 117 条第 1 款规定，“对于不需要逮捕、拘留的犯罪嫌疑人，可以传唤到犯罪嫌疑人所在市、县内的指定地点或者到他的住处进行讯问，但是应当出示人民检察院或者公安机关的证明文件”，因此“口头传唤不是法律意义上的传唤，凡是被口头传唤后即自动到案的犯罪嫌疑人，均应认定为自动投案”，

“传唤(书面)既不是讯问，也不是刑事诉讼法规定的强制措施，只要行为人的人身自由未被实际控制，其经传唤(书面)后自动到案的行为，也应认定为自动投案”。①

(4)司法实践的态度：经传唤到案后，如实供述自己罪行的，是自首。

最高人民法院刑事审判第一庭编著的《最高人民法院自首、立功司法解释〈案例指导与理解适用〉》明确指出：“经传唤后自动到案，即如实供述犯罪事实的，应认定为自首。”

“①行为人经传唤自动投案后，无论司法机关此时是否已经掌握其主要或者全部犯罪事实，只要其在司法机关采取任何强制措施前且出示犯罪证据前，如实供述主要或者全部犯罪事实的，均应认定为自首。

②行为人经传唤自动投案后，尚未来得及向司法机关作供述，即被采取强制措施的，只要其在初期(一般指第一次)的讯问中即如实供述了主要或全部犯罪事实的，即使司法机关已经掌握一定犯罪证据也应当视为自首。

③行为人经传唤自动投案，虽然投案初期没有交代自己的主要犯罪事实，但在司法机关掌握其主要犯罪事实之前主动交代的，也应认定为自首。

④行为人经传唤自动投案后，在司法机关对其采取强制措施前或者向其出示已经掌握的证据前，一直不如实供述犯罪事实，知道司法机关出示犯罪证据后才供述的，有的甚至在一审庭审中才供述。由于这种案件侦破主要依靠侦查机关的努力，行为人的自动投案既未体现出其有认罪、悔罪表现，也没有达到节约司法资源的效果，故不宜认定为自首。”

“只要行为人经传唤(含口头传唤与书面传唤两种情形)后，在其人身自由未被司法机关采取法定强制措施或实际控制的情况下而自动到案，且在司法机关出示犯罪证据前如实供述主要或全部犯罪事实的，应当认定为自首。”②

经在《中国裁判文书网》上查询，有极个别法院判决书认为“经传唤到案的，不是自动投案”，如贵州省石阡县人民法院〔2016〕黔0623刑初137号刑事判决书“关于辩护人张羽呈提出被告人张某某具有自首情节的辩护意见，经查，石某人民检察院反贪局出具的破案经过，证明该案系铜仁市纪委监察部门移送铜仁市人民检察院，铜仁市人民检察院将案件线索交由石阡县人民检察院

① 张军、黄尔梅：《最高人民法院自首、立功司法解释〈案例指导与理解适用〉》，法律出版社2012年版，第23~24页。

② 张军、黄尔梅：《最高人民法院自首、立功司法解释〈案例指导与理解适用〉》，法律出版社2012年版，第25~28页。

办理，该院立案受理后书面通知被告人张某某到案接受调查，即被告人张某某系传唤到案，而非自动投案，故其辩护意见不成立，不予采纳”，该院〔2016〕黔0623刑初152号刑事判决书“对于辩护人王仕位提出被告人陈启富具有自首情节的辩护意见，经查，石阡县公安局接处警登记表，甘溪派出所出具的查获经过，均证明被告人陈启富未自动投案而是传唤到案，故该辩护意见不成立，不予采纳”。

但更多法院、更多判决与最高院观点保持一致，如广东省高级人民法院〔2013〕粤高法刑三复字第64号刑事判决书“被告人张正望在其罪行尚未被发觉前，经侦查机关电话传唤后自动前往公安机关如实供述犯罪事实，属自首，依法可从轻处罚”，安徽省高级人民法院〔2015〕皖刑终字第00383号刑事判决书“于业凤在案发后，根据侦查机关的传唤，自动到案，如实供述犯罪事实，其行为构成自首，依法可对其予以减轻处罚”，江西省崇义县人民法院〔2017〕赣0725刑初2号刑事判决书“鉴于被告人余浪因吸食毒品被公安机关传唤到案后能如实供述其容留他人吸毒主要犯罪事实，具有自首情节，且在法庭上认罪态度较好，知罪悔罪，故依法可对其从轻处罚”，山东省高级人民法院〔2018〕鲁刑核1号刑事裁定书“公安人员将解某口头传唤至惜福镇派出所，解某到案后对其持刀捅刺董某、邹某的事实供认不讳”成立“自首”。

总之，经传唤到案的，是自动投案；经传唤到案后，如实供述自己的罪行的，是自首。具体到本案，陶某由公安人员口头传唤后即主动投案，投案后如实供述了自己的全部罪行，成立自首。

4. 得知在传唤或抓捕时没有逃跑，而是等待公安人员到来，并主动跟随到案的，是否属于主动投案？

得知将被传唤时没有逃跑，而是等待公安人员到来，并主动跟随到案的，如前所述，是主动投案。得知将被抓捕时没有逃跑，而是等待公安人员到来，并主动跟随到案的，是否主动投案呢？对此，需要根据最高人民法院2010年12月22日《关于处理自首和立功若干具体问题的意见》（以下简称《意见》）的规定看其是否“其他符合立法本意，应当视为自动投案的情形”。

首先，对于这一兜底条款的规定，根据同类解释的规则，只要与《意见》所列情形之一具有相当性的，就应当认定为自动投案。

《意见》规定“明知他人报案而在现场等待，抓捕时无拒捕行为，供认犯罪事实的”是“自动投案”。明知公安机关将抓捕而在家中等待，抓捕时无拘捕行为，供认犯罪事实的，是否自动投案呢？

二者的相同点表现为：（1）主观上都明知将被抓捕；（2）等待抓捕；

(3)抓捕时没有拘捕；(4)供认犯罪事实。

二者的不同点表现为：前者在现场而后者在家中等待抓捕。

该如何衡量，究竟是相同点重要，还是不同点重要呢？如果认为不同点重要，则不得认定后者成立“自动投案”；若认为相同点重要，则应认定后者与前者一样成立“自动投案”。对此，应结合规定“自动投案”的立法本意或规范目的进行判断。如前所述，刑法规定“自动投案”的立法本意或规范目的在于“行为人自动将自己置于办案机关的控制之下，节约了司法资源，使案件得以及时侦破与审判；另一方面犯罪人可能有悔过自新之意，再犯可能性减少”，在“(1)主观上都明知将被抓捕；(2)等待抓捕；(3)抓捕时没有拘捕；(4)供认犯罪事实”的情况下，符合“自动投案”的立法本意或规范目的，行为人在现场还是在家中等待抓捕并不重要。

因此明知公安机关将抓捕而在家中等待，抓捕时无拘捕行为，供认犯罪事实的，是自动投案。

判决书认为，“关于被告人陶某的辩护人认为陶某成立自首的辩护意见，经查，案发后，陶某已被公安机关明确为犯罪嫌疑人。2017 年 4 月 27 日，鹤峰县公安局太平派出所民警到陶某住所将其传唤至太平派出所。陶某的该归案情形，与最高人民法院相关两个司法解释中规定的‘形迹可疑……’‘一般性排查……’‘明知他人报案在现场等待……’‘准备投案或在投案途中……’等 12 种视为自动投案的情形均不相符。另，公安民警直接到陶某的住所传唤，并未节约司法资源。陶某只能随公安民警到案或被公安民警强制到案，不具备是否到案的自主选择性，其归案具有被动性。陶某的该归案情形，亦不属司法解释规定的‘其他符合立法本意，应当视为自动投案的情形’。综上，不能认定陶某是自动投案”

陶某案判决书的问题有两点：

一是，陶某的归案情形当然不符合司法解释明确规定的情形，但是符合司法解释兜底条款的规定，不能认为公安民警到其住所传唤的行为，没有节约司法资源，否则以下情形都应该因为没有节约司法资源而不应被认定为自动投案：

(1)罪行尚未被司法机关发觉，仅因形迹可疑，被有关组织或者司法机关盘问、教育后，主动交代自己的罪行的；

(2)犯罪后逃跑，在被通缉、追捕过程中，主动投案的；

(3)经查实确已准备去投案，或者正在投案途中，被公安机关捕获的，应当视为自动投案；

(4)犯罪后主动报案，虽未表明自己是作案人，但没有逃离现场，在司法机关询问时交代自己罪行的；

(三)未成年犯罪是否作为酌定从重处罚的前科?

前科是指由于行为人实施犯罪被判处刑罚并且刑罚已经执行完毕或者被赦免后在一定期间内的一种法律地位，换言之，前科就是指刑事被告人曾经被宣告为有罪或者被判处过刑罚的事实。

陶某故意伤害案，庭审中控辩双方曾经为“未成年犯罪是否作为酌定从重处罚的前科”展开过辩论，然而开庭审理时，最高人民法院《关于常见犯罪的量刑指导意见》(修订)于同年(2017 年)4 月 1 日已经颁布施行。《指导意见》明确规定，“对于有前科的，综合考虑前科的性质、时间间隔长短、次数、处罚轻重等情况，可以增加基准刑的 10%以下。前科犯罪为过失犯罪和未成年人犯罪的除外”，可以说“未成年犯罪是否作为酌定从重处罚的前科”已经不是一个问题了。但是，控辩双方就此进行了辩论。这个辩论的意义在于：第一，在理论上，它确实是个很重要的问题。第二，即使未成年犯罪不是作为酌定从重处罚的前科情节，但需要明确未成年犯罪事实是否应该载入判决书。第三，被告人陶某未成年犯罪事实，即使不被作为酌定从重处罚的情节，但它影响到被告人陶某是否可以宣告缓刑，直接促成合议庭组成人员形成了“不宜宣告缓刑”的内心确信。

拓展阅读：

1. 黄祥青：《轻微暴力致人死亡案件定性研究》，载《法律适用》2016 年第 3 期。
2. 刘明祥：《过失犯研究：以交通过失和医疗过失为中心》，北京大学出版社 2010 年版。
3. [日]甲斐克则：《责任原理与过失犯论》，谢佳君译，中国政法大学出版社 2016 年版。
4. 邓毅丞：《结果加重犯的基本原理与认定规则研究》，法律出版社 2016 年版。
5. 张明楷：《侵犯人身罪与侵犯财产罪》，北京大学出版社 2021 年版。

案例六 林某故意杀人案

导读：

故意杀人罪与故意伤害罪，是最常见罪名，刑法学课堂往往以二者为例讲解刑法总论理论。虽然理论上认为二者有明确的界限，但是实践中如何认定二者却经常存在争议。另外，我国《刑法》明确规定，“二人以上共同故意犯罪的，是共同犯罪”，可是如何理解共同犯罪之“共同”，理论界与实务界争论较大。本案例主要争点为“如何认定故意杀人罪与故意伤害罪；如何处理‘实行过限’案件”，旨在训练学生案件事实归纳能力，运用刑法理论(“行为共同说”)处理共同犯罪案件的能力。

关键词：

故意杀人罪；故意伤害罪；结果加重犯；违法连带；责任个别；客观不法；主观有责；实行过限；完全犯罪共同说；行为共同说

一、指控事实

恩施州人民检察院以鄂恩州检刑诉〔2014〕31号起诉书指控：

2014年2月25日凌晨，被告人林某在利川市“好吃街”桂花桥游戏厅玩耍时，遇到曾经找被告人林某出钱“上游戏分”的陈某。陈某又要求其出钱“上游戏分”，被告人林某拒绝后仍对陈某不满，决定把陈某打一顿出气。林某把想法告诉被告人程某东、李某洪和牟某(另案处理)，三人表示赞同。四人商量先由被告人林某将陈某喊出，四人再将其打一顿。被告人李某洪提出陈某经常随身携带匕首，应带把刀防身，被告人程某东遂准备砍刀一把随身携带。同日凌晨3时许，四人一同前往桂花桥游戏厅找陈某。被告人林某先进入游戏厅喊陈某出来，陈某不同意，二人发生口角。被告人林某从被告人程某东手中拿过砍刀，陈某见状遂持板凳抵挡并转身躲避。被告人林某双手持刀追砍陈某，致其后脑、肩部等处受伤。尔后四人迅速逃离现场。被告人李某洪逃离过程中将作案刀具丢弃于利川市西门老桥河里。同日凌晨4时许，陈某被其好友赖某送至利川市人民医院救治，次日20时许死亡。经法医鉴定，被害人陈某系被人致伤头部因中枢性循环呼吸功能衰竭死亡。

公诉机关认为，被告人林某故意非法剥夺他人生命，致一人死亡，其行为触犯了《中华人民共和国刑法》第232条，犯罪事实清楚，证据确实充分，应当以故意杀人罪追究被告人林某的刑事责任。被告人程某东、李某洪积极帮助被告人林某共同故意伤害他人，其行为触犯了《中华人民共和国刑法》第234条，犯罪事实清楚，证据确实充分，应当以故意伤害罪追究被告人程某东、李某洪的刑事责任。

二、辩护要点

被告人的行为是故意伤害而非故意杀人。

三、关键证据

1. 利川市公安局司法鉴定中心(利)公(刑)鉴(法)字〔2014〕177号《法医学尸体检验鉴定意见书》

(1)死亡原因及机制：通过医院急查头颅CT：小脑幕、大脑镰广泛硬膜下出血，双侧顶骨颅骨内板骨折并嵌插移位，小脑及枕叶、双侧顶叶脑挫裂伤，枕叶积气。解剖见右侧颞顶部见部分颅骨缺损，右侧额顶部见放射状颅骨骨折；解剖打开头皮见硬脑膜破裂，脑组织挫裂伤，见双侧枕叶顶叶脑组织挫裂口深2.5cm；综上所述，死者的直接死亡原因为开放性颅脑损伤、广泛脑挫伤致中枢性呼吸循环功能衰竭死亡。

(2)致伤方式及工具：死者枕顶部一横行已缝合创口，创口长度17cm，创缘整齐，规则；右侧颜面部见0.7×0.5cm表皮剥脱区，左手腕部外侧可见0.2×1.1cm表皮挫伤痕，未触及骨折；左手背侧近食指处见长1.0cm皮肤划痕伤。其致伤工具应便于挥动、具有一定质量、有比较锋利的刃口，符合砍刀类锐器砍击所致。

(3)死亡方式及性质：通过对死者的解剖检验结合医院病历资料，死者其致命伤位于枕顶部，创口呈横形，且创道较深，头皮、颅骨、硬脑膜及脑实质全层破裂，此损伤程度严重，自身难形成，应系他人所致。

鉴定意见：死者陈某系被人致伤头部因中枢性呼吸循环功能衰竭死亡。

2. 案发时游戏厅视频监控录像

文件名为 fly01239 与 fly01242 的监控录像，证明林某：①事先准备了致命工具——一米左右长、刀身较宽的砍刀；②约 10 秒钟的时间内，共砍六刀，刀刀直奔陈某致命部位——头部；③砍人时毫无节制——双手握刀柄(右手在前，左手在后)，从右肩向上，高高举起，用尽全力向下猛砍；④在砍掉陈某用来挡刀的凳子，陈某被逼入死角，已经只能低头躲闪而没有任何抵抗能力的情况下，用尽全力劈砍陈某头部三刀(一刀砍中陈某右肩，一刀砍中陈某头顶枕部)；⑤陈某被砍倒之后，林某既没有报警，也没有打 120，更没有抢救陈某，而是毫不慌乱，从容离去。

四、控辩意见

公诉人：综合本案案情和被告人林某所用的作案工具及打击部位判断分析，被告人林某作为成年人，持砍刀砍击被害人陈某的头部，砍击目标明确，砍击过程中，被告人林某明显处于上风和优势地位，砍完后没有施救。被告人林某在之前的预谋中是故意伤害，到达游戏厅后，被告人林某的犯意转化，是故意杀人。

辩护人：被告人的行为属于实行过限，成立故意伤害罪而非故意杀人。

五、法院判决

恩施州人民法院以〔2014〕鄂恩施中刑初字第 0032 号刑事附带民事判决认定：

2014 年 2 月 25 日凌晨，被告人林某在利川市南湖巷 8 号民宅一楼游戏厅玩耍时，遇到曾经找其出钱“上游戏分”的陈某，因拒绝陈某又要求其出钱“上游戏分”而发生了口角。被告人林某离开游戏厅后仍对陈某心生不满，于是与被告人程某东、李某洪和牟某(另案处理)商量，提议把陈某打一顿出气，被告人程某东、李某洪和牟某均赞同。四人商量先由被告人林某将陈某喊出，四人再将其打一顿。被告人李某洪提出陈某经常随身携带匕首，应带把刀防身，被告人程某东遂准备砍刀一把随身携带。凌晨3时许，四人一同前往利川市南湖巷8号民宅一楼游戏厅找陈某。被告人林某先进入游戏厅喊陈某出来，陈某不出，二人发生口角，被告人林某从被告人程某东手中拿过砍刀砍击陈某，陈某用游戏厅的钢架圆凳抵挡并转身躲避。被告人林某砍掉陈某所持圆凳后，继续双手持刀追砍陈某，致陈某倒在墙角。陈某头枕顶部、右肩胛部、左手腕外侧、背侧、腕部内侧和右手食指处受伤，枕顶部头皮、颅骨、硬脑膜及脑实质全层破裂。作案后四人逃离现场。被告人李某洪在逃离过程中将作案刀具丢弃于利川市西门老桥河里。凌晨4时许，陈某被其好友赖某送至利川市人民医院救治，于2014年2月26日20时许死亡。经法医鉴定，被害人陈某系被人致伤头部因中枢性循环呼吸功能衰竭死亡。

恩施州中级人民法院认为：被告人林某因被害人陈某要其上“游戏分”而与被害人发生口角后，三被告人的行为构成共同犯罪。在共同犯罪中，被告人林某提起故意伤害的犯意，被告人和被告人程某东、李某洪等人预谋共同殴打被害人陈某，并直接实施加害行为，致被害人死亡；被告人程某东携带作案工具和被告人李某洪随被告人林某同赴作案现场，程某东、李某洪积极响应，参与共同故意伤害他人，但被告人林某实施的加害行为超出了三被告人的共同预谋，是“实行过限”，其行为构成故意杀人罪，应独自对故意杀人行为承担刑事责任；被告人程某东、李某洪的行为构成故意伤害罪，应对故意伤害(致人死亡)承担刑事责任。公诉机关指控被告人林某犯故意杀人罪，被告人程某东、李某洪犯故意伤害罪的事实清楚，证据确实充分，指控罪名成立。判决：被告人林某犯故意杀人罪，判处死刑，缓期两年执行，剥夺政治权利终身；被告人程某东犯故意伤害罪，判处有期徒刑五年；被告人李某洪犯故意伤害罪，判处有期徒刑四年。

林某不服，提起上诉。湖北省高级人民法院撤销原判，发回恩施州中级人民法院重新审理。审理期间，各被告人与被害人近亲属在附带民事诉讼中就刑事赔偿及谅解达成调解协议，恩施州人民法院以〔2016〕鄂28刑初6号刑事判决认为：被告人林某因被害人陈某找其出钱“上游戏分”而与陈某发生口角后，和被告人程某东、李某洪及牟某四人预谋将被害人陈某打一顿。四人到游戏厅后，被告人林某进入游戏厅喊陈某出来而与其发生口角，被告人林某遂持刀砍击陈某，在陈某已经受伤倒地的情况下，不计后果，持刀砍击陈某的头部致其死亡，属于故意伤害“实行过限”，被告人林某主观上有放任他人死亡结果发生的故意，其行为已经由故意伤害转化为间接故意杀人，应以故意杀人罪定罪处罚，被告人林某的行为构成故意杀人罪。本案三被告人和牟某事前共谋伤害被害人陈某时，被告人李某洪提议携带刀具防身，被告人程某东准备并携带了刀具，主观上均有共同伤害被害人陈某的故意，客观上也造成了被害人死亡的严重后果，被告人李某洪、程某东的行为构成故意伤害罪。公诉机关指控的事实清楚，证据确实、充分，指控罪名成立。被告人林某的辩护人关于“林某的行为是故意伤害而非故意杀人”的辩护意见，不予采纳。判决：被告人林某犯故意杀人罪，判处有期徒刑十五年；被告人程某东犯故意伤害罪，判处有期徒刑四年；被告人李某洪犯故意伤害罪，判处有期徒刑三年。

六、理论评析

本案公安机关以故意伤害罪立案侦查，移送审查起诉；公诉机关拟以故意伤害罪提起公诉，后因争议太大，经过讨论，最终以故意杀人罪提起公诉；生效判决认为林某犯故意杀人罪，主观故意为间接故意。可见，本案是争议较大的案件。本案涉及故意杀人罪的认定，涉及故意杀人罪与故意伤害罪的区别，涉及直接故意与间接故意的认定，涉及共同犯罪如何认定、处理等一系列重大问题。下面就林某犯故意杀人罪还是故意伤害罪、各参与人的罪责两方面进行分析。

(一)林某犯故意杀人还是故意伤害罪?

1. 林某实施的砍杀行为，是杀人行为，不是伤害行为。

所谓故意杀人罪，是指故意非法剥夺他人生命的行为。杀人是足以剥夺他人生命的杀害行为，行为人采取何种手段或方法杀害他人在所不限，如枪杀、刀杀、毒杀、勒杀、绞杀、烧杀、溺毙等，均为杀人。故意伤害罪的伤害行为，是损害他人身体健康的行为，身体健康包括身体的完整性、人的身体机能的健全等。从行为的定型化角度看，杀人与伤害的法益侵害性上的区别，显而易见。

本案中林某砍杀被害人头部，几乎致其当场死亡，应认定为杀人行为，而不是伤害行为。理由如下：

(1)文件名为fly01239与fly01242的监控录像及犯罪嫌疑人的供述，证明林某：①事先准备了致命工具——一米左右长、刀身较宽的砍刀；②约10秒钟的时间内，共砍六刀，刀刀直奔陈某致命部位——头部；③砍人时毫无节制——双手握刀柄(右手在前，左手在后)，从右肩向上，高高举起，用尽全力向下猛砍；④在砍掉陈某用来挡刀的凳子，陈某被逼入死角，已经只能低头躲闪而没有任何抵抗能力的情况下，用尽全力劈砍陈某头部三刀(一刀砍中陈某右肩，一刀砍中陈某头顶枕部)；⑤陈某被砍倒之后，林某既没有报警，也没有打 120，更没有抢救陈某，而是毫不慌乱，从容离去。

(2)证人赖某证实：陈某被砍伤后，赖某叫了一辆出租车送陈某到医院抢救，陈某被送到医院时，“瞳孔已经扩散”，生命体征已经消失。

(3)(利)公(刑)鉴(法)字第〔2014〕177 号《法医学尸体检验鉴定意见书》证明：①陈某的直接死亡原因为开放性颅脑损伤、广泛脑挫伤致中枢性呼吸循环功能衰竭死亡；②致伤工具应为便于挥动、具有一定质量、有比较锋利的刀刃，符合砍刀类锐器；③死者的致命伤位于枕顶部，创口呈横形，且创道较深，头皮、颅骨、硬脑膜及脑实质全层破裂。

证据证实林某砍杀被害人头部，是直接夺人生命的杀害行为，不是损害他人身体健康的伤害行为。

2. 不应以被告人的口供，而应以客观证据即本案的现场监控录像认定林某主观上有杀人的直接故意。

犯罪故意，是指行为人明知自己的行为会造成危害社会的结果，希望或放任危害结果发生的心理态度。行为人是否具有犯罪故意，应结合其主观认识因素与意志因素进行判断。认识因素要求行为人对某具体故意犯罪的客观构成要件要素有认识，这些客观构成要素包括行为主体、构成要件行为、构成要件结果、特定的时间、地点等；意志因素要求行为人希望或放任法益侵害的现实结果或危险结果生的发生。

对于本案，从“①手持事先准备的致命工具——一米左右长、刀身较宽的砍刀；②约 10 秒钟的时间内，共砍六刀，刀刀直奔陈某致命部位——头部；③砍人时毫无节制——双手握刀柄(右手在前，左手在后)，从右肩向上，高高举起向下，用尽全力猛砍；④在陈某挡刀的凳子被砍掉，被逼入死角，已经只能低头躲闪、摔倒在地而没有任何抵抗能力的情况下，用尽全力砍陈某头部三刀；⑤陈某被砍倒之后，林某没有报警，没有喊 120，没有抢救陈某，而是毫不慌乱，从容离去”这一系列客观事实看来，林某在主观上认识到了砍杀致陈某死亡结果发生的必然性，因认识到了杀死陈某的必然性，其意志因素上为希望犯罪结果的发生，即积极追求陈某死亡的现实结果，林某的主观上为故意杀人罪的直接故意。

对于这种案件，如果以行为人与被害人之间没有深仇大恨，各共同犯罪事前只有“伤害的预谋”为由，否定林某有杀人的直接故意，则直接故意杀人将被限定为“谋杀”，临时起意的直接故意杀人将被不当排除。林某是否有杀人的故意，应从根据刑法关于直接故意的规定予以规范判断，在林某认识到其使用的是致命刀具，砍杀的部位是致命部位的情况下，应认定其认识到了致死的必然性，从而做出其具有杀人的直接故意的规范判断。

3. 为什么说林某砍杀陈某不成立故意伤害罪。

故意伤害罪，是指故意损害他人身体健康的行为。故意伤害罪的构成要件结果，包括轻伤、重伤、死亡。故意伤害致死的场合，是典型的结果加重犯，所谓结果加重犯，是指行为人实施了基本犯罪但发生了严重结果，刑法加重其法定刑的犯罪。行为人实施伤害行为导致死亡结果的场合，之所以不成立故意杀人罪，除了因为客观行为不是杀人行为之外，更重要的是行为人对死亡结果不是故意，而是出于过失。犯罪过失，是指应当预见到自己的行为可能发生危害社会的结果，因为疏忽大意没有预见，或者已经预见而轻信能够避免，以致发生这种结果的心理态度。前者为疏忽大意的过失，后者为过于自信的过失，对于行为人是否有犯罪过失，也应从认识因素与意志因素两方面进行判断。认定疏忽大意的过失的关键在于判断行为人对犯罪结果是否有预见可能性(结果预见可能性)；认定过于自信的过失的关键在于，在判断行为人有预见可能性的基础上，判断行为人对犯罪结果是否有回避可能性(结果回避可能性)。

如前所述，林某对死亡结果是故意，而不是过失：

(1)故意伤害罪的故意是指行为人对伤害被害人身体健康的希望或放任，但是对伤害行为所造成的被害人的死亡结果一定是过失。

使用如此之长、如此之锐利的砍刀砍陈某头部，林某必然认识到砍死陈某的可能性，因此，林某对陈某死亡结果不能认定为“疏忽大意的过失”；而且故意使用如此之长、如此之锐利的砍刀砍杀陈某头部，没有任何理由可以认定其主观上存在避免死亡结果发生的意志因素。

(2)从监控录像，除了看到“林某双手持刀，高高举起，向陈某头部砍杀”之外，看不出林某砍杀陈某过程中、砍杀陈某之后有任何“避免陈某死亡结果”发生的动作或意思。

(3)陈某倒地后，林某猛砍陈某头部三刀，尔后，没有施救、报警、打120，看不出造成陈某死亡结果有违林某主观意志。

(二)关于本案其他犯罪参与人(共犯)的罪责

法院判决认为，被告人林某、程某东、李某洪三人预谋共同伤害被害人陈某，但被告人林某实施的加害行为超出了三被告人的共同预谋，是“实行过限”，其行为构成故意杀人罪，应独自对故意杀人行为承担刑事责任；被告人程某东、李某洪的行为构成故意伤害罪，应对故意伤害(致人死亡)承担刑事责任。法院这一判决是正确的，对此，作以下分析。

“实行过限，又称为共同犯罪中的过剩行为，是指实行犯实施了超出共同犯罪故意的行为。”①实行过限，不是理论，而是对这种犯罪现象的描述。在实行过限的情况下，实施过限行为的人当然应对其犯罪行为负刑事责任，问题在于其他的犯罪参与人如何处理。对此，需要根据刑法关于共同犯罪的规定，运用刑法共同犯罪理论进行处理。

对于二人以上共同作用于法益侵害的案件如何处理，完全犯罪共同说认为，共同犯罪必须是数人共同实行特定犯罪，即二人以上只能就完全相同的犯罪成立共同犯罪；部分犯罪共同说主张，二人以上虽然共同实施了不同的犯罪，但是这些不同的犯罪之间具有重合的性质时，则在重合的限度内成立共同犯罪。行为人共同说认为，共同犯罪是指数人共同实施了行为，而不是共同实施特定的犯罪。换言之，在“行为”方面，不要求共同实施特定的犯罪，只要行为具有共同性，就可以成立共同犯罪；在“意思联络”方面，也不要求数人必须具有共同实现犯罪的意思联络，只要就实施行为具有意思联络，就可以成立共同犯罪。②

《刑法》第 25 条规定，“共同犯罪是指二人以上共同故意犯罪”。按照传统学说观点，成立共同犯罪，必须“1. 二人以上；2. 共同的犯罪故意；3. 共同的犯罪行为”。③ 传统学说的观点可谓是完全犯罪共同说。按照传统学说，本案中，三被告人只能在故意伤害罪的范围内成立共同犯罪。按照传统刑法学观点，“行为人只有在对某一危害结果主观上有罪过的情况下才能负刑事责任。而过限行为，超出了共同故意的范围，所以应当由实行的人对过限行为单独承担刑事责任，其他共同犯罪人对过限行为不负刑事责任”。④ 对于帮助犯与实行过限，“无论被帮助的人是否利用了帮助犯的帮助，只要超出了其帮助故意的范围，都属于实行过限，帮助犯对于被帮助的人的过限行为不负刑事责任”。⑤ 按照传统学说观点，本案中，如何追究程某东、李某洪的刑事

---

① 陈兴良：《刑法适用总论(上卷)》(第三版)，中国人民大学出版社 2017 年版，第 450 页。

② 参见张明楷：《外国刑法纲要》(第三版)，法律出版社 2020 年版，第 264~265 页。

③ 马克昌：《犯罪通论》，武汉大学出版社 1999 年版，第 503 页。高铭暄、马克昌：《刑法学》(第九版)，北京大学出版社、高等教育出版社 2019 年版，第 160~162 页。

④ 陈兴良：《刑法适用总论(上卷)》(第三版)，中国人民大学出版社 2017 年版，第 450~451 页。

⑤ 陈兴良：《刑法适用总论(上卷)》(第三版)，中国人民大学出版社 2017 年版，第 455 页。

责任，仍然存在疑问。

因为犯罪的实体是“客观不法”与“主观有责”，而共同犯罪是违法形态(行为共同说)，所以对于数人故意实施不法行为，共同作用于法益侵害的，首先追究实施构成要件行为人即正犯的刑事责任；其次根据物理上或心理上的因果关联确认其他参与人与正犯之间是否成立共同犯罪关系，进而决定是否追究共犯的刑事责任。换言之，处理共同犯罪案件，首先从不法层面判断各参与人是否成立共同犯罪；其次，根据“责任是个别的”原理，从主观责任层面判断各参与人是否有责任及责任的具体内容。就本案而言，三被告人共谋伤害被害人陈某，被告人程某东携带作案工具和被告人李某洪随被告人林某同赴作案现场，林某首先提出犯意，程某东、李某洪积极响应，程某东携带、提供犯罪工具，为林某实行犯罪提供了物理上的帮助，程某东、李某洪参与共谋，积极响应林某，在现场虽然只是旁观，没有实行犯罪，但为林某实行犯罪起到了强大的心理帮助作用，因此在客观不法层面，三人成立共同犯罪。就主观责任而言，林某砍杀陈某时，为杀人的故意；因为本案中的作案工具——砍刀具有严重杀伤性，使用它伤害他人时，若没有特别节制，或稍有不慎，就有夺人生命的危险，所以程某东、李某洪主观责任上有伤害陈某身体健康的故意，对陈某死亡结果具有认识可能性。因此，法院判决“林某犯故意杀人罪，程某东、李某洪犯故意伤害罪”是正确的。

拓展阅读：

1. 张明楷：《共同犯罪的认定方法》，载《法学研究》2014 年第 3 期。
2. 张明楷：《共同犯罪是违法形态》，载《人民检察》2010 年第 13 期。
3. 张明楷：《以违法与责任为支柱构建犯罪论体系》，载《现代法学》2009 年第 6 期。
4. 陈兴良：《共同犯罪论》(第三版)，中国人民大学出版社 2017 年版。
5. 江溯：《犯罪参与体系研究》，中国人民公安大学出版社 2010 年版。

案例七 黄某故意杀人案

导读：

理论上，故意杀人罪与故意伤害罪具有明显区别，主要表现为：在客观不法行为上，前者为夺人生命的行为，后者为伤害他人健康的行为；在主观责任上，两者故意的内容不同，在故意杀人既遂的场合，前者认识到自己的行为会造成他人死亡的结果，希望或者放任结果的发生，后者虽然有伤害的故意，但是对死亡结果不能有故意，而只能是过失。在行为造成被害人死亡结果的场合下，可谓行为既符合了故意杀人罪的客观构成要件，又符合了故意伤害罪(致死)的客观构成要件；此时，需要综合全案材料认定行为人主观责任内容。

对于涉及数罪的案件，应在“不得重复评价”“充分评价”原则的指导下，运用罪数理论、竞合理论予以处理。

关键词：

构成要件符合性；故意杀人罪；故意伤害罪；实行行为；预备行为；竞合；充分评价；禁止重复评价

一、指控事实

恩施州人民检察院以鄂恩州检刑诉〔2018〕42号起诉书指控：

被告人燕某琴与被害人兰某云两人婚后长期关系不睦。2011年，被告人燕某琴与被告人黄某相识，后两人逐渐发展成不正当男女关系，兰某云发现后不同意与燕某琴离婚。2017年1月18日，燕某琴为兰某云购买泰康人寿“全能保(2015)计划”保险，投保人与受益人均为燕某琴，被保险人为兰某云，保险金额贰拾万元，保险条款约定：该次意外伤害事故发生在本合同生效之日起180日后，若被保险人身故，自驾车意外身故保险金的数额为本合同的保险金额的10倍。2017年7月，被告人黄某与燕某琴共同商量计划，欲正月在兰某云与燕某琴开车去给其三舅冯某1拜年经过“滴水岩”(小地名)时，由燕某琴拿石头将兰某云砸晕，两人一起将人和车子推下悬坎，制造发生交通事故的假象来杀害兰某云并骗取保险赔偿金200万元。2017年阴历冬月，黄某事先准备好打砸兰某云的石头并交给燕某琴。2018年2月17日(农历正月初二)，黄某在宣恩县城一五金店购买作案工具剪刀一把。2月18日(农历正月初三)，兰某云驾驶其五菱牌小型普通客车与燕某琴一同先后到姑父彭某丰、二舅冯某2、姑妈燕某春家拜年，最后准备去给冯某1拜年。燕某琴按计划将当天的行踪通过手机告知黄某，当日18时许，黄某在家中换好衣裤和鞋子，带上作案工具剪刀及蛇皮口袋驾驶摩托车到达“滴水岩”，在路边捡起数块石头摆放在路中间后埋伏在路边。19时许，兰某云驾车经过“滴水岩”时被黄某摆放石头拦停，遂下车移石，上车后，燕某琴手持事先准备的石头打击兰某云头部，未打中，黄某见状遂持剪刀冲上前来拉开驾驶门猛刺兰某云上身及腿部，燕某琴从兰某云身后拉住其衣领阻止其反抗。兰某云受伤后挣脱下车向公路上方跑，黄某持剪刀继续上前追赶，兰某云跌下外坎悬崖打电话向其父亲兰某月求救。黄某、燕某琴二人见事情败露后，黄某驾驶其摩托车迅速逃离现场，并将作案工具剪刀、手电筒、作案所穿衣裤、鞋子等物品丢弃于一天坑中。燕某琴将车内行车记录仪扯下丢至公路外悬崖后趴在公路边假装受伤。19日5时许，兰某云尸体在公路边悬崖外坎找到。经鉴定，死者兰某云因大量失血导致呼吸、循环功能衰竭而死亡。

恩施州人民检察院认为，被告人黄某、燕某琴共同故意非法剥夺他人生命，致一人死亡，二被告人的行为触犯了《中华人民共和国刑法》第232条，犯罪事实清楚，证据确实充分，应当以故意杀人罪追究二被告人的刑事责任。被告人黄某、燕某琴共同故意造成被保险人兰某云死亡，骗取保险金，二被告人已经着手实施保险诈骗行为，但由于意志以外的原因未能获得保险赔偿，是诈骗未遂，二被告人的行为触犯了《中华人民共和国刑法》第198条第1款第(五)项，犯罪事实清楚，证据确实充分，应当以保险诈骗罪追究二被告人的刑事责任。被告人黄某、燕某琴均系一人犯数罪，根据《中华人民共和国刑法》第198条、第69条之规定，应数罪并罚。

二、辩护要点

黄某辩护人认为：

(1)二被告人不成立故意杀人罪，而是故意伤害罪；

(2)二被告人的行为不成立保险诈骗罪。

燕某琴辩护人认为：指控被告人燕某琴本案的行为事实及犯故意杀人罪、保险诈骗罪的罪名成立，但燕某琴是从犯。

三、关键证据

湖北省宣恩县公安局司法鉴定中心(宣)公(司)鉴(法)字〔2018〕0034号《鉴定书》：

简要案情：

2018年2月18日19时许，兰某云与燕某琴夫妇驾驶鄂Q0A630白色面包车行经椿木营乡杉坨村二组小地名为“滴水岩”处被人用石头拦停，兰某云被刺伤坠入悬崖。现场有多处血迹，燕某琴在路坎边被人拉起，次日2月19日05时许，兰某云的尸体在公路外坎半崖处被发现。

尸表损伤情况：

尸体颜额见数处片状表皮擦伤痕，左前臂中段背部尺侧见2.5cm长不规则斜行创口，左肱骨下段外侧见2.5cm长不规则纵行创口、左肱骨中段外侧见2.5cm长不规 则斜行创口，深及肌层。左乳头上方见1.0cm×0.5cm大小表皮剥脱，该创外上方分别见0.5cm、0.3cm、0.3cm长表皮剥脱。左锁骨中线8-9肋上方见2.5cm长斜行创口，深及胸腔，左腋中线第十肋上方见两处1.6cm长创口，深及皮下，该创口下方1cm处分别见两处表皮剥脱。右胸部分别见1.1cm、2.0cm斜行创口，深及皮下。左手拇指远节腹侧，左小指桡侧见切割伤，左小指近节背侧见刺伤。右膝关节上方见2.5cm×1.5cm擦伤伴表皮剥脱，右小腿上段内侧见2.0cm横行创口，深及肌层。除表皮剥脱外，上述创口创缘均不整齐，创缘内有组织间桥，两创角较钝中部钝，呈唇样改变。

论证：

1. 死者兰某云受伤位于全身多处，伤情轻重不一，受伤处形态各异，无试探伤，符合他杀所致。死者胃内有大量未消化米粒说明死亡时间距最后一次进食4小时左右。

2. 死者兰某云的损伤集中表现为长短不一唇样创口、大小不等表皮擦伤伴表皮剥脱，符合中间较厚，两端较薄的扁形刺器，刺杀所致。其中左手拇指远节腹侧，左小指桡侧切割伤应为抵抗伤。

3. 死者兰某云全身多处刺创大量失血导致组织细胞有效灌注不足，氧交换障碍，为主要死因。左锁骨中线 8-9 肋间刺创，与胸腔相通，左侧开放性气胸压迫肺脏活动，影响呼吸活动，进一步影响了机体血氧交换，加之天气寒冷，进一步加速了死亡进程为辅助死因。

鉴定意见：

死者兰某云因大量失血导致呼吸、循环功能衰竭而死亡。

四、控辩意见

公诉人：

被告人燕某琴和黄某是情人关系，两人在案发前共同商议通过制造交通事故假象来杀害被害人兰某云，一是为了逃避公安机关的打击；二是通过燕某琴给兰某云购买人身伤害保险可以获取 200 万元的赔偿，并且二人共同实施了杀害兰某云的行为，并造成了兰某云死亡的严重后果，二人具有共同的杀人故意，其行为构成共同故意杀人罪。同时，《中华人民共和国刑法》第 198 条第 1 款规定，“有下列情形之一的”中的第五项，投保人、受益人故意造成被保险人死亡、伤残或者疾病，骗取保险金的。第 2 款规定有前款第 4 项、第 5 项所列行为，同时构成其他犯罪的，依照数罪并罚的规定处罚。同时根据移交检察院的 11. 27 最高人民检察院的《关于保险诈骗未遂能否做犯罪处理的答复》，行为人已经着手实施保险诈骗行为，但因意志以外的原因未能获得保险赔偿的，是诈骗罪未遂，欺诈行为严重的应依法追究刑事责任。燕某琴和黄某共同故意通过杀兰某云制造交通事故的假象来进行保险诈骗活动，二人已经开始实施此行为，因意志以外的原因未能获得保险赔偿，但二人已经着手，应该属于诈骗未遂，同时根据刑法规定应当数罪并罚。因此，二被告具有共同的杀人故意和保险诈骗的故意，且二人共同实施了杀人的行为，因此，二被告人构成故意杀人罪和保险诈骗罪的未遂犯。

黄某辩护人：

(一)二被告人的行为成立故意伤害罪。

按照二被告人的犯罪计划，由被告人燕某琴用石头砸晕被害人，然后将被害人连同车辆坠落山崖制造虚假的被害人车毁人亡的保险事故，再然后向保险公司虚假理赔，最后获得保险金。但是该计划未能顺利实施，黄某在燕某琴与被害人打起来的时候，用剪刀捅刺被害人，被害人摔下路坎外的悬崖，失血过多死亡。捅刺上肢的行为是伤害行为，不是杀人行为。

辩护人不否认二被告人事前有杀人骗保的犯罪计划，但是犯罪计划不等同于犯罪故意，犯罪故意或过失是指实施犯罪行为时的主观态度。在二被告人的犯行、犯意已经转化的情况下，只能根据案情的发展，实事求是对犯罪行为的性质进行评价。由于捅刺是伤害行为，因此只能认定本案是故意伤害罪。

(二)二被告人的行为不成立保险诈骗罪。

第 198 条第 1 款规定，有五种法定情形之一，进行保险诈骗活动，数额较大的，成立保险诈骗罪。其中第五项规定的情形是“投保人、受益人故意造成被保险人死亡、伤残或者疾病，骗取保险金”，同条第 2 款规定，“有前款第 4 项、第 5 项所列行为，同时构成其他犯罪的，依照数罪并罚的规定处罚”。公诉机关适用的就是第 1 款第五项指控二被告人犯保险诈骗罪，同时还构成故意杀人罪的。但是，公诉机关的这一指控并不正确。

第一，本案中，不存在该当保险诈骗罪的客观行为。

第 198 条第 1 款规定的“投保人、受益人故意造成被保险人死亡、伤残或者疾病，骗取保险金”，包含两个行为，投保人、受益人故意造成被保险人死亡、伤残或者疾病是手段行为，骗取保险金是目的行为。前行为是侵犯人身权利的故意杀人、故意伤害行为，后行为是侵犯财产的保险诈骗行为，故意杀人、故意伤害行为不是保险诈骗行为的组成部分。而保险诈骗行为就是指虚构事实、隐瞒真相，欺骗保险公司，骗取保险金的行为。

就本案而言，按照二被告人的犯罪计划：由被告人燕某琴用石头砸晕被害人，然后将被害人连同车辆坠落山崖制造虚假的被害人车毁人亡的保险事故，再然后向保险公司虚假理赔，最后获得保险金。如果这一犯罪计划顺利实施，他们隐瞒被害人被杀死的真相，欺骗保险公司，获得保险金才是该当保险诈骗罪的客观行为。

而本案案情是，二被告人连车毁人亡的交通事故都没有能够实施，何来后面的保险诈骗行为呢？

第二，二被告人尚未着手实施保险诈骗行为，不成立保险诈骗罪的未遂。

如前所述，根据第 198 条第 1 款第五项规定，故意杀人、故意伤害是手段行为，只有骗取保险金才是实行行为。保险诈骗罪的实行着手是指开始实施诈骗行为，也就是对保险公司开始实施欺骗行为才是保险诈骗罪的实行着手。具体到本案而言，如果二被告人给保险公司打电话或者向保险公司要求理赔的时候，就是开始实行保险诈骗行为，但是本案中，并没有发生这样的行为。

辩护人同意公诉人的意见，认为杀人骗保的是牵连犯，杀人是手段，骗保是目的。但是在只实施了杀人行为，还没有开始实施目的行为的情况，不能认为被告人已经着手实行保险诈骗行为。

第三，本案中，二被告人实施的杀人行为，按照公诉机关的指控，这一行为既成立故意杀人罪，又成立保险诈骗罪(未遂)，并且要求并罚，这意味着这一行为被评价了两次，违背了刑法“不得重复评价的原则”。

在二审中，黄某辩护人针对湖北省人民检察院出庭检察员意见，发表了以下意见：

第一，出庭检察员认为不能仅从犯罪工具进行评价，本案成立故意杀人罪。辩护人认为，辩护人之所以认为本案成立故意伤害罪并不是因为本案的作案工具是剪刀，而是因为黄某捅刺被害人的部位是上肢，不是要害部位。只有捅刺要害部位的行为才是杀人行为，捅刺非要害部位的，只是伤害行为。

第二，出庭检察员认为必须根据犯罪构成对行为进行评价，而不是一般观念。辩护人赞同公诉人的观点，辩护人之所以认为本案成立故意伤害罪而不是故意杀人罪，正是根据这两个罪的犯罪构成进行判断得出的结论。

第三，出庭检察员认为本案存在犯意转化，黄某从杀人骗保转化为杀人灭口。辩护人在此很诧异，本案的一审就是本人辩护的，又参与了今天的庭审，辩护人详细阅读过本案所有卷宗材料，但确实没有能够证明黄某“杀人灭口”的任何证据材料，出庭检察员在没有任何证据的情况下，对本案予以了“杀人灭口”的主观臆断。不过，辩护人同意出庭检察员认为本案属于犯意转化，怎么转化的呢？那就是从故意杀人转化为了故意伤害。

第四，出庭检察员认为被害人肺部中刀，所以是杀人。但本案的案件事实是“死者兰某云全身多处刺创大量失血导致组织细胞有效灌注不足，氧交换障碍，为主要死因”，被害人肺部中刀“影响呼吸活动，进一步影响了机体血氧交换，加之天气寒冷，进一步加速了死亡进程为辅助死因”。因此，本案的捅刺行为只能评价为伤害行为。

五、法院判决

恩施州中级人民法院以〔2018〕鄂 28 刑初 42 号刑事判决认定：

被告人燕某琴与其夫兰某云(被害人，殁年 37 岁)长期关系不睦。被告人黄某于 2011 年与燕某琴相识后，逐渐发展成不正当男女关系，二人意欲各自离婚后结婚，但兰某云不同意与燕某琴离婚。2017年1月18日，燕某琴为兰某云购买了泰康人寿“全能保(2015)计划”保险，投保人与受益人均为燕某琴，被保险人为兰某云，保险金20万元。保险条款约定：该次意外伤害事故发生在本合同生效之日起180日后，若被保险人身故、自驾车意外身故，保险金的数额为本合同的保险金额的10倍 燕某琴将此事告知了黄某。黄某提议制造交通事故杀害兰某云，以骗取保险赔偿金200万元，燕某琴表示同意。黄某选定“滴水岩”(小地名)为作案地点，燕某琴提议在2018年农历正月她和兰某云驱车给她三舅冯某1拜年经过此地时动手。二人还商议，燕某琴在车内趁兰某云不备用石头将其砸晕，二人再将兰某云和车子推下悬崖，制造发生交通事故的假象。2017年农历冬月的一天，黄某将其准备并用于砸兰某云的石头交给燕某琴，二人还驾车到“滴水岩”踩点，实地查看、确认作案地点，2018年2月17日(农历正月初二)，黄某在宣恩县城一五金店购买作案工具剪刀一把。2月18日(农历正月初三)，兰某云驾驶其五菱牌小型普通客车(鄂Q0A×××)与燕某琴先后到燕某琴姑父彭某丰、二舅冯某2、姑妈燕某春家拜年，最后准备去燕某琴三舅冯某1家拜年，燕某琴按计划将当天的行踪通过手机短信告知黄某。当日18时许，黄某在家中换好衣裤和鞋子，携带作案工具剪刀和电筒，驾驶摩托车到达“滴水岩”，并按计划在路中摆放四块石头，迫使兰某云在此停车。19时许，兰某云驾车经过“滴水岩”时，见路中有石头，遂下车移石。兰某云移开石头返回车内后，燕某琴即用石头砸兰某云头部，但未砸中，黄某见状遂持剪刀冲上前来拉开车门，多次捅刺兰某云上身及腿部，燕某琴抓住兰某云的衣领，阻止兰某云反抗。兰某云从驾驶室挣扎出来向公路上方跑，黄某持剪刀追赶，致使兰某云跌下公路外坎悬崖。兰某云在悬崖下打电话向其父亲兰某月求救，只说了一句“我在滴水岩，救命”。黄某、燕某琴见事情败露，黄某驾驶摩托车逃离现场，并将作案工具剪刀、手电筒、作案所穿衣裤、鞋子等丢弃于邻村一天坑中。燕某琴将车内行车记录仪扯下丢至公路外悬崖，趴在公路边假装受伤。2月19日5时许，兰某云尸体在公路外坎悬崖下找到。经鉴定，死者兰某云因大量失血导致呼吸、循环功能衰竭而死亡。

恩施州中级人民法院认为：

(1)关于被告人黄某的辩护人提出本案不构成故意杀人罪，只成立故意伤害罪的辩护意见。经查，黄某、燕某琴密谋杀害兰某云，并伪装交通事故骗保，虽然未能按照二人的犯罪计划实施，但二人在犯罪计划败露后，黄某用剪刀捅刺兰某云的身体，燕某琴抓住兰某云的衣领，阻止兰某云的反抗，致兰某云多处受伤。兰某云掉下悬崖后，二人商议认为兰某云多处受伤，且天寒地冻，确定兰某云无生还的可能，黄某即逃离现场。在接到黄某父母、燕某琴父母等人的问询电话后，燕某琴却谎称被人打了，不知道兰某云的下落，还趴在悬崖边假装受伤。燕某琴被众人找到后，也未告知兰某云在悬崖下，故意拖延兰某云被发现的时间。很明显，二被告人希望并积极追求兰某云死亡的结果，构成故意杀人罪。该辩护意见不能成立，不予采纳。

(2)关于被告人黄某的辩护人提出本案不成立保险诈骗罪的辩护意见。经查，虽然黄某、燕某琴杀害兰某云的目的在于为保险诈骗创造条件，但在实施犯罪时出现变故，燕某琴未能按计划砸晕兰某云，制造交通事故的计划失败。不具有向保险公司虚构事实、隐瞒真相申请理赔的条件，二被告人也未实施向保险公司申请理赔的行为，仅具有杀人骗保的犯意，犯罪预备尚未完成，不构成保险诈骗罪。该辩护意见成立，予以采纳。

(3)关于被告人黄某的辩护人提出被告人黄某经传唤到案后，如实供述犯罪事实，成立自首的辩护意见。经查，在案证据证实，公安机关于2018年2月18日接到报案，次日上午9时将犯罪嫌疑人燕某琴书面传唤到案，燕某琴即如实供述了其和黄某共同杀害兰某云并欲骗取保险金的犯罪事实，公安机关于当日对本案立案侦查，并于2月20日由刑侦大队二名民警将黄某书面传唤到案。虽然传唤既不是讯问，也不是刑诉法规定的强制措施，但公安机关已立案侦查，并初步掌握了黄某的基本犯罪事实，已将其列为犯罪嫌疑人，且是在其人身自由已被实际控制下到案，带至公安机关后即变更为刑事拘留的强制措施。显然，被告人黄某不属自动投案，不成立自首。该辩护意见不能成立，不予采纳。

(4)关于被告人燕某琴的辩护人提出被告人燕某琴在故意杀人犯罪中，只起次要作用，系从犯的辩护意见。经查，燕某琴和黄某密谋杀害兰某云骗取保险金，虽然犯意的提出是黄某，但燕某琴不仅积极响应，还实地查看黄某选定的作案地点，确定作案的时间，并按事前计划首先用石头砸兰某云的头部，后又抓住兰某云的衣领，阻止兰某云反抗。很明显，燕某琴在本案中也起主要作用，系主犯。该辩护意见不能成立，不予采纳。

恩施州中级人民法院认为，被告人黄某、燕某琴共同故意非法剥夺他人生命，致一人死亡，其行为构成故意杀人罪，公诉机关指控故意杀人罪的罪名成立，予以支持；但公诉机关指控二被告人构成保险诈骗罪不能成立，不予支持。在共同犯罪中，二被告人共同商量、制定犯罪计划，并共同实施杀人行为，均系主犯，应共同对被害人的死亡结果承担刑事责任。判决二被告人犯故意杀人罪，判处黄某死刑，剥夺政治权利终身；判处燕某琴死刑，缓期两年执行，剥夺政治权利终身。

湖北省高级人民法院以〔2019〕鄂刑终143号《刑事裁定书》裁定："驳回上诉，维持原判。"

六、理论评析

本案主要涉及两个问题，一是本案究竟成立故意杀人罪还是故意伤害罪，二是以杀人的方法制作虚假保险事故，骗取保险金的，如何处理。

（一）本案成立故意杀人罪，还是故意伤害罪

本案在定性上，控辩双方辩论激烈。究竟是该定故意杀人罪还是故意伤害罪呢？

理论上，故意杀人罪与故意伤害罪具有明显区别，主要表现为：在客观不法行为上，前者为夺人生命的行为，后者为伤害他人健康的行为；在主观责任上，两者故意的内容不同，在故意杀人既遂的场合，前者认识到自己的行为会造成他人死亡的结果，希望或者放任结果的发生，后者虽然有伤害的故意，但是对死亡结果不能由故意，而只能是过失。然而，由于故意杀人既遂与故意伤害致人死亡，都造成了被害人死亡的结果，实践中关于定性经常存在争议，难以认定。

如何认定？归根到底，就是司法工作人员应充分发挥自己的主观能动性，在自由裁量权的限度内，比较案件客观事实与故意杀人罪、故意伤害罪的构成要件，从而得出结论。详言之，就是首先要看案件事实，如果行为客观上具有夺人生命紧迫危险性质的，是杀人行为，不具有夺人生命紧迫危险性质，但具有损害他人健康性质的，是伤害行为；在确定行为的性质之后，进而判断行为主观故意的内容。

"在实践中，只要查明以下情况，不仅能直接说明行为是杀人性质还是伤害性质，而且能说明行为人的故意内容：（1）行为人使用的是何种犯罪工具？该犯罪工具的杀伤力如何？犯罪工具是预先选择的还是随手取得的？（2）打击的部位是什么？是要害部位还是非要害部位？是特意选择要害部位打击，还是顺手可能打击某部位就打击某部位？（3）打击的强度如何？行为人是使用最大力量进行打击还是注意控制打击力度？（4）犯罪行为有无节制？在被害人丧失反抗能力的情况下，行为人是否继续打击？在他人劝阻的情况下行为人是否终止犯罪行为？（5）犯罪的时间、地点与环境如何？是行为人特意选择的时间、

地点还是随机的时间、地点？案发当时是否有其他人在场？(6)行为人是否抢救被害人？对死亡结果表现出何种态度？(7)行为人有无犯罪预谋？行为人是如何预谋的？(8)行为人与被害人平时是什么关系？是素有怨仇还是关系较好，是素不相识还是相互认识？此外，对那些目无法纪胆大妄为动辄行凶、不计后果一类的侵犯人身权利的案件应根据案情，区别对待：凡明显具有杀人故意，实施了杀人行为的，应按故意杀人罪论处；凡明显具有伤害故意，实施了伤害行为的，应按故意伤害罪论处；主观上不顾被害人死伤的，应按实际造成的结果确定犯罪行为的性质，因为在这种情况下，死亡与伤害的结果都在行为人的犯意之内。有些确实难以认定的案件，应按存疑时有利于被告的原则，以较轻的犯罪处理。"①简而言之，就是要根据证据材料，综合考虑"发案原因、行为人与被害人的关系、作案时间、地点与环境、犯罪工具、打击部位与强度、犯罪行为有无节制、犯罪有无预谋及如何预谋行为人对被害人是否抢救、行为人对死亡所表现出来的态度等"②判断行为人故意内容，在行为已经致人死亡的情况下，首要判断行为人认识因素上是否认识到"行为具有夺人生命的危险""被害人死亡的可能性或必然性"，其次判断对于死亡结果的发生，是否违背行为人的意志，进而确定意志因素的具体内容。

就本案而言，公诉方认为，二被告人一开始就是预谋杀人，在预谋行为不能得逞的情况下，犯意发生了变化，转化为"杀人灭口"，所以成立故意杀人罪。辩护人认为"捅刺被害人的部位是上肢，不是要害部位。只有捅刺要害部位的行为才是杀人行为，捅刺非要害部位的，只是伤害行为。死亡时间发生在四小时之后，'寒冷天气，加速了死亡进程为辅助死因'，证实本案应认定伤害行为"。辩护人的逻辑起点在于：构成要件具有行为定型化功能，"首先应当从客观上对行为的性质是伤害还是杀人进行判断，而不是从主观上寻找"③，既然捅刺上肢的行为在一般观念是伤害行为，自然地，本案就只能认定为故意伤害罪。

如前所述，本案争议的本质是"事实认定"。因为一般观念上捅刺上肢、捅刺上肢几次，确实只能损害被害人的身体健康，应认定为伤害行内外，然而，在连续、多次捅刺、不计后果地捅刺的情况下，多个损害健康并导致死亡

① 张明楷：《刑法学》(第六版)，法律出版社2021年版，第1125页。

② 黎宏：《刑法学各论》(第二版)，法律出版社2016年版，第225页。

③ 陈兴良：《口授刑法学(下册)》(第二版)，中国人民大学出版社2017年版，第102页。

结果的捅刺行为，完全可以成为杀人行为，如凌迟处死其实就是多个伤害行为成立的杀人行为。根据(宣)公(司)鉴(法)字〔2018〕0034号《鉴定书》，被害人被捅刺十八余刀，其中左锁骨中线8-9肋上方见2.5cm长斜行创口，深及胸腔，本案不应只认定为伤害行为，应认定本案既符合故意伤害罪的客观不法要件，又该当了故意杀人罪的客观不法要件，进一步需要讨论的黄某主观故意的内容。

黄某的主观责任应认定为“杀人故意”而非“伤害故意”，主要事实依据如下：

第一，黄某与燕某琴事前“预谋”杀害被害人，“预谋”的内容是由燕某琴砸晕被害人，然后二人一起制造车毁人亡的保险事故，进而骗取保险金，虽然实际发生的案件事实与预谋的不一致，但是难以认定黄某捅刺被害人时，主观意志因素方面排斥被害人死亡结果的发生。

第二，黄某连续、多次、不计后果地捅刺被害人，当然认识到了其行为必然损害被害人身体健康的后果，同时至少认识到了被害人死亡的可能性，没有节制地捅刺即使不能评价为积极追求被害人死亡结果，至少也应认定为“放任”的心理态度。

第三，事后逃离现场，毁灭犯罪工具、没有施救、没有报警，在被害人坠落悬崖，寒冷的天气进一步加剧被害人死亡的情况下，其主观意志因素上至少应认定其实施捅刺行为时为“放任”犯罪结果的发生。

第四，虽然虚假陈述、伪造现场由燕某琴单独实施，但是由于二被告人事前预谋杀人，事中彼此相互配合，共同实施了杀人行为，在黄某没有采取施救等措施的情况下，燕某琴单独实施的事后行为，也应作为判断黄某具有杀人故意的重要事实依据。

第五，被害人得知黄某与燕某琴“婚外情”后，曾给黄某打电话威胁伤害其子；黄某向燕某琴提出分手未果，燕某琴起诉离婚又遭被害人威胁；燕某琴与黄某预谋杀人骗保时，燕某琴没有要求黄某携带杀人工具，犯罪工具“剪刀”由黄某在案发前，私自购买，私自携带并作为犯罪工具使用，这些案件事实作为认定黄某主观上有杀人故意的佐证。

综上，黄某与燕某琴“预谋”杀人骗保，在不能按照“预谋”犯罪计划顺利实施时，黄某使用事先购买的剪刀，持剪刀连续、不计后果捅刺被害人上肢，致被害人坠落悬崖，最终死亡，虽然具体实施的行为不在“共谋”计划之内，但仍然处于“杀人”这一概念的犯罪故意支配之下，不存在“犯意转化”，二被告人的行为该当故意杀人罪的犯罪构成，成立故意杀人罪而非故意伤害罪。法院判决是正确的。

(二)本案不成立保险诈骗罪(未遂)

《刑法》第198条第1款规定，有五种法定情形之一，进行保险诈骗活动，数额较大的，成立保险诈骗罪。其中第五项规定的情形是“投保人、受益人故意造成被保险人死亡、伤残或者疾病，骗取保险金”，同条第2款规定，“有前款第四项、第五项所列行为，同时构成其他犯罪的，依照数罪并罚的规定处罚”。二被告人“共谋”杀人骗保，因此本案还可能成立保险诈骗罪(未遂)。对此，主要需要讨论本案二被告人是否已经着手实行保险诈骗罪?

1. 本案是否已经着手实行“保险诈骗行为”?

故意犯罪，可以包括两个阶段，第一个是预备阶段，第二个是实行阶段。为了犯罪，准备工具、制造条件的，是预备行为。预备行为与实行行为之的界限，就是“着手实行”“着实实行”就意味着犯罪阶段进入到实行阶段。在预备阶段，行为人因为意志以外的原因未能着手实行犯罪的，成立犯罪预备，对于预备犯，“可以比照既遂犯从轻、减轻处罚或者免除处罚”；已经着手实行犯罪，因为意志以外的原因未得逞的，成立犯罪未遂，“对于未遂犯，可以比较既遂犯从轻或者减轻处罚”，因此，对于因为意志以外的原因，故意犯罪停止下来，没有既遂的，判断行为人是否已经着手实行犯罪，经常成为实践中争论的焦点。

如何判断“着手实行”犯罪?首先，预备行为为刑法总则直接规定，刑法分则所规定的具体犯罪行为称为“构成要件行为”，“着手实行”犯罪，至少是“构成要件行为”的开始。如果在形式上或语义上，行为还不能认定为“构成要件行为的开始”，那么行为人必定尚未“着手实行”犯罪。其次，构成要件行为的开始，与着手实行犯罪，是可以分离的。如普通盗窃的场合，使用平和的手段，实施的行为具有排除占有人的占有的紧迫危险的时候，才是盗窃罪的着手实行，那么入室盗窃的，入室为刑法分则规定的“构成要件行为”的开始，但是“开始入室”还不是着手实行盗窃罪，开始着手寻觅财物，才具有侵害盗窃罪保护法益的紧迫危险，此时才是着手实行犯罪。

对于保险诈骗罪而言，也是如此。保险诈骗罪规定在“破坏金融秩序罪”一章中，侵害的法益为社会法益，无论是社会法益还是国家法益，都建立在侵害个人法益的基础之上，能够还原为“个人法益”，保险诈骗罪的保护法益，仍然是保险公司对保险金的本权及占有。《刑法》第198条第1款第(5)项规定，“投保人、受益人故意造成被保险人死亡、伤残或者疾病，骗取保险金”

是保险诈骗罪的构成要件行为之一，燕某琴是投保人、受益人，被害人是被保险人，虽然按照二被告人“共谋”的犯罪计划，“砸晕兰某云，制造车毁人亡的保险事故，骗取保险金”，燕某琴使用事先准备的石头，“砸兰某云”头部，可谓是“故意造成被保险人死亡”行为的开始，但是，还不能认定为“保险诈骗罪”的实行着手，只有使用虚假的保险事故材料，申请理赔，开始着手实施诈骗保险金的行为才是本罪的“实行着手”。

换言之，第198条第1款规定的“投保人、受益人故意造成被保险人死亡、伤残或者疾病，骗取保险金”，包含两个行为，投保人、受益人故意造成被保险人死亡、伤残或者疾病是手段行为，骗取保险金是目的行为。前行为是侵犯人身权利的故意杀人、故意伤害行为，后行为是侵犯财产的保险诈骗行为，故意杀人、故意伤害行为不是保险诈骗行为的组成部分。保险诈骗行为就是指虚构事实、隐瞒真相，欺骗保险公司，骗取保险金的行为。就本案而言，按照二被告人的犯罪计划：由被告人燕某琴用石头砸晕被害人，然后将被害人连同车辆坠落山崖制造虚假的被害人车毁人亡的保险事故，再然后向保险公司虚假理赔，最后获得保险金。如果这一犯罪计划顺利实施，他们隐瞒被害人被杀死的真相，欺骗保险公司，获得保险金才是该当保险诈骗罪的客观行为。在二被告人连车毁人亡的交通事故都没有能够实施的情况下，就不存在保险诈骗行为。如前所述，根据第198条第1款第5项规定，故意杀人、故意伤害是手段行为，只有骗取保险金才是实行行为。保险诈骗罪的实行着手是指开始实施诈骗行为，也就是对保险公司开始实施欺骗行为才是保险诈骗罪的实行着手。具体到本案而言，如果二被告人给保险公司打电话或者向保险公司要求理赔的时候，就是开始实行保险诈骗行为，但是本案中，并没有发生这样的行为。

2. 如何理解《刑法》第198条第2款规定。

《刑法》第198条第2款规定，“有前款第4项、第5项所列行为，同时构成其他犯罪的，依照数罪并罚的规定处罚”。本款是注意规定，旨在提醒司法工作人员：第1条第1款第四项“投保人、被保险人故意造成财产损失的保险事故，骗取保险金的”，第五项“投保人、受益人故意造成被保险人死亡、伤残或者疾病，骗取保险金的”，均包括两个独立的行为，只有后面的骗取保险金才是保险诈骗罪的“实行行为”即“保险诈骗行为”，前行为作为手段，构成相关犯罪的，应与保险诈骗罪并罚处理，不得认为手段行为与结果行为一起构成保险诈骗罪的“实行行为”。

只有这样理解才符合“充分评价”与“禁止重复评价”的原则。详言之，如果认为“投保人、受益人故意造成被保险人死亡、伤残或者疾病”与“骗取保险金”两个行为一起构成“保险诈骗罪”的实行行为，那么在行为人“投保人、受益人故意造成被保险人死亡、伤残或者疾病”，且“骗取保险金”既遂的，就只能认定为“保险诈骗罪”，从保险诈骗罪的罪刑设置来，意味着对“投保人、受益人故意造成被保险人死亡、伤残或者疾病”这一行为没有予以评价，违反“充分评价”原则；在行为人“投保人、受益人故意造成被保险人死亡、伤残或者疾病”，尚未着手“骗取保险金”的，既评价为故意杀人罪、故意伤害罪等罪，又评价为保险诈骗罪(未遂)，违反“禁止重复评价原则”。

最妥当的理解是，从犯罪阶段上看，“投保人、受益人故意造成被保险人死亡、伤残或者疾病”是“骗取保险诈骗罪”的预备行为，“骗取保险金”是“骗取保险诈骗罪”的实行行为，行为人开始着手实施“骗取保险金”行为，是本罪的实行着手。“虽然黄某、燕某琴杀害兰某云的目的在于为保险诈骗创造条件，但在实施犯罪时出现变故，燕某琴未能按计划砸晕兰某云，制造交通事故的计划失败。不具有向保险公司虚构事实、隐瞒真相申请理赔的条件，二被告人也未实施向保险公司申请理赔的行为，仅具有杀人骗保的犯意，犯罪预备尚未完成，不构成保险诈骗罪”，法院这一裁判意见是正确的。

拓展阅读：

1. [日]西原春夫：《犯罪实行行为论》，戴波、江溯译，北京大学出版社2006年版。
2. 张明楷：《保险诈骗罪的基本问题探究》，载《法学》2001年第1期。
3. 龙洋：《论保险诈骗罪的着手》，载《法学评论》2009年第5期。
4. 陈兴良：《刑法竞合论》，载《法商研究》2006年第2期。
5. 张明楷：《罪数论与竞合论探究》，载《法商研究》2016年第1期。

案例八 王某故意杀人案

导读：

成立不作为犯罪，必须具备三个条件：行为人具有作为义务、作为可能性与结果回避可能性。认定被告人成立不作为犯罪，必须有确实充分的证据证明有符合三个条件的案件事实，否则就应作出“事实不清、证据不足”的无罪判决。组织、领导传销中，以轻微暴力非法剥夺、限制传销人员人身自由的，成立非法拘禁罪，从重处罚；若轻微暴力致被害人重伤、死亡的，应根据《刑法》第 283 条第 2 款前段规定处罚。若暴力程度超出了限制、剥夺人身自由的程度，致人伤残、死亡的，应根据《刑法》第 283 条第 2 款后段规定处罚。

关键词：

排除合理怀疑；证据确实充分；不作为；作为义务；作为可能性；结果回避可能性；不作为犯罪的因果关系；非法拘禁；结果加重犯；转化犯；注意规定；法律拟制

一、指控事实

浙江省杭州市人民检察院以杭检刑诉〔2017〕201 号起诉书指控：

被告人王某、陈某材、谭某爱、杨某友、廖某、满某刚、肖某、胡某聪犯故意杀人罪、非法拘禁罪、组织、领导传销活动罪。

(一)组织、领导传销活动事实

2012 年至 2015 年间，被告人王某在浙江省桐庐县、杭州市富阳区等地从事传销组织活动，先后担任传销组织的经理、总管职务，并以与“天津天狮生物发展有限公司”合作为名带领传销组织的经理、大主任、小主任、管家等职务人员即被告人陈某材、谭某爱、廖某、杨某友、满某刚、肖某等人，在桐庐县桐君街道、横村镇、富阳区等地设立传销窝点，引诱、胁迫郭某良、陈某豪等 30 多人参加，以 2 800 元一套产品的价格骗取财物，并持续发展他人参加传销组织。

(二)故意杀人、非法拘禁事实

2014 年 1 月初，传销人员郭某良以做隧道工程为名，将被害人王某涛骗至桐庐县桐君街道富春路 29 幢 1 单元 2 室由被告人陈某材、廖某等人所管理的传销窝点内，廖某随即指使被告人满某刚、肖某等人对王某涛实施看管。一星期左右后，因王某涛打电话时向外透露了被骗进传销组织一事，廖某随即打了王某涛两个耳光，并向陈某材汇报，陈某材得知后即联系被告人谭某爱处理此事。之后，谭某爱又纠集了被告人杨某友到王某涛所在的传销窝点内，对王某涛实施殴打并致王某涛倒地昏迷，肖某则一直在场看管王某涛。期间，满某刚还将传销窝点内的音响调大以掩盖王某涛被打的声音。随后，廖某又将王某涛伤势严重的情况向陈某材、被告人王某逐级汇报，王某在明知王某涛不就医可能死亡的情况下，仍指令陈某材等人不得将王某涛送医救治，并最终导致王某涛死亡。而后，王某出资并指使陈某材、谭某爱、杨某友购置电动车等工具将王某涛的尸体埋藏于桐庐县瑶琳镇后浦村大庙自然村的山上。2017 年 1 月 17 日，被害人王某涛的尸体被发现。经法医鉴定，王某涛死因不明，其双侧肋骨多发性骨折及肝脏破裂符合钝性外力作用所致。

(三)非法拘禁事实

2014 年 4 月，传销人员张某贤将被害人刘某平骗至桐庐县桐君街道公园山路 6 幢 1 单元 501 室由被告人陈某材、廖某所管理的传销窝点内，两人随即安排被告人胡某聪对刘某平实施贴身看管，又让被告人满某刚在传销窝点内威胁、恐吓刘某平并没收刘某平随身携带的身份证、手机等物品。一个星期左右后，因刘某平提出要离开，陈某材、廖某即指使被告人胡某聪、肖某等人对刘某平实施了罚站。其后，刘某平被迫缴纳现金人民币 6 万余元。

二、辩护要点

(一)关于证据采信

1. 陈某材的供述与辩解之间存在太多矛盾，与谭某爱、杨某友等人的供述与辩解之间存在太多矛盾，其供述的真实性难以判断。

2. 杨某友自其归案以来，如实供述了全部犯罪事实，应作为案件事实的根据，他的供述具有真实性。

3. 应采信桐庐县公安司法鉴定中心于2017年12月9日作出的《桐公司鉴(尸检字〔2017〕13号)相关问题的回函》作为关键证据

(二)根据庭审查明的事实，应认定被害人王某涛在被殴打后，很快就已经死亡。

(三)指控本案成立不作为的故意杀人罪的理论依据不足、证据不足。

(四)指控被告人王某犯故意杀人罪证据不足，其他被告人应成立故意伤害罪。

(五)“被害人王某涛被传销人员殴打致死”不能作为“组织、领导传销罪”的“情节严重”进行评价。

三、关键证据

(一)浙江省桐庐县公安司法鉴定中心桐公司鉴(尸检)字〔2017〕13号《法医学尸体检验鉴定书》

论证：

尸体检验头皮未见破口，额面部软组织缺失，颅骨未见骨折，脑组织外形完整，胸腹部皮肤未见开放性创口，双侧肋骨多发成排骨折，心脏及肺脏未见破裂改变，肝脏右叶脏面可见条形破口，脾脏腐败自溶呈泥状，肾脏及胃肠未见破裂，四肢部分皮肤、肌肉缺失。因尸体高度腐败，部分皮肤、肌肉及软组织缺失，体内脏器严重腐败自溶，不能明确其肋骨成排骨折及肝脏破裂是否生前伤，也不能明确其他区域或组织有无损伤存在。综上所述，该未知名男死亡原因不明。毒物检验示送检死者的肝脏中未检出敌敌畏、甲拌磷、对硫磷、地西泮、艾司唑仑、阿普唑仑和三唑仑等成分。死者肋骨骨折表现为双侧多发肋骨成排骨折，两侧骨折位置基本对称，符合胸部遭钝性外力压迫所致。肝脏破裂符合右侧胸腹部遭钝性外力作用所致。

鉴定意见：

该未知名男死因不明；其双侧肋骨多发性骨折及肝脏破裂符合钝性外力作用所致。

（二）浙江省杭州市中级人民法院《要求对被害人王某涛尸体检验鉴定作出补充说明的函》

桐庐县公安司法鉴定中心：

本院在审理〔2017〕浙01刑初181号被告人王某等8人故意伤害、非法拘禁一案时，认为由你中心出具的《法医学尸体检验鉴定书》[桐公司鉴（尸检）〔2017〕13号]中涉及的下列问题需要进一步解释：

1. 根据鉴定书记载，被害人王某涛的尸体上发现有肋骨成排的骨折，肝脏的破口，这两种损伤能否确定是生前损伤？一般是怎样可以形成这样的伤势？

2. 若是生前伤，损伤程度能否导致死亡？若抢救及时，伤者能否生还？

3. "活埋"能否排除？

望尽快书面函复。

（三）浙江省桐庐县公安司法鉴定中心关于《桐公司鉴（尸检）字〔2017〕13号相关问题的回函》

浙江省杭州市中级人民法院：

贵院来函要求对桐公司鉴（尸检）字〔2017〕13号相关问题作出补充说明，现回复如下：

1. 桐公司鉴（尸检）字〔2017〕13号鉴定书中表述的"双侧肋骨多发成排骨折""肝脏右叶脏面条形破口"，由于严重腐败、自溶等原因，没有依据鉴别生前或死后伤。双侧肋骨多发成排骨折，符合胸廓整体遭受巨大钝性外力作用形成或胸廓整体持续受力压迫所致。肝脏破裂符合遭受钝性外力作用所致，损伤处局部受力即可导致。

2. 单纯的肋骨骨折一般不会致人死亡；单纯的肝脏破裂会引起大出血致人失血性休克死亡，其过程一般表现为神情紧张痛苦、口渴、皮肤色泽苍白、表情淡漠、发冷、意识模糊至昏迷，脸色显著苍白、皮肤冰冷、脉搏血压逐渐下降等。抢救及时是否能够生还取决于损伤严重程度、医疗水平、个体差异等诸多因素。

3. 桐公司鉴(尸检)字〔2017〕13 号鉴定书的鉴定意见为“该未知名男死因不明”，不明的范围包括“活埋”，因此仅从体的检验情况来看，无法认定或排除“活埋”。

四、控辩意见

(一)关于被害人死亡时间的认定

公诉人：被告人王某系传销组织的负责人，且传销组织中的规定就是若有人不听话就让其他人教训他。故王某应当对传销组织中其他人员按照传销组织的规定所作出的行为承担责任，而且在王某知道王某涛被殴打伤势严重的时候，其仍阻止送被害人就医并最终导致被害人死亡的结果，王某也没有积极阻止犯罪结果发生的行为，故其应当对被害人王某涛的死亡结果承担责任。

王某辩护人：

1. 关于证据采信。陈某材的供述与辩解的真实性无法判断，不能作为认定案件事实的根据；杨某友自归案就供述了案件事实，而且他一直在现场，守在被害人的身边，见证了案件的发生、被害人死亡、商量处理尸体及处理尸体的全过程，他的供述具有真实性，能作为认定案件事实的根据；谭某爱殴打被害人较重，虽然没有确实、充分的证据证明就是谭某爱直接殴打被害人致死，但是他毕竟是案件的直接行为人之一，其供述可能存在避重就轻的情形，对其供述应慎重考察。

2. 关于被害人死亡时间的认定。本案的关键事实之一是被害人的死亡时间，应结合谭某爱、陈某材关于被害人的状态的描述，采信杨某友供述，认定谭某爱等人殴打被害人，被害人很快就死亡的案件事实。

(二)关于陈俊才是否向王某汇报被害人被殴打受伤、王某指使陈某材不救

公诉人：被告人王某系传销组织的负责人，且传销组织中的规定就是若有人不听话就让其他人教训他，故王某应当对传销组织中其他人员按照传销组织的规定所作出的行为承担责任。王某在知道王某涛被殴打伤势严重的时候，其仍阻止送被害人就医并最终导致被害人死亡的结果，王某没有积极阻止犯罪结果发生的行为，故其应当对被害人王某涛的死亡结果承担责任。

王某辩护人：

没有确实充分的证据证明谭某爱等人将被害人抬下楼时为了将其送往医院抢救。

1. 只有陈某材供认，他向王某汇报，王某担心被害人是装的，让他先不送被害人去医院救治，但王某对此否认，因此证明王某成立不作为犯罪的证据只有陈某材的供述，是“孤证”，且陈某材的供述的真实性严重存疑。

2. 谭某爱、杨某友的供述只能证明陈某材给人打过电话，但是并不能证明与陈某材打电话的就是王某，虽然他们推测认为王某应该知道，但是推测的内容不能作为认定案件事实的根据。

(三)关于本案是否成立不作为故意杀人罪

公诉人：(注：一审公诉人、二审检察员均不解释本案的“杀人”行为是作为还是不作为)

王某辩护人：

(一审)

成立不作为犯罪必须符合三个条件：(1)有作为的义务来源；(2)有作为的可能性；(3)有结果回避的可能性。但是就本案而言：

1. 认为故意犯罪是作为的义务来源，需要有理论上的充分论证。故意犯罪是否是不作为的义务来源，在理论上存在重大争议，认为故意犯罪是不作为的义务来源的，主要是张明楷教授，大多数学者仍坚持否定说；否定说在立法上是能够找到依据的，如交通肇事逃逸的，成立交通肇事罪，而不是故意杀人罪。

2. 没有确实充分的证据证明陈某材回家的时候被害人还没有死亡，也没有证据证明当时立即把被害人送往医院，被害人一定能够救活。

(二审)

1. 在一审、二审中，公诉人、检察员拒不就本案是作为犯罪还是不作为犯罪进行辩论，辩护人认为，根据案件事实，只能指控王某犯不作为的故意杀人罪。

成立不作为犯罪必须符合三个条件：(1)有作为的义务来源；(2)有作为的可能性；(3)有结果回避的可能性。但是就本案而言：

1. 故意犯罪是否是不作为的义务来源，在理论上存在重大争议，虽然有肯定说，但大多数学者仍坚持否定说；否定说在立法上，是能够找到依据的，如交通肇事逃逸的，成立交通肇事罪，而不是故意杀人罪。所以本案是否成立不作为的故意杀人罪，在理论存在重大争论。

2. 本案没有“结果回避可能性”。

结合被害人王某涛遭受殴打后很快就已经死亡的事实，一审法院认定“谭某爱、杨某友的暴力加害程度足以致死，即便送医治疗也不能保证一定生还”已经证明本案没有“结果回避可能性”，不符合不作为犯罪的行为结构。

3. 不作为与被害人死亡结果之间没有因果关系。

对于谭某爱、杨某友的暴力殴打行为与死亡结果之间属于作为的因果关系判断，对于四人不救治属于不作为的因果关系判断。所谓的不作为的因果关系是指，“只有行为人实施了作为，结果就不会发生”。既然认定“谭某爱、杨某友的暴力加害程度足以致死，即便送医治疗也不能保证一定生还”，那么就是已经认定了不救治与结果之间是没有因果关系的。

(四)关于各被告人对被害人死亡结果是否有故意

(二审)检察员：

陈某材等人把被害人抬下楼后又抬上楼，主观对被害人的死亡结果是放任，所以成立故意杀人罪，故意的形态是间接故意。

王某辩护人：

若王某指使陈某材不救被害人属实，则王某只可能犯不作为的故意杀人罪，从而在整体上本案就只能成立不作为的故意杀人罪，但如前所述，没有确实充分的证据证明本案存在结果回避可能性。

若认定本案是作为的故意杀人罪，则检察员必须就本案如何适用有关故意杀人罪的法律规定予以说明，遗憾的是检察员仍然对此予以回避。

检察员在第二轮辩论中认为，把被害人抬下楼后又抬上楼，主观对被害人的死亡结果是放任，所以成立故意杀人罪，故意的形态是间接故意。但故意与过失必须是“行为时”的故意或过失，就本案而言，需要判断的是谭某爱等人殴打被害人的时候，对于死亡结果是故意还是过失？若王某担心被害人装死指使陈某材不把被害人送往医院，此时需要判断的是“对于不救被害人致其死亡”的时候，他们对死亡结果是故意还是过失？前者是以本案成立作为犯罪为前提的判断，后者是以本案成立不作为犯罪为前提的判断。

所以，检察员回避本案是作为还是不作为的故意杀人从根本上就是错误的，以“把被害人抬下楼后又抬上楼，主观对被害人的死亡结果是放任”认为本案有故意杀人的间接故意，当然也是错误的。

五、法院判决

杭州市中级人民法院以〔2017〕浙01刑初181号刑事附带民事判决认定：

（一）组织、领导传销活动事实

2012年至2015年间，被告人王某、陈某材、谭某爱、廖某等人在浙江省桐庐县、杭州市富阳区等地设立传销窝点，以与“天津天狮生物发展有限公司”合作推销商品为名，按照总管、经理、大主任、小主任、业务员的顺序组成层级，引诱、胁迫郭某良、陈某豪等30余人参加，按2800元/套的价格骗取财物，并继续发展他人参加传销组织。其间，王某担任总管，在传销活动中起策划、操纵作用；陈某材担任经理，谭某爱、廖某担任大主任，在传销活动中承担管理、协调等职责。

（二）故意杀人、非法拘禁事实

被告人王某等人组织、领导传销活动期间，要求对发展新人、新人考察情况及突发事件等及时、逐级上报，并严格服从上级指示；对拒不配合的新人，安排其他传销窝点的管理人员教训。2014年1月初，传销人员郭某良以做隧道工程为名，将被害人王某涛骗至桐庐县桐君街道富春路29幢1单元2室由被告人陈某材、廖某等人所管理的传销窝点内，廖某随即指使被告人满某刚、肖某等人对王某涛贴身看管，限制人身及通讯自由，强迫其交款并加入传销组织。约一周后，因王某涛打电话时向外透露其被骗进传销组织，廖某随即掌掴王某涛两下，并向陈某材汇报，陈某材得知后即联系其他传销窝点的管理者被告人谭某爱处理此事。之后，谭某爱又纠集被告人杨某友到王某涛所在的传销窝点内，谭、杨二人钳制王某涛并持续用力踢踹王的身体致其倒地昏迷。肖某在场看管王某涛，满某刚将传销窝点内的音响调大以掩盖王某涛被打骂的声音。随后，廖某又将王某涛伤势严重的情况向陈某材、被告人王某逐级汇报，王某在明知王某涛不就医必然死亡的情况下，仍指令陈某材等人不得将王某涛送医救治，并最终导致王某涛死亡。而后，王某出资并指使陈某材、谭某爱、杨某友购置电动车等工具将王某涛的尸体埋藏于桐庐县瑶琳镇后浦村大庙自然村的山上。

2016年12月至2017年2月间，本案各被告人先后被公安人员抓获。归案。被告人陈某材、杨某友归案后带领公安人员现场指认埋尸地点，被害人王某涛的尸体于2017年1月17日被挖掘发现。经鉴定，王某涛双侧肋骨多发性骨折及肝脏破裂符合钝性外力作用所致，肝脏破裂损伤处局部受力即可导致，会引起大出血致人失血性休克死亡。

（三）非法拘禁犯罪事实

被告人王某等人在桐庐组织、领导传销活动期间，2014年4月，传销人员张某贤将被害人刘某平骗至桐庐县桐君街道公园山路6幢1单元501室由被告人陈某材、廖某所管理的传销窝点内，二人随即安排被告人胡某聪对刘某平实施贴身看管，被告人肖某看守窝点，又让被告人满某刚在传销窝点内威胁、恐吓刘某平，并没收刘某平随身携带的身份证、手机、银行卡等物品，强迫其交款并加入传销组织。约一周后，因刘某平提出要离开，陈某材、廖某即指使胡某聪、肖某等人对刘某平实施罚站。其后，刘某平被迫缴纳现金人民币6万元。

杭州市中级人民法院认为：

被告人王某、陈某材、谭某爱、廖某在传销组织中担任高层，其行为均已构成组织、领导传销活动罪，且造成严重后果，属情节严重；被告人王某、陈某材、廖某、满某刚、肖某、胡某聪非法拘禁被骗入传销组织的被害人，其行为均已构成非法拘禁罪；王某、陈某材、谭某爱、杨某友还在非法拘禁被害人王某涛期间暴力殴打致其死亡，其行为均已构成故意杀人罪。关于起诉书指控廖某、满某刚构成故意杀人罪，二被告人的辩护人所提指控罪名不成立的辩护意见，经审理认为，二被告人既未伙同谭某爱、杨某友暴力殴打王某涛，也未纠集人员施暴，且无权决定是否将王某涛送医救治；廖某履行看管、汇报职责及掌掴以示惩罚，满某刚看守窝点、掩盖王某涛被打骂的声音，且结合其与廖某、胡某聪的供述，不能确证满某刚系为掩盖谭某爱、杨某友殴打王某涛的声音而调高音量，二被告人均不应对王某涛的死亡结果承担责任，应改定非法拘禁罪。因此，对公诉机关指控二被告人构成故意杀人罪予以纠正，相关辩护人所提相应辩护意见本院予以采纳。公诉机关指控其余罪名成立，本院予以支持。王某、陈某材、谭某爱、廖某一人犯数罪，应予并罚。

关于各被告人及其辩护人对本案定性等法律适用所提相关辩解及辩护意见，综合评判如下：(1)关于被告人王某及其辩护人所提指控王某故意杀人罪事实不清、证据不足的辩解及辩护意见，经审理认为：第一，多名传销组织成员的证供中表明，该组织成员对发展新人、收款等事项均逐级报告并严格服从上级指示，对不配合“考察”的新人由其他窝点的大主任“献爱心”，方式通常包括言语恐吓、体罚及殴打；陈某材供称其在接到廖某报告后经向总管王某请示继而纠集谭某爱，谭某爱作为与陈某材平级、均受王某领导的大主任，陈供述的报告流程符合该组织的操作模式，故可以认定王某在接到王某涛不服管束的报告后安排人员教训。第二，陈某材明确指证王某在听取其汇报后作出放弃救治的指令，谭某爱的供述印证陈某材接打电话后又指挥抬回房间，能够合理解释在已决定将王某涛送医的情况下又在通话后半路折返的反常举动。第三，王某涛被殴打至肝脏破裂急性大失血休克，未及时救治死亡，王某放弃救治的指令与王某涛的死亡结果之间具有因果关系，其还在得知王某涛死亡后出资、指使处理尸体。第四，王某也自认总管需要了解发展新人及考察进展，及曾从陈某材处得知谭某爱等人殴打新人致生命垂危的情况。故，王某在操纵管理传销组织期间，安排人员教训王某涛，又在明知王某涛被殴打致生命垂危的情况下，指令陈某材等人放弃救治，待死后指使、资助埋尸灭迹，构成故意杀人罪。(2)关于被告人陈某材、谭某爱、杨某友及其辩护人所提指控故意杀人罪不能成立的辩解及辩护意见，经审理认为，陈某材按照传销组织行规纠集谭某爱教训王某涛，包括言语恐吓、体罚及殴打；谭某爱、杨某友受纠集结伙对王某涛以踢踹、拉拽等方式实施暴力加害，且三人明知王某涛生命垂危，仍按照王某的指示放弃送医救治，均成立故意杀人罪。(3)关于被告人王某以其仅于2012年至2013年参与传销组织担任经理，其辩护人以该传销组织人数不足30人等为由所提不构成组织、领导传销活动罪的辩解及辩护意见，经审理认为，起诉书指控王某组织、领导人员在桐庐、富阳从事传销活动的时间段及其历任职务，有陈某材、谭某爱、杨某友、彭雪等多人指认，其辩解不足采信；在案被告人供述、证人证言中提及的传销组织成员，及根据证供中反映出桐庐、富阳的传销窝点个数及各窝点的人数推算，参与传销活动的人员已达30人故本案传销组织的人数符合构罪条件，王某在历任经理、总管期间，在传销活动中起发起、策划、操纵作用，应作为传销活动的组织者、领导者追究刑事责任。(4)关于被告人谭某爱以其仅系参与而未组织、领导传销活动，其辩护人以谭某爱没有实施设立传销窝点、骗取财物的行为等为由所提不构成组织、领导传销活动罪的辩解及辩护意见，经审理认为，现已查实谭某爱系传销组织的大主任，协助经理负责日常管理各传销窝点人员、收取财物等并向经理、小主任上传下达，属于在传销活动中承担管理、协调等职责的人员，应作为组织者、领导者追究刑事责任。(5)关于被告人王某及其辩护人所提王某不明知刘某平被拘禁也未实施拘禁行为，指控罪名不能成立的辩解及辩护意见，经审理认为，王某在担任传销组织经理、总管期间，对受其组织、领导的传销组织人员所实施的非法拘禁行为均应承担主犯的责任。(6)关于被告人满某刚及其辩护人所提满某刚既未参与非法拘禁刘某平，也不明知廖某等人对刘某平实施的拘禁、罚站等行为，不构成非法拘禁罪的辩解及辩护意见，经审理认为，满某刚明知刘某平在同意加入传销组织并交款之前不能离开的情况下，仍接受安排对刘某平威胁、恐吓，系协助廖某等人实施非法拘禁的帮助犯。

在故意杀人共同犯罪中，王某为牟利安排授意手下对不配合的新人殴打辱骂，指令陈某材等人放弃救治王某涛，并指示、资助埋尸灭迹；陈某材纠集谭某爱，并上传下达、现场指挥，共同埋尸；谭某爱受指使又纠集杨某友对王某涛共同施暴，上述四被告人均系主犯。在组织、领导传销活动犯罪中，总管王某、经理陈某材系主犯，大主任谭某爱、廖某系从犯，依法从轻处罚；在非法拘禁王某涛、刘某平的共同犯罪中，廖某、肖某、满某刚、胡某聪分别参与并各司其职，均系主犯。本案传销组织成员诱骗王某涛强迫其加入传销组织未遂后，对其暴力殴打，为防罪行败露而明知其生命垂危不予救治，又埋尸灭迹逃避法律追究，案发至今对被害人家属的经济损失分文未赔，对起意、操纵、指挥的主犯王某应予严惩陈某材、谭某爱、杨某友、廖某、满某刚、肖某和胡某聪归案后能够基本如实供述，酌情从轻处罚，但杨某友、廖某、满某刚、胡某聪的辩护人分别所提减轻处罚或宣告缓刑的意见，与相关被告人的犯罪行为、作用及危害后果不符，本院不予采纳。

杭州市中级人民法院判决：

被告人王某犯故意杀人罪，判处死刑，剥夺政治权利终身；犯组织、领导传销活动罪，判处有期徒刑十年，并处罚金人民币 10 万元；犯非法拘禁罪，判处有期徒刑三年，数罪并罚，决定执行死刑，剥夺政治权利终身，并处罚金人民币 10 万元。

被告人陈某材犯故意杀人罪，判处死刑，缓期二年执行，剥夺政治权利终身；犯组织、领导传销活动罪，判处有期徒刑八年，并处罚金人民币 7 万元；犯非法拘禁罪，判处有期徒刑三年，数罪并罚，决定执行死刑，缓期二年执行，剥夺政治权利终身，并处罚金人民币 7 万元。(罚金限判决生效后一个月内缴纳。)

被告人谭某爱犯故意杀人罪，判处死刑，缓期二年执行，剥夺政治权利终身；犯组织、领导传销活动罪，判处有期徒刑七年，并处罚金人民币 5 万元，两罪并罚，决定执行死刑，缓期二年执行，剥夺政治权利终身，并处罚金人民币 5 万元。(罚金限判决生效后一个月内缴纳。)

被告人杨某友犯故意杀人罪，判处无期徒刑，剥夺政治权利终身。(注，

对其余四名被告人判处不等有期徒刑)

浙江省高级人民法院以〔2018〕浙刑终75号刑事附带民事裁定认为,"被告人王某、陈某材、谭某爱、廖某在传销组织中担任高层,其行为均已构成组织、领导传销活动罪,且造成严重后果,属情节严重;王某、陈某材、廖某、满某刚、肖某、胡某聪非法拘禁被骗入传销组织的被害人,其行为均已构成非法拘禁罪;王某、陈某材、谭某爱、杨某友还在非法拘禁被害人王某涛期间暴力殴打致王某涛死亡,其行为均已构成故意杀人罪。在故意杀人共同犯罪中,王某安排并授意手下对不配合的新人殴打辱骂,指令陈某材等人放弃救治王某涛并指示、资助埋尸灭迹;陈某材纠集谭某爱,并上传下达、现场指挥,共同埋尸;谭某爱受指使纠集杨某友对王某涛共同施暴,上述四被告人均系主犯","被告人王某及其辩护人要求对王某故意杀人、非法拘禁宣告无罪、并对所涉组织、领导传销活动犯罪在五年以下有期徒刑量刑等意见理由不足,不予采纳。检察机关要求对全案予以维持的意见正确,予以采纳"。

六、理论评析

本案主要涉及以下问题:(1)法院认定,"王某指令陈某材等人放弃救治王某涛",证据是否确实充分?(2)如果本案成立故意杀人罪,行为方式是作为还是不作为?(3)如果涉嫌成立不作为的故意杀人罪,本案是否具有结果回避可能性?(4)如果本案不成立故意杀人罪,如何定性?(5)本案暴力殴打行为致一人死亡,但是判处三名被告人死刑(一名死刑立即执行,两名死缓)、一名被告人无期徒刑,量刑是否适当?下面逐一予以评价。

(一)法院认定"王某指令陈某材等人放弃救治王某涛",证据是否确实、充分

《刑事诉讼法》第55条规定,认定被告人有罪必须达到"事实清楚,证据确实、充分"的证明标准,"证据确实、充分"应当符合三个条件:(1)定罪量刑的事实都有证据证明;(2)据以定案的证据均经法定程序查证属实;(3)综合全案证据,对所认定事实已排除合理怀疑。所谓"排除合理怀疑","是指综合所有经过法庭调查和法庭辩论的证据,法官对于被告人的犯罪事实已经产生了内心确信,而不再有任何证据支持或者符合经验法则、逻辑法则的疑问。反过来,只要对被告人的犯罪事实存在着这种合理的怀疑,法官就应当做有利于

被告人的解释，也就是宣告被告人不构成犯罪”。[1] 如果证据之间、证据与案件事实之间没有矛盾，当然属于“事实清楚，证据确实、充分”。然而，司法实践中，证据之间不能相互印证，证据与案件事实之间通常会存在各种矛盾，这种情况下，就必须对证据的采信与案件事实认定予以解释、说明，从而达到“只有被告人实施了犯罪才是唯一结论，不可能存在其他可能性的内心确信”，否则难说已经达到“事实清楚，证据确实、充分”。

王某到案后，一直坚决否认指使陈某材不救助被害人，因此能够证明王某指使陈某材不救助被害人的证据只有“陈某材的供述与辩解”，而谭某爱的供述与辩解只能证明陈某材与他人通过电话，并不能证明与陈某材通话的人是王某。王某与陈某材的供述之间存在非此即彼的矛盾，根据辩护人的质证意见，陈某材的供述确实存在重大矛盾难以解释。究竟谁的供述具有真实性，需要结合其他证据判断。谭某爱的供述与辩解证明事发后，看到陈某材给人通过电话，但是并不能证明通话的具体内容，也不能证明与陈某材通话的就是王某。结合其他被告人的供述与辩解，可以证明王某是传销组织的领导者之一，但能够直接领导陈某材的还有传销组织最大的组织者唐某，以及其他与王某同级别的其他领导者，如张某梅、陈某恩。因此，虽然跟陈某材通过电话的人是王某的可能性最大，但是未必是王某。

因此，辩护人认为，“陈某材的供述与辩解与王某的供述与辩解是非此即彼的矛盾关系，陈某材的供述与辩解是‘孤证’。陈某材的供述与辩解之间存至少存在八处重大矛盾，且与谭某爱、杨某友等人的供述与辩解之间存在太多矛盾。其供述的真实性无法判断，不能作为认定案件事实的根据”是有道理的。

（二）如果本案成立故意杀人罪，行为方式是作为还是不作为

本案认定王某等人组织、领导传销活动，在传销活动中，非法限制传销人员的人身自由，事实清楚，证据确实、充分，所以法院判决相关人员犯组织、领导传销活动罪、非法拘禁罪。受陈某材要求，谭某爱、杨某友教训被害人王某涛的过程中，殴打致王某涛死亡，可能涉嫌故意杀人罪、故意伤害罪。若涉嫌故意杀人罪，可能适用《刑法》第 238 条第 2 款规定，或者根据不作为犯罪的法理，适用《刑法》第 232 条规定。

1. 是否符合《刑法》第 238 条第 2 款规定？

---

① 陈瑞华：《刑事证据法》（第三版），北京大学出版社 2018 年版，第 467 页。

根据《刑法》第 238 条第 1 款规定，非法拘禁他人或者以其他方法非法剥夺他人人身自由的，成立非法拘禁罪；具有殴打、侮辱情节的，从重处罚。同条第 2 款规定，犯非法拘禁罪，“使用暴力致人伤残、死亡的，依照本法第 234 条、第 232 条的规定定罪处罚”。

本案可能适用第二款后段的规定。犯非法拘禁罪，“使用暴力致人伤残、死亡的，依照本法第 234 条、第 232 条的规定定罪处罚”，不是注意规定，而是拟制规定，只要非法拘禁的行为人使用暴力致人死亡的，只需要其对死亡结果有预见可能性，不需要其有杀人的故意，就成立故意杀人罪。①

根据庭审查明的事实，王某等人领导的传销组织中存在使用轻微暴力行为管理传销人员、胁迫传销人员发展他人参与的情形，同时也存在传销窝点窗户钉上贴条、大门上锁、专人管理传销人员手机等剥夺、限制传销人员人身自由的情形。根据《刑法》第 224 条之一“组织、领导传销活动罪”的规定，“引诱、胁迫参加者继续发展他人参加，骗取财物”是组织、领导传销活动的构成要件行为的组成部分，“使用轻微暴力行为管理传销人员、胁迫传销人员发展他人参与”符合“胁迫参加者继续发展他人参加，骗取财物”的规定；“在传销窝点窗户钉上贴条、大门上锁、专人管理传销人员手机等剥夺、限制传销人员人身自由”等行为，成立非法拘禁罪，虽然是组织、领导传销活动的手段，但应与组织、领导传销活动罪并罚。在轻微暴力行为不是为了胁迫参加者继续发展他人参见，而是为了强迫他人加入传销组织、限制传销人员离开的情况，属于非法拘禁罪中的殴打情节，从重处罚。

“‘使用暴力致人伤残、死亡’，是指在非法拘禁的同时，故意使用暴力损害被害人的身体健康或者杀害被害人致使被害人伤残、死亡的。这里的‘暴力’是指超出非法拘禁目的的暴力，非法拘禁行为本身也可能存在附带的暴力行为，如本条第 1 款规定的殴打、侮辱等，但只有当使用非法拘禁目的以外的暴力致人伤残、死亡时，才能认定为故意伤害罪或者故意杀人罪。”“是否使用了暴力，可根据行为人的主观意志是否存在损害被害人身体的故意及当时案发情况等因素综合分析。”②本案中，因被害人不愿意加入传销组织，给家中打电话告知被骗入传销组织，受传销窝点的领导者陈某材的邀请，另一传销窝点的领导者谭某爱、杨某友共同对被害人实施了暴力殴打行为，但被害人倒地后，

① 参见张明楷：《刑法学》(第六版)，法律出版社 2021 年版，第 1157 页。

② 王爱立：《中华人民共和国刑法：条文说明、立法理由及相关规定》，北京大学出版社 2021 年版，第 896 页。

谭某爱反复踢打被害人的腹部，其暴力程度之重，不仅超出共同实行者杨某友的主观故意，更超出陈某材的主观认知，属于“实行过限”。

谭某爱、杨某友是另一传销窝点的领导者，就其在本人传销窝点实施的组织、领导传销、非法拘禁行为负责，对于发生在陈某材传销窝点的王某涛被非法拘禁案而言，不负刑事责任，换言之，在王某涛一案中，谭某爱、杨某友不犯非法拘禁罪，既然如此，他们二人就无适用《刑法》第 238 条第 2 款规定的前提。陈某材作为传销窝点的领导者，在邀请谭某爱、杨某友帮忙管理传销人员王某涛时，三人的主观上只有“轻微暴力”的故意，无实施《刑法》第 238 条第 2 款规定的“暴力”伤害王某涛身体健康的共同故意，对陈某材也不能适用《刑法》第 238 条第 2 款规定。在陈某材、谭某爱、杨某友殴打王某涛时，没有确实、充分的证据证实王某知情的情况下，对王某也不能适用《刑法》第 238 条第 2 款规定。

2. 本案是否成立不作为的故意杀人罪？

不作为，是指行为人负有履行应尽的义务却不履行该义务。成立不作为犯罪必须符合三个条件：(1)有作为的义务；(2)有作为的可能性；(3)有结果回避的可能性。

虽然犯罪行为能否产生作为义务，在理论上存在争议，但是应该采取肯定说，认定谭某爱、杨某友等人具有积极救治被害人的作为义务，而且本案存在作为的可能性，有争议在于是否具有结果回避可能性。

“结果回避可能性”作为不作为犯罪的成立要件，在即使保证人履行作为义务，法益侵害结果也不可避免地发生的情况下，不成立作为犯。这意味着，只有保证人履行作为义务能否避免结果发生的情况下，其不作为才成立犯罪。“结果回避可能性”，换个角度，就是要求行为人不履行作为义务与法益侵害结果之间存在因果关系，作为因果关系表现为“没有前行为，就没有后结果”的条件关系，不作为表现为“如果有了作为行为，就没有后果”这种特殊条件关系。

结合被害人王某涛遭受殴打后很快就已经死亡的事实，“谭某爱、杨某友的暴力加害程度足以致死，即便送医治疗也不能保证一定生还”已经证明本案没有“结果回避可能性”，不符合不作为犯罪的行为结构。从因果关系的角度看，谭某爱、杨某友的暴力殴打行为与死亡结果之间属于作为的因果关系判断，对于四人不救治属于不作为的因果关系判断。在已经认定“谭某爱、杨某友的暴力加害程度足以致死，即便送医治疗也不能保证一定生还”的情况下，就意味着没有确实、充分的证据证明本案存在因果关系。

如果本案成立不作为的故意杀人罪，则谭某爱、杨某友等人因故意伤害行为产生救治的作为义务但不救治，是不作为的故意杀人罪的正犯；王某指使不救，成立不作为的故意杀人罪的教唆犯。但是，在没有确实、充分的证据证实王某指令不救治被害人，在已经认定“谭某爱、杨某友的暴力加害程度足以致死，即便送医治疗也不能保证一定生还”的情况下，应认定本案没有结果回避可能性，或者各被告人不救治行为与死亡结果之间没有因果关系，本案不成立不作为的故意杀人罪。

(三)本案如何处理

生效判决，一方面将王海波殴打致死一案认定为故意杀人罪，另一方面又认为属于组织、领导传销活动造成的“严重后果”，属于“情节严重”，按照组织、领导传销活动罪的最高刑期判处王某有期徒刑十年。这违反了刑法“禁止重复评价原则”。本案只有一名被害人死亡，但判处三名被告人死刑(一名死刑立即执行，两名缓期两年执行)、一名无期徒刑、其余四名被告人不等有期徒刑，明显量刑畸重。不仅严重违背报应刑基本理念，也不符合预防刑罚观，还严重违背“保留死刑，限制死刑适用”的死刑刑事司法政策。

对王某涛被殴打致死一案如何处理，显然存在很大争议。本书的意见是：

1 谭某爱、杨某友成立故意伤害罪。二人是故意伤害罪的共同正犯，对谭某爱可以考虑判处死刑，对杨某可以考虑判处无期徒刑或 15 年有期徒刑。

2. 王某、陈某材犯非法拘禁罪。王某是涉案人员中职务最高的领导人员，传销组织允许对传销人员使用轻微暴力，轻微暴力也属于非法拘禁行为，轻微暴力也有致人重伤、死亡的可能性，在王某涛被殴打致死的情况下，应认定王某对死亡结果具有认识的可能性；陈某材邀请谭某爱、杨某友“教育”被害人王某涛，只有轻微暴力的故意，但是对死亡结果具有认识可能性，对二人适用《刑法》第 238 条第 2 款前段，犯非法拘禁罪，“致人死亡的，处十年以上有期徒刑”的规定，可对其在十年以上，十五年以下有期徒刑幅度内量刑。

3. 其余四名被告人成立故意伤害罪的共犯，根据他们在共同犯罪所起的作用应认定为从犯，从轻或减轻处罚。

就全案而言，各被告人还犯组织、领导传销活动罪、非法拘禁罪。考虑到王某涛被害一案，各被告人掩埋尸体于荒野、被害人家属苦苦寻找被害人、公安机关挖掘几座山才寻找到被害人尸体等情节都由王某等人组织、领导的传销组织所直接导致，应认定这些案后情节属于 2013 年 11 月 14 日最高法、最高检、公安部《关于办理组织领导传销活动刑事案件适用法律若干问题的意见》

(公通字〔2013〕37号)规定的“造成严重后果或者恶劣社会影响的”“严重情节”，对王某、陈某材可在五年以上十年以下有期徒刑幅度内量刑。

按照这种处理意见，根据《刑法》数罪并罚的规定，对谭某爱处罚最重，对其最高可判处死刑；对杨某友最高可判处无期徒刑；对王某、陈某材最高可判处20年有期徒刑。这种处理结论，能做到罪刑均衡。

拓展阅读：

1. 黎宏：《不作为犯研究》，武汉大学出版社1999年版。
2. 齐文远、李晓龙：《论不作为犯中的先行行为》，载《法律科学》1999年第5期。
3. 于改之：《不作为犯罪中“先行行为”的本质及其产生作为义务的条件——兼论刑法第133条“因逃逸致人死亡”的立法意蕴》，载《中国刑事法杂志》2000年第5期。
4. 陈兴良：《犯罪不作为研究》，载《法制与社会发展》1999年第5期。
5. 周光权：《论实质的作为义务》，载《中外法学》2005年第2期。

案例九 周某福交通肇事案

导读：

根据《刑法》第133条规定，交通肇事罪是指违反交通运输管理法规，因而发生重大事故，致人重伤、死亡或者使公私财产遭受重大损失的行为。处理交通事故案件，(1)行为人是否违反交通运输管理法规为前提，应根据《道路交通安全法实施条例》规定的具体操作规程进行判断；(2)行为与结果之间是否具有因果关系，行为人对交通事故是否负有责任、应承担多大程度的责任，应根据导致交通事故的危险是谁制造的，是如何制造的，又是如何实现的，根据条件关系及行为对事故的贡献大小，予以实质判断，不得以公安机关交通管理部门的事故责任认定代替刑事司法机关对事故责任的审查判断；(3)在主观责任上，如果行为人对事故没有预见可能性，是意外事件的，应依法认定为无罪。

关键词：

交通责任事故认定；因果关系；条件说；客观归责；犯罪参与

一、指控事实

恩施市人民检察院以恩市检诉刑诉〔2019〕104号起诉书指控被告人周某福犯交通肇事罪：

公诉机关指控，2018年2月2日11时许，被告人周某福驾驶鄂Q××××××小型汽车由恩施市新塘乡卫生院出发沿工商路往新塘乡农村商业银行方向行驶，当车行至新塘乡农村商业银行门前路段时，因没有仔细观察四周状况，被告人周某福驾驶的客车不慎将新塘乡农村商业银行旁一电线杆上的一根下垂的电信网线挂住，之后，由于被告人周某福驾驶的客车继续前行，导致电信网线弹回去将路边的行人谢某洲绊倒在地，被告人周某福见状立即报警并将谢某洲送至新塘乡卫生院救治，随后被告人周某福返回事故现场等候民警处理。2018 年 7 月 31 日，谢某洲经医院抢救无效死亡。经认定，被告人周某福在此次交通事故中承担主要责任。案发后，被告人周某福垫付了部分医疗费用。

二、辩护要点

(1)周某福不应承担事故的主要责任。

(2)周某福对死亡结果没有过失，本案为意外事件。

三、关键证据

(一)2018 年 2 月 2 日恩施市公安局交通警察大队新塘中队恩公交(新)认字〔2018〕第 0202005 号《道路交通事故认定书》

道路交通事故证据及事故形成原因分析：

2018 年 2 月 2 日 11 时许，周某福驾驶鄂 Q×××××号小型客车沿工商路由新塘卫生院门诊门口方向往农村商业银行方向行驶，当车行驶至新塘乡农村商业银行旁时，因新塘乡供电所职工毛某兵在新塘乡农村商业银行旁边的一根电线杆上检修电把电信的网线取掉下来，此时周某福驾驶的鄂 Q×××××号小型客车经过农村商业银行时将网线挂住，网线弹回去将正在马路上行走的路人谢某洲带倒在地，事故造成谢某洲受伤、一车受损的交通事故。

当事人导致交通事故的过错及责任：

根据《中华人民共和国道路交通安全法》第 22 条之规定，机动车驾驶人应当遵守道路交通安全法律、法规的规定，按照操作规范安全驾驶、文明驾驶，驾驶员周某福在此次交通事故中承担事故的主要责任，新塘乡供电所职工毛某兵在此次交通事故中承担事故的次要责任，行人谢某洲在此次交通事故中无责任。

(二)2018 年 3 月 15 日恩施州公安局交通警察大队恩州公交复字〔2018〕第 011 号《道路交通事故认定复核结论》

当事方电信公司对在道路上架设的电缆，没有有效地进行维护管理，影响行车安全，是发生事故的次要原因；当事人周某福驾驶车辆没有确保安全，是事故发生的主要原因；但交警中队在办理该案时，存在证据不足，根据《道路交通事故处理程序规定》第 54 条之规定，决定撤销恩施市公安局交警大队新塘中队于 2018 年 2 月 2 日作出的恩公交(新)认字〔2018〕0202005 号交通事故认定书的认定，责令恩施市公安局交警大队在收到该决定书 10 日内对本起交通事故重新调查、认定。

(三)2018 年 3 月 29 日恩施市公安局交通警察大队新塘中队恩公交(新)认字〔2018〕第 0329001 号《道路交通事故认定书》

道路交通事故证据及事故形成原因分析：

2018 年 2 月 2 日 11 时许，周某福驾驶鄂 Q×××××号小型客车沿工商路由新塘卫生院门诊　门口方向往农村商业银行方向行驶，当车行驶至新塘乡农村商业银行旁时，因新塘乡供电所职工毛某兵在新塘乡农村商业银行旁边的一根电线杆上检修电把电信的网线取掉下来，此时周某福驾驶的鄂 Q×××××号小型客车经过农村商业银行时将网线挂住，网线弹回去将正在马路上行走的路人谢某洲带倒在地，事故造成谢某洲受伤、一车受损的交通事故。

当事人导致交通事故的过错及责任：

根据《中华人民共和国道路交通安全法》第 22 条之规定，机动车驾驶人应当遵守道路交通安全法律、法规的规定，按照操作规范安全驾驶、文明驾驶，驾驶员周某福在此次交通事故中承担事故的主要责任，新塘乡供电所在此次交通事故中承担事故的次要责任，行人谢某洲在此次交通事故中无责任。

(四)恩施市公安局司法鉴定中心《鉴定书》

“死者谢某洲系因严重颅脑损伤和并发双侧肺部严重感染而死亡”，死亡时间是 2018 年 7 月 31 日。

四、控辩意见

公诉人：被告人周某福违反《道路交通安全法》有关按照操作规范安全驾驶的规定，致被害人谢某洲死亡，负事故主要责任，成立交通肇事罪。

辩护人：周某福不应承担事故的主要责任，并且对谢某洲的死亡结果没有过失。

(一)周某福不应承担事故的主要责任

1. 两份《道路交通事故认定书》都不能作为认定案件事实的根据。

恩施市公安局交通警察大队新塘中队于2018年2月2日制作的恩公交(新)认字〔2018〕第0202005号《道路交通事故认定书》认定“驾驶员周某福在此次交通事故中承担事故的主要责任，新塘乡供电所职工毛某兵在此次交通事故中承担事故的次要责任”。这份认定书为恩施州公安局交通警察支队恩州公交复字〔2018〕第011号《道路交通事故认字复核结论》所撤销，撤销的理由是“办理该案时，存在证据不足”，并“责令恩施市公安局交警大队对本起交通事故重新调查、认定”。

但是恩施市公安局交通警察大队新塘中队于2018年3月29日制作的恩公交(新)认字〔2018〕第0329001号《道路交通事故认定书》与第一份即〔2018〕第0202005号《道路交通事故认定书》在形式上与内容上完全一样，同时认定“驾驶员周某福在此次交通事故中承担事故的主要责任，新塘乡供电所职工毛某兵在此次交通事故中承担事故的次要责任”，没有证据证明这份事故认定书是恩施市公安局交通警察大队新塘中队对事故进行了重新调查后制作的。因此，辩护人认为第二份《道路交通事故认定书》就是第一份被撤销的《道路交通事故认定书》，不能作为认定案件事实的根据。

2. 周某福不应承担事故的主要责任

第一，交警大队《责任事故认定书》不等同刑事上的责任认定，《责任事故认定书》对事故责任的划分是否合理、合法，必须由法官审查判断。

第二，供电公司工人毛某兵检修线路没有设置警示牌，将网线取掉，横吊在公路中间，对公共安全造成重大隐患，没有采取措施予以排除，是造成本案的主要原因，被告人周某福是次要原因。

本案属于多因一果，两个原因共同造成本案。一个是供电所工人毛某兵的行为，另一个是周某福的驾驶行为，究竟是谁该承担主要责任呢？关键在于是谁制造了法益侵害的危险，危险究竟处于谁的控制之下。根据庭审查明的事实，是毛某兵检修线路将网线取掉，横吊在公路中间，对公共安全造成重大隐患；只要他设立检修警示牌，或者将取掉的网线收拾好，或者把影响检修的网线取下收拾好后再检修，就不会造成本案，无论其对被害人死亡的结果的主观态度为何，都不能否认其制造了危害公共安全的危险，并且危险处于其控制之下的客观事实。

从事故发生的逻辑结构上看，是网线带倒了被害人，而网线是毛某兵弄吊在空中的，虽然毛某兵取掉网线的时间发生在前，但毛某兵取掉网线任其斜吊在街道上空所造成危险公共安全的危险，才是发生本案的直接原因。因此，被告人周某福不负事故的主要责任，而是次要责任。

(二)周某福对死亡结果没有过失

1. 周某福没有看到斜吊在街道上空的网线

根据庭审查明的事实，被告人周某福没有看到斜吊在街道上空的网线，他之所以没有看到，是因为事发当天接近中午，天气晴朗，阳光耀眼，街道上逢热场，行人多，他把注意力集中到了行人上；更重要的是在事发的前半个小时左右他曾经为置办年货路过那里，当时没有人施工、没有网线吊在街道上空。因为是单行道，他又出去转了一圈，然后为取年货而返回。他根本就没有想到返回的时候，街道上空会有一根斜吊的网线。

2. 周某福不应当预见街道上有斜吊的网线

根据庭审卷宗证据，及辩护人提交的案发后拍摄的现场照片，斜吊在街道上的网线非常细，案发后被放置在地面上，就像是地上的细缝。根据案发时的自然条件，尤其是周某福案发的前半个小时路过那里时没有网线，半小时左右即案发时，斜吊在现场的网线对周某福而言，是影响其安全驾驶的异常因素，他没有看到网线是事实，但是法律不能要求他当时应当看到网线。

3. 周某福更不应当预见到网线会把被害人带倒摔伤

周某福不应当预见到街道上有斜吊的网线，更不应当预见到斜吊的网线会把被害人带倒摔伤。只有在周某福对驾驶的汽车刮擦到网线有认识的情况，才能要求他能否预见到“行为”是否造成被害人摔伤的“危害后果”。

4. 本案对周某福而言，是意外事件

不能把周某福能否预见到网线，等同于周某福能否预见网线带倒被害人摔伤。在周某福没有看到网线、也不应当看到网线的情况下，他不可能预见被害人被网线带倒、摔伤等危害后果，因此，本案对周某福而言，是意外事件。

五、法院判决

恩施市人民法院以〔2019〕鄂2801刑初128号刑事判决认定：

被告人周某福在驾驶车辆过程中，没有尽到必要的谨慎、注意义务，发生交通事故致一人死亡，负事故主要责任，其行为已构成交通肇事罪。公诉机关指控的罪名成立，本院予以确认。辩护人辩称案发当时下垂的网线太细，不容易被看见，周某福的行为属意外事件。根据证人证言可知当天下垂的电信网线是可以被清楚看见的，且周某福本人亦供述当天因为新塘集镇赶场，人很多，自己主要是在注意道路两边的行人，对道路的状况没有仔细观察。故辩护人该辩护意见本院不予采纳。辩护人辩称两份道路事故认定书从形式到内容完全一样，不能认定为划分责任的依据。该辩护观点与审理查明的事实不符，本院不予采纳。被告人周某福案发后主动报警，将被害人送往医院救治后又返回现场等候，到案后如实供述犯罪事实，庭审中对行为性质的辩解不影响自首的认定。辩护人关于周某福有自首、积极救治被害人等减轻、从某处罚情节的相关辩护观点本院予以采纳。综上，鉴于被告人周某福案发后投案自首、积极救治被害人并对被害人家属的经济损失进行了赔偿，取得被害人家属的谅解，本院决定对其从轻处罚，并适用缓刑。判决被告人周某福犯交通肇事罪，判处拘役四个月，缓刑六个月。

恩施州中级人民法院以〔2020〕鄂28刑终44号刑事裁定认为：

《中华人民共和国道路交通安全法》第22条规定：机动车驾驶人应当遵守道路交通安全法律、法规的规定，按照操作规范安全驾驶、文明驾驶。经查，上诉人周某福驾驶机动车时，疏忽大意，没有观察、注意到横过道路悬吊的光纤线，造成车辆与光纤线发生碰撞，光纤线回弹致被害人谢某倒地受伤，被害人谢某因严重颅脑损伤并发双侧肺部严重感染而死亡的事实清楚，证据充分。本案发生后，恩施市公安局交通警察大队新塘中队作出恩公交(新)认字〔2018〕第0202005号《道路交通事故认定书》，周某福对该认定有异议，依法申请复核。恩施自治州公安局交警支队受理该复核申请后，作出了恩州公交复字〔2018〕第001号《道路交通事故认定复核结论》，决定撤销恩公交(新)认字〔2018〕第0202005号《道路交通事故认定书》，责令恩施市公安局交警大队对本起交通事故重新调查、认定。恩施市公安局交通警察大队新塘中队重新作出了恩公交(新)认字〔2018〕第0329001号《道路交通事故认定书》。公安机关交警部门的上述行为符合《中华人民共和国道路交通安全法》、《道路交通事故处理程序规定》的相关规定，恩施市公安局交通警察大队新塘中队作出的恩公交(新)认字〔2018〕第0329001号《道路交通事故认定书》事实清楚、证据确实充分、适用法律正确、责任划分公正、程序合法。原审法院采信该事故责任认定并无不当。综上，上诉人周某福及其辩护人所提新塘供电所是造成本案的主要原因、周某福主观上没有过失，属意外事件与事实和法律不符，不能成立，本院不予支持。

六、理论评析

本案在证据采信、客观事实认定方面没有争议，争议焦点在于被告人周某福是否成立交通肇事罪。在检讨本案判决之前，首先明确一下基本案件事实，然后进行讨论：

2018年2月2日上午，新塘乡供电所职工毛某兵在新塘乡农村商业银行旁边的一根电线杆上检修，没有设置“施工牌”等警示标志，在检修过程中，把电线杆上电信公司架设的网线取下斜吊在街道上空。同日11时许，周某福驾驶鄂Q××××号小型客车沿工商路由新塘卫生院门诊门口方向往农村商业银行方向行驶，当车行驶至新塘乡农村商业银行旁时，没有看到斜吊在街道上空的网线，他所驾驶的鄂Q××××号小型客车车口挡风玻璃上方挂到了网线，网线弹回去将正在马路上行走的路人谢某洲绊倒在地。被告人周某福见状立即报警并将谢某洲送至新塘乡卫生院救治，随后被告人周某福返回事故现场等候民警处理。2018年7月31日，谢某洲经医院抢救无效死亡。

本案看似简单，在理论上却很复杂，涉及因果关系理论、客观归责理论、构成要件符合性的判断、犯罪参与理论等，法院没有审查供电所施工行为可能具有的刑法意义，无视辩护意见，将复杂问题简单化处理，其裁判结论是否妥当，值得检讨。

（一）肇事司机周某福、供电所职工毛某兵二人各自实施的行为与被害人谢某死亡结果之间是否有因果关系

为了讨论司机周某福、供电所职工毛某兵二人各自实施的行为与被害人谢某死亡结果之间是否有因果关系？首先需要对刑法因果关系理论予以简单梳理。

相当因果关系说主张，根据社会上一般人的经验来看，在通常情况下，由该行为引起该结果可谓之为通常现象的场合，也即行为所产生的结果是相当的时候，就能肯定，该行为与该结果之间具有刑法上的因果关系。相当因果关系在发展的过程中产生了三种对立观点：主观说、客观说、折中说。(1)主观的相当因果关系说认为，以行为人已经认识、预见以及能够认识、预见的情况为前提；(2)客观的相当因果关系说认为，以行为当时存在的所有情况以及客观上有可能遇见的行为之后的情况为前提；(3)折中的相当因果关系说认为，要综合考虑行为当时一般人有可能认识的情况以及行为人本人已经特别认识到的

情况。相当因果关系理论存在的问题在于：(1)相当因果关系理论混淆了客观联系与主观认知之间的关系；(2)相当因果关系理论之“行为相当性”的判断，不是行为与结果之间因果关联的判断，而是行为的构成要件符合性的判断。但是，我们必须充分注意到相当因果关系说以行为与结果之间具有条件关系基础，是为了防止采取条件说扩大处罚范围而发展起来的理论，因此，具备刑法上的因果关系以行为与结果之间存在“条件关系”为前提，如果行为与结果之间不具备条件关系，则一定不具备因果关系。

客观归责理论是德国近些年来最重要的刑法理论，因果关系以条件说为前提，在与结果有条件关系的行为中，只有当行为制造了不被允许的危险，而且该危险是在符合构成要件的结果中实现(或在构成要件的保护范围内实现)时，才能将该结果归责于行为。① 客观归责也称客观归属，它包含三个基本规则：(1)该行为制造了不被允许的风险。要进行客观归责，其前提必须是行为制造了的风险，并且这种风险在刑法上是被禁止的，只有制造了不被刑法所允许的危险时才能将危害结果归责于行为。(2)该行为实现不被允许的危险。行为所制造的危险必须在结果中实现时，才能归责。如果行为制造了不被刑法所允许的风险，但结果的发生并不是由该行为造成的，而是偶然与危险同时发生时，应排除客观归责。(3)危害结果没有超出构成要件的保护范围。按照客观归责理论，因果关系以条件说为前提，如果行为与结果之间没有“条件关系”，就不得将结果归咎与该行为。

在实践中，构成要件符合性的判断，可以采取逆向判断的方法，首先确认行为与结果之间是否具备条件关系(条件说)，然后判断行为是否该当某具体犯罪的行为要件，从而最终决定是否应该追究刑事责任。条件说“乃用以判断有无因果关系的基本理论，依据条件理论的基本论旨，认为具有刑法意义的原因，乃指造成具体结果所不可想象其不存在的每个条件，尚可想象其不存在，而具体结果仍会发生者，即非刑法上的原因。申言之，对于具体结果的发生，不能想象其不存在的所有条件，均是造成结果的原因。倘若可以想象某一行为或某一事实，即使并不存在，而具体结果仍会发生者，则该行为或事实即非造成结果的条件”。② 简而言之，条件说是指，“在实行行为与结果之间，只要存在着‘没有前者就没有后者’这种条件关系时，我们就能够认为没有刑法上的

① 参见张明楷：《刑法学》(第六版)，法律出版社 2021 年版，第 228 页。

② 参见林山田：《刑法通论》(上册)增订十版，台大法律学院图书部 2008 年版，第 213~214 页。

因果关系”,[1] 不过，有因果关系，不等于行为必定成立犯罪，因为还必须进行构成要件符合性与有责性的判断。

从自然的因果流程观察，本案表现为：毛某兵在水泥杆上检修电力设备，将电信公司的网线取下后将其斜吊在街道上空→周某福驾车路过没有看见斜吊在街道上空的网线，小汽车车头上部刮到了网线→网线弹起来，绊倒了谢某洲，谢某洲因严重颅脑损伤和并发双侧肺部严重感染而死亡。如果供电所职工毛某兵在检修电力设备时，不取掉电信公司的网线斜吊在街道上空，或者毛某兵及时设置“正在施工、注意安全”之类的施工警示牌，或者取掉网线时及时将网线收拾、安装好，那么就不会出现被害人弹起的网线绊倒在地，受伤死亡；如果司机周某福驾车没有刮到斜吊的网线，网线就不会弹起起来绊倒谢某，致其摔伤致死，因此，无论是司机周某福，还是供电所职工毛某兵，二人各自实施的行为都与被害人谢某死亡结果之间存在“没有前行为，就没有后结果”的因果关系(条件关系)，进而，需要判断的是二人的行为是否构成犯罪。

(二)供电所职工毛某兵是否涉嫌犯罪？成立何罪

本案在谢某洲被弹起的网线绊倒，发生死亡结果的情况下，应详细分析分析究竟致其摔倒、最终死亡的风险是谁制造、又是如何实现的。供电所职工毛某兵检修电力设备时，取掉电信公司的网线将其斜吊在街道上空，而当天正值赶集，街道上车来车往、行人攘攘，这根斜吊在街道上空的网线，不仅有直接绊倒行人的危险，而且有被车辆挂到后弹起伤害行人的危险。发生本案，已经充分证明了这一点。虽然供电所职工毛某兵检修电力设备，是正当的职务行为，但是检修电力设备时取下电信公司的网线，没有采取妥善放置措施，任其斜吊在街道上空，显然制造了法不允许的危险。

问题在于，这种给公共安全所造成的隐患是否危害了公共安全。关于什么是公共安全，外国理论有四种观点，第一种观点认为，公共危险是指对不特定人的生命、身体或者财产的危险；第二种观点认为，不问是否特定，只要是对多数人的生命、身体或者财产的危险，就是公共危险；第三种观点认为，公共危险是指对不特定并且多数人的生命、身体或者财产的危险；第四种观点认为，公共危险是指对不特定或者多数人的生命、身体或财产的危险。[2] 我国刑

① 参见张明楷：《外国刑法纲要》(第三版)，清华大学出版社 2020 年版，第 91 页。

② 参见[日]大塚仁：《刑法概说(各论)》，有斐阁 2005 年第 3 版增补版，第 358 页。

法理论对此存在相同争议，目前第四种观点处于主导地位①，而且为实务所采纳②。刑法规定的危害公共安全罪，保护具有社会性的公众的生命、身体、重大财产，“多数”是公众概念的“核心”，而“不特定”意味着“多数”的可能性，换言之，所谓“不特定”，是指“犯罪行为可能侵犯的对象数量和可能造成的结果范围事前无法确定，行为人对此既无法具体预料也难以实际控制，而且行为造成的危险或者侵害的结果可能随时扩大或增加”。③

对于本案而言，当天正值赶集，街道上车来车往、行人攘攘，这根网线斜吊在街道上空，不仅有直接绊倒行人的一般危险，而且有网线被车辆挂到后弹起伤害不特定人的具体危险，后者，就是刑法上的危害公共安全，且“危害公共安全的具体危险”已经转化为“不特定人谢某洲被弹起的网线绊倒，颅脑损失致死的实害结果”。

如前所述，虽然供电所职工毛某兵检修电力设备是正当职务行为，但是其取下电信公司的网线，没有放置在安全地点，而是任其斜吊在车来车往、行人攘攘的街道上空，对公共安全造成了危险，毛某兵对“自己的先前行为造成的法益侵害紧迫危险”具有防止其发生的作为义务。而且，只要其在施工现场放置“正在施工、注意安全”之类的警示牌，或者把网线从水泥杆上取下来，放置在地面上，而不是任其系斜吊在街道上空，就完全可以消除危险，可见，对其而言，本案具有作为可能性与结果回避可能性。作为供电所职工，其预见能力高于一般人，对行为危害公共的结果有预见可能性。其行为该当过失以危险方法危害公共安全罪的构成要件，成立过失以危险方法危害公共安全罪。

（三）周某福是否犯交通肇事罪

法院判决周某福犯交通肇事罪，但没有针对辩护观点予以说理。

根据《刑法》第 133 条规定，交通肇事罪是指反交通运输管理法规，因而发生重大事故，致人重伤、死亡或者使公私财产遭受重大损失的行为。客观不法要件的内容包括：（1）必须有违反交通运输管理法规的行为；（2）必须发生

---

① 参见张明楷：《刑法学》（第六版），法律出版社 2021 年版，第 878 页；周光权：《刑法各论》（第四版），中国人民大学出版社 2021 年版，第 175 页；黎宏：《刑法学各论》（第二版），法律出版社 2016 年版，第 17 页；高铭暄、马克昌：《刑法学》（第九版），北京大学出版社、高等教育出版社 2019 年版，第 329 页。

② 参见最高人民法院刑事审判第一、二、三、四、五庭：《中国刑事审判指导案例》第 2 卷，法律出版社 2017 年版，有关“危害公共安全罪”指导案例中的裁判观点。

③ 张明楷：《刑法学》（第六版），法律出版社 2021 年版，第 880 页。

重大交通事故；(3)违反交通运输管理法规的行为与重大责任事故之间必须具有因果关系；(4)行为人必须对重大交通事故承担同等以上责任。主观责任表现为过失，包括疏忽大意的过失和过于自信的过失。

1. 关于客观构成要件符合性。

(1)周某福是否违反交通运输管理法规？

公安机关《道路交通事故认定书》，认定“根据《中华人民共和国道路交通安全法》第 22 条之规定，机动车驾驶人应当遵守道路交通安全法律、法规的规定，按照操作规范安全驾驶、文明驾驶，驾驶员周某福在此次交通事故中承担事故的主要责任”。法院完全采纳了公安机关《道路交通事故认定书》的意见，认为周某福违反《中华人民共和国道路交通安全法》第 22 条第 1 款“机动车驾驶人应当遵守道路交通安全法律、法规的规定，按照操作规范安全驾驶、文明驾驶”的规定，换言之，就是认为违反《中华人民共和国道路交通安全法》第 22 条第 1 款就是违反《刑法》第 133 条规定的“违反交通运输管理法规”。

《道路交通安全法》第 22 条第 1 款只是原则性、倡导性规定，要求机动车驾驶人员“遵守道路交通安全法律、法规的规定，按照操作规范安全驾驶、文明驾驶”，并不具有裁判性内容。机动车驾驶人员是否尽到《道路交通安全法》第 22 条第 1 款规定的“安全驾驶、文明驾驶”的义务，需要根据机动车驾驶人员是否按照道路交通安全法律、法规规定的操作规程驾驶机动车辆进行判断。这些“安全驾驶、文明驾驶”的操作规程，除了《道路交通安全法》有相对抽象的规定，《道路交通安全法实施条例》有非常明确、具体、细化的规定。如果机动车驾驶人员没有违反明确违反《道路交通安全法实施条例》规定的具体违法情形，则不得认定其违反《道路交通安全法》第 22 条第 1 款规定。现代社会是风险社会，高速度交通工具等带来的风险都是被允许的风险，只要机动车驾驶人员没有明确违反《道路交通你安全法》及其《实施条例》规定的情形，即使造成了法益侵害的现实结果，也应认定为合法。

因此，法院认定周某福违反道路交通运输管理法规，证据不足。

(2)周某福是否应该负事故主要责任。

法院是否必须根据交警大队《责任事故认定书》认定周某福、毛某兵的责任认定呢？对此，实务中有两种态度，一种是直接根据交警大队《责任事故认定书》认定事故责任程度，另一种观点则认为，交警大队《责任事故认定书》不等同刑事上的责任认定，《责任事故认定书》对事故责任的划分是否合理、合法，必须由法官审查判断。

辩护人认为，“供电公司工人毛某兵检修线路没有设置警示牌，将网线取掉，横吊在公路中间，对公共安全造成重大隐患，没有采取措施予以排除，是造成本案的主要原因，被告人周某福是次要原因”，然而，在周某福没有明确违反《道路交通安全法》及其《实施条例》规定的情形的情况下，宜认定其对事故不负责任。详言之，本案属于多因一果，两个原因共同造成本案，一个是供电所工人毛某兵的行为，另一个是周某福的驾驶行为。被害人死亡结果作为“公共安全危险”的现实化，究竟归责于前者还是后者，关键在于是谁制造了法益侵害的危险，危险又处于谁的控制之下。根据案件事实，是毛某兵检修线路将网线取下后将其横吊在街道上空，对公共安全造成重大隐患；只要他设立检修警示牌，或者将取掉的网线收拾好，或者把影响检修的网线取下收拾好后再检修，都不会造成本案，无论其对被害人死亡的结果的主观态度，都不能否认其制造了危害公共安全的危险，且危险处于其控制之下的客观事实。周某福偶然实现了毛某兵制造的法不允许的风险，不能将结果归咎于周某福，应认定周某福对事故不负责任。法院放弃对事故责任审查，直接根据交警大队《责任事故认定书》认定周某福负事故主要责任，是错误的。

2. 关于主观责任要件。

交通肇事罪的主观责任为过失，包括疏忽大意的过失与过于自信的过失，前者的实质是行为人违反了预见义务，后者的实质是行为人没有违反预见义务，但违反了结果回避义务。具体而言，是指：行为人对自己违反交通运输管理法规的行为导致的严重后果应当预见，由于疏忽大意没有预见，或者虽然预见，但轻信能够避免。根据刑法规定，过失是对行为所造成的责任事故而言的，对是否故意违反交通运输管理法规则在所不问。

本案在周某福没有明确违反《道路交通你安全法》及其《实施条例》规定的情形的情况下，本无进一步判断其主观上是否有过失的必要，在此，仍然作进一步分析：

周某福没有看到斜吊在街道上空的网线，当然就没有认识到所驾驶车辆会刮到网线；没有认识到所驾驶车辆会刮到网线，当然就不会认识到网线绊倒行人谢某洲，并造成其颅脑损伤，不治身亡的危害结果，因此本案一定不是过于自信的过失，需要考察的是周某福对被害人死亡结果是否有认识可能性。

日益普及的交通工具，极大方便了人类生活，然而，在道路上驾驶机动车辆虽然是具有社会风险的行为，不过，只要遵守交通规则，就是被允许的风险，同时，在交通规则的管控之下，所有参与道路交通者，都能够彼此合理信赖，认为都会遵守交通规则。毛某兵的行为破坏了这种信赖关系，法没有理由要求周某福在驾车路过街道时必须看到街道上空斜吊着一根网线。正如辩护人指出的那样，“根据庭审卷宗证据，及辩护人提交的案发后拍摄的现场照片，斜吊在街道上的网线非常细，案发后被放置在地面上，就像是地上的细缝。根据案发时的自然条件，尤其是周某福案发的前半个小时曾经路过那里，当时没有网线，半小时后即案发时出现在现场的网线对周某福而言，是异常的介入因素，他没有看到网线是事实，但是法律不能要求他当时应当看到网线”。

周某福不应当预见到街道上有斜吊的网线，更不应当预见到斜吊的网线会把被害人带倒摔伤、致死。只有在周某福对驾驶的汽车刮擦网线有认识的情况下，才能要求其能否预见到“行为”是否造成被害人摔倒致死的“危害后果”。不能把周某福能否预见到网线，等同于周某福能否预见网线带倒被害人摔伤致死。

因此，在周某福没有看到网线、也不应当看到网线的情况下，他不可能预见被害人被网线带倒、摔伤、摔死等危害后果，本案对周某福而言，是意外事件。

拓展阅读：

1. 张明楷：《论被允许的危险的法理》，载《中国社会科学》2012 年第 11 期。
2. 张明楷：《交通肇事的刑事责任认定》，载《人民检察》2008 年第 2 期。
3. 陈兴良：《客观归责的体系性地位》，载《法学研究》2009 年第 6 期。
4. 周光权：《客观归责与过失犯论》，载《政治与法律》2014 年第 5 期。
5. 赵慧：《刑法上的信赖原则研究》，武汉大学出版社 2007 年版。

案例十　李某诈骗罪案

导读：

认定被告人有罪必须达到“事实清楚，证据确实、充分”的证明标准，如果证据与案件事实之间存在各种矛盾，就必须对证据的采信与案件事实认定予以解释、说明，从而达到“只有被告人实施了犯罪才是唯一结论，不可能存在其他可能性的内心确信”；如果不能排除合理怀疑，就应作出有利于被告人的事实推定。

刑法适用，要不断将案件事实向刑法规定靠近，进行相同性比较。如果指控的诈骗犯罪行为，不符合诈骗罪的行为结构，就应得出不成立诈骗罪的结论。使用虚假车辆购置税完税凭证，骗取车辆登记或者与车管所工作人员勾结取得车辆登记的，只有已经缴纳的税款才是国有财产，未缴纳的税款不能成为诈骗罪的犯罪对象与贪污罪的犯罪对象，但根据更详细案件事实，可能成立其他相关犯罪。

关键词：

排除合理怀疑；证据确实充分；证明标准；诈骗罪；虚假车辆购置税完税凭证；犯罪对象；税款；贪污罪

一、指控事实

恩施市人民检察院以恩市检诉刑诉〔2016〕288号起诉书指控：

(一)行贿罪、诈骗罪

被告人陈某明为了顺利办理机动车在恩施的现场查验、注册登记等手续，向国家工作人员杨某学(另案处理)、被告人周某、姚某行贿；被告人李某、陈某明为非法占有机动车购置税款，使用假的购置税完税凭证注册登记，并向被告人周某、姚某行贿。被告人陈某明向国家工作人员行贿人民币 526 100 元，被告人李某向国家工作人员行贿人民币 258 000 元，二人共计骗取税款人民币 1 391 113. 55 元。具体事实如下：

1. 被告人陈某明自 2011 年以来，为顺利办理外地车辆的查验手续，陈某明找到恩施州机动车服务中心查验岗干警杨某学(另案处理)，在车主及车辆不到恩施的情况下，通过杨某学违规办理查验手续，并因此逢年过节以红包方式送杨某学现金共计 3 万元。

2. 被告人李某从事机动车注册登记等代办业务，承揽了上海东昌思达汽车销售服务有限公司、上海交运起成汽车销售服务有限公司等多家汽车销售的机动车在恩施注册登记的义务。2011 年 5 月，李某通过他人得知被告人陈某明的联系方式，于是联系陈某明，约定由陈某明代办机动车注册登记业务，给陈某明代办费人民币 1 200 元至 1 600 元每台不等。因外地车辆在恩施登记注册要求《暂住证》等条件，李某提供的资料不符合要求，陈某明便找到在恩施州机动车服务中心登记审核岗的工作人员被告人周某、姚某，三人商议，陈某明使用伪造的《暂住证》和变造户籍地址的身份证复印件办理注册登记，由周某、姚某帮忙办理手续，陈某明给周某、姚某每台车人民币 200 元以上的好处费。陈某明使用虚假资料，通过周某、姚某共计办理机动车这册登记 735 台。

3. 2012 年 6 月，李某和陈某明合谋使用假车辆购置税完税凭证办理注册登记，所获购置税二人平分。在陈某明如此操作时，周某、姚某发现，于是周某、姚某约谈陈某明，就使用假车辆购置税完税凭证办理注册登记业务达成协议，合谋每办理一台，陈某明给周某、姚某人民币 2 000 元的好处费。陈某明将此事告知李某，李某同意在扣除 2 000 元的好处费后，剩余税款与陈某明平分。至 2012 年 12 月，李某、陈某明共计使用假购置税完税凭证办理机动车注册登记 129 台，获得税款共计人民币 1 391 113. 55 元，给周某、姚某好处费共计人民币 258 000 元。

(二)受贿罪、滥用职权罪

被告人周某、姚某均系恩施土家族苗族自治州机动车服务中心的工作人员，主要负责审查机动车登记注册业务的各项证明资料，录入登记信息，出具受理凭证等工作。2011 年至 2012 年 12 月期间，二人在与外地车辆注册代办人员合谋后，利用职务便利，违规为外地车辆办理注册登记，并因此收受好处费。具体事实如下：

1. 2011 年下半年，周某、姚某与恩施市交警大队民警袁某合谋后，违规帮助袁某办理机动车注册登记，分别收受好处费人民币 4 000 元。

2. 2011 年 5 月至 2012 年 12 日期间，周某、姚某明知陈某明提供的资料中使用了编造的车主身份证复印件、伪造的《暂住证》和假购置税完税凭证，还利用职务便利，为陈某明办理机动车注册登记，并因此收受好处费，造成国家税收损失人民币 1 391 113. 55 元。根据银行转账记录，周某收受好处费人民币 205 200 元，姚某收受好处费 290 900 元。

3. 2012 年期间，周某、姚某明知毛洪益提供变造的车主身份信息，还利用职务便利，违规为毛洪益办理机动车注册，并收受好处费共计 46 200 元，其中周某分得人民币 28 200 元，姚某分得人民币 18 000 元。

4. 2012 年 11 月，周某违规为冉少清办理挂车注册登记，收受好处费 20 000元。

5. 2012 年期间，姚某违规为冉少清办理汽车注册登记，收受好处费人民币 3 000 元。

二、辩护要点

(1)所指控的犯罪行为不符合诈骗罪的行为结构，不成立诈骗罪。

(2)指控李某犯诈骗罪、行贿罪的证据没有达到确实充分的证明标准。

三、关键证据

(一)姚某供述与辩解

姚某是恩施州交警支队车辆管理所机动车业务受理岗位工作人员，2012 年 6 月，办理业务时发现上海车在恩施上户的情况突然增多。周某是姚某的同事，陈某明是搞汽车上户等业务代办人，三人达成一致意见，约定每台车 200 元的好处费给陈某明办理上海车上户业务。因为上海车上户资料中都是使用的暂住证复印件，归档时审查比较严，容易引起怀疑，周某就主动给陈某明说不要再搞暂住证了，用恩施的地址上户不会被发现，让陈某明以后用身份证，把身份证上的地址改成恩施州的方便操作。后来在姚某在办理业务时发现陈某明提供的资料中的购置税凭证是假的，姚某、周某一起质问陈某明，陈某明承认是假的。当天晚上，双方再次见面，约定以后如果上海车上户如果是虚假的购置税凭证，每台车给 2 000 元。为陈某明办理汽车上户业务，姚某收了二十多万，周某估计拿了十多万元。

姚某供述，知道陈某明有个在上海的上家，但是不知道是谁，跟李某没有见过面，没有打过电话，不认识李某。

(二)李某供述与辩解

李某是上海东昌思达、上海东昌宝山、上海交运起成 4S 店的车辆上户代办人员，他与陈某明是在网上认识的，知道陈某明在恩施从事车辆上牌业务后，就委托陈某明在恩施代理上海汽车在恩施的上户业务。在陈某明代理的车辆中，李某不知道陈某明使用了变造的身份证复印件，知道其中有一些车没有缴纳购置税，但是不知道具体有哪些车没有缴纳购置税，也不知道哪些车是使用的伪造的购置税完税凭证，陈某明只是告诉他有些车可以不用缴纳车辆购置税，可以直接把牌照办出来，分他一半税钱。他认为可能是少数民族自治地区有特殊规定。李某一共分了大约五十几万元购置税款，具体金额不清楚。

李某供述整个上海车在恩施办理上牌的具体流程是："我先将上牌需要的相关资料(合格证，交强险副本，机动车销售发票客服联、机动车销售发票报税联，机动车销售发票注册登记联、车主身份证原件)寄给陈某明，他收到之后就去上牌，他把这些车辆的购置税完税凭证和发票通过快递寄给我，我确认下金额再算下多少钱后，就通过我们之间的工行账号转账，给他打一半的车辆购置税的金额过去，然后再把陈某明给我寄的这些资料给他寄回去，他收到资料之后就在恩施州办理上牌业务，办好之后，我就将代办费打给他。他就将所有的上牌资料寄给我，之后我就将上好牌的机动车包含车辆购置税完税凭证和发票的所有资料拿到上海那三家 4S 店，4S 店就将购置税税款要么通过转账要么直接给现金给我。"

李某供述没有给陈某明寄过车辆购置税完税凭证等相关资料，都是陈某明将购置税完税凭证寄给李某；李某也没有跟陈某明提供过伪造的车辆购置税完税凭证。委托陈某明在恩施为上海籍机动车办理的每台车，陈某明都给李某寄过购置税完税凭证和发票。对于为什么有的车没有缴纳购置税，陈某明寄给他的汽车上户资料中还有车辆购置税完税凭证和发票，李某确认金额后，还把自己私人的钱给陈某明转一半的金额过去，李某辩解“分了购置税税款，也就没有想那么多了”。

李某供述只认识陈某明，不认识姚某与周某。

(三)陈某明供述与辩解

2011年7月的时候，陈某明与李某商定把上海车主的机动车在恩施上牌照后，陈某明与姚某、周某商定按照每给一辆上海车上牌，给姚某、周某200元钱。最开始陈某明伪造虚假的暂住证上户，因为车管所要求加强对外地车辆在恩施州注册上户审查工作，姚某与周某告诉陈某明方法，伪造虚假的身份证住址信息来提供车主身份信息证明。在汽车外检查验方面，陈某明找到交警支队检测岗的杨某学、霍某、黄某三名干警，给他们好处费，在上海车没有进场查验的情况下，帮忙通过对外检岗，接下来姚某、周某把陈某明办理的上海车顺利通过他们的审查，并录入系统，上海车主的机动车就顺利在恩施上户了。

2021年6月，“李某跟我说车辆转籍不需要单独找国税局提取车辆购置税档案，他提供虚假的车辆购置税完税凭证给我，让我用虚假的购置税凭证来为上海车主的机动车主在恩施上户，我就拿几台车的资料去车管所试，看能不能行得通，结果就被姚某和周某发现了问题，发现车辆购置税完税凭证是假的，他们就只给我办理了几台，后面就没有给办了”。被发现的当天晚上，陈某明与姚某、周某在宾馆见面，姚某、周某商量后提出“假的购置税凭证的上海车一个要拿2 000元给他们，假的身份证住址信息的车主身份证明的机动车上户按300元一个给他们”，陈某明表示同意，双方达成协议。

关于陈某明为上海车上户使用的假购置税凭证是谁提供的，陈某明辩解称：“用假的购置税凭证为上海籍机动车上户绝对是李某提议的，假的购置税凭证也是他提供的。因为我们骗取的车主的购置税税款除去要给周某、姚某的2 000元和李某伪造购置税完税凭证的工本费600元或800元，其余都是我和李某一人半平分的，这个从我的工行卡账上可以反映出来，这个是可以调查核实的。如果按照李某的说法，是我伪造的购置税凭证，那么结合打款的记录我们之间的流水账就算不拢，他就不需要跟我汇2 000元给姚某和周某，他自己也不用从骗取的税款里面扣除假购置税的工本费600元或者800元。同时，我使用真的购置税凭证为上海籍机动车在恩施上户的时候李某跟我寄的资料包括机动车合格证、交强险副本、客服联、报税联、注册登记联和车主身份证原件，而我用假的购置税凭证为上海籍机动车在恩施上户的时候李某跟我寄的资料包括合格证原件、交强险副本、注册登记联发票原件、车主身份证原件、假的购置税正副本、假购置税发票 如果李某说一直都是跟我寄的机动车合格证、交强险副本、客服联、报税联、注册登记联和车主身份证原件这些资料的话，那么我伪造虚假的购置税凭证李某就不需要跟我再寄报税联和发票第一联原件这些资料了。而且，我还跟姚某和周某说过，我使用的虚假的购置税凭证是李某提供的，并且在要跟周某、姚某他们分 2 000 元钱的时候，我还跟姚某、周某说这个事情我还要跟李某商量。还出事之前，我还当着姚某和周某的面跟李某打过电话，和他谈了关于使用虚假购置税办业务的事情。”

(四)周某的供述与辩解

周某供述称，陈某明使用的虚假的购置税凭证是陈某明在上海的上家提供的，因为“陈某明他自己不会伪造虚假购置税凭证，因为一方面陈某明做事比较稳当，一般不会冒风险做违法的事情，另一方面如果是陈某明自己伪造的假购置税凭证，他就没必要跟上海的上家分钱”。周某供述称，不知道陈某明上家的名字，只晓得是上海的；不清楚陈某明使用虚假的购置税凭证办理上海机动车在恩施注册上户每台给姚某、周某 2 000 元，陈某明的上家是否知情。周某供称，没有看到过陈某明的上家。

(五)上海 4S 店工作人员证言

(关于客户委托 4S 店上外地牌照具体流程)

“客户购车之后，如需要委托我公司上外地牌照，那么业务员就将李某提供可以上外牌的地方告诉客户，客户同意后就将上牌所需的资料交给业务员，并将需要交纳的代缴车辆购置税和上牌费交给公司，我对所有资料审核无误之后，就将资料交给李某，李某就去办理外地牌照，因为客户委托我公司代缴的车辆购置税，必须要到上外牌所在地的国税局缴纳，所以这些客户在当地缴纳的车辆购置税由李某先垫付，隔一段时间之后，李某就会到我公司或公司附近将办好的汽车牌照、行驶证、购置税完税凭证、购置税发票、机动车登记证书、购车发票、年检贴等资料交给我，我将这些资料审查是否齐全后，就交到公司的财务部门，同时将客户委托我公司代缴的车辆购置税和上牌费领出来，然后与李某结账，将汽车上牌所需要的购置税和上牌费支付给他。”

(如何将钱从公司财务领出来)

“李某上好牌之后，我将所有的资料拿给公司财务，填好领款单，总经理、财务经理、销售经理分别签字之后，我才能将客户之前缴纳的购置税和上牌费领出来。领钱的方式有公司打我银行卡(农业银行)，或我直接领现金。

我将钱领出来之后，就将该给李某的购置税和上牌费要么通过银行转账的方式要么以现金的方式给李某。”

四、控辩意见

公诉人：被告人姚某、周某犯受贿罪、滥用职权罪，陈某明、李某犯行贿罪、诈骗罪，被告人陈某明有自首情节，可以对其从轻处罚，建议对其在10~15年有期徒刑之间量刑；对李某在12~15年有期徒刑之间量刑。

李某辩护人：本案所指控的行为不符合诈骗罪的犯罪构成。本案的被害人是国家，造成的损失是国家税收损失，但是周某等人对陈某明使用虚假的购置税完税凭证是明知的，姚某、周某作为国家的代表没被骗的，既然没有人被欺骗，就不构成诈骗罪的欺骗行为。证明李某犯诈骗罪、行贿罪的证据不足，在法庭调查阶段，已经指出由于李某对相关的犯罪事实予以否认，虽然在客观上李某查收了陈某明邮寄伪造的购置税完税凭证，但是没有证据证明李某知道这些东西是伪造的，因此不能证实李某主观上有共同的诈骗罪犯罪故意。被告人陈某明的行为只构成行贿罪，因为他和姚某、周某之间钱权交易，姚某、周某滥用职权为其谋取非法利益，被告人陈某明与李某所私分款项，姚某、周某为其谋取的非法利益。李某与陈某明不成立行贿罪的共犯，因为李某没有直接参与行贿，李某与姚某、周某互不认识，没有确实充分的证据证明李某明知陈景明向姚某、周某二人行贿，虽然他猜测到州公安局车管所有工作人员与陈某明的关系好，但是这种猜测不是刑法意义上的明知，既然没有犯意联络，当然也就没有共同犯罪故意，不能构成行贿罪的共同犯罪。

一审法院认定：周某、姚某“2011年至2012年12月期间，二人在与外地车辆注册登记代办人员合谋后，利用职务便利，违规为外地车辆办理注册登记，并因此收受好处费，同时造成国家税收损失1 391 113. 55元”，判决姚某、周某犯受贿罪、滥用职权罪，判决陈某明、李某犯行贿罪、诈骗罪。

李某辩护人在二审中发表辩护意见认为：

(1)周某、姚某与车辆登记代办人员陈某明合谋，造成国家税收损失，因为没有符合诈骗罪行为结构的被骗人，必然没有成立诈骗罪的余地。

(2)各被告人的“合谋下”的共同行为造成了“国家税收的损失”，是共同犯罪，一审将以一个犯罪行为割裂评价，是适用法律错误。

(3)《刑法》第382条规定，“国家工作人员利用职务上的便利，侵吞、窃取、骗取或者以其他手段非法占有公共财物的，是贪污罪”。因为没有被骗人，所以周某、姚某的行为是贪污罪中的“侵吞”行为。

因此，姚某、周某、陈某明三被告人的行为成立贪污罪，没有证据能够证实李某与姚某、周某、陈某明之间成立共同犯罪，应对李某作出“证据不足，指控的罪名不能成立”的无罪判决。

五、法院判决

恩施市人民法院以〔2016〕鄂2801刑初268号刑事判决认定：

（一）诈骗罪

被告人陈某明为了顺利办理机动车在恩施的现场查验、注册登记手续，向国家工作人员杨某学(另案处理)、被告人周某、姚某行贿；被告人李某、陈某明为非法占有车辆购置税款，使用假的购置税完税凭证注册登记，并向被告人周某、姚某行贿。被告人陈某明向国家工作人员行贿人民币476 100元，被告人李某向国家工作人员行贿人民币258 000元，二人共计骗取税款人民币1 391 113.55元。具体事实如下：

1. 被告人陈某明自2011年以来，为顺利办理外地车辆的查验手续，找到恩施州机动车服务中心查验岗干警杨某学，在车主及车辆不到恩施的情况下，通过杨某学违规办理查验手续，并因此逢年过节以红包方式送杨某学现金共计3万元。

2. 被告人李某从事机动车注册登记等代办业务，承揽了上海东昌某汽车销售服务有限公司、上海交运起成汽车销售服务有限公司等多家公司现售的机动车在恩施注册登记业务。2011年5月，李某通过他人得知被告人陈某明的联系方式，于是联系陈某明，约定由陈某明代办机动车注册登记业务，给陈某明代办费每台人民币1 200元至1 600元不等。因外地车辆在恩施注册登记要求《暂住证》等条件，李某提供的资料不符合要求，陈某明便找到恩施州机动车服务中心登记审核岗的工作人员被告人周某、姚某，三人商议，陈某明使用伪造的《暂住证》和变造户籍地址的身份证复印件办理注册登记，由周某、姚某帮忙办理手续，陈某明给周某、姚某每台车人民币200元以上的好处费。陈某明使用虚假资料，通过周某、姚某共计办理机动车注册登记735台。

3. 2012年6月，李某和陈某明合谋使用假车辆购置税完税凭证办理注册登记，所获购置税二人平分。在陈某明如此操作时，被周某、姚某发现，于是周某、姚某约谈陈某明，就使用假车辆购置税完税凭证办理注册登记业务达成协议，合谋每办理一台，陈某明给周某、姚某人民币 2 000 元好处费。陈某明将此事告知李某，李某同意在扣除 2 000 元好处费后，剩余税款与陈某明平分。至 2012 年 12 月，李某、陈某明共计使用假购置税完税凭证办理机动车注册登记 129 台，获得税款共计人民币 1 391 113. 55 元，给周某、姚某好处费共计人民币 258 000 元。

4. 被告人陈某明因办理挂车注册登记业务，给周某好处费人民币 20 000元。

综上，给周某、姚某好处费，部分系陈某明通过银行转账方式支付，经核查银行交易明细，陈某明共计给周某转账人民币 155 200 元，给姚某转账人民币 290 900 元。

（二）受贿罪、滥用职权罪

被告人周某、姚某均系恩施土家族苗族自治州机动车服务中心的工作人员，主要负责审查办理机动车登记注册业务的各项证明资料，录入登记信息，出具受理凭证等工作。2011 年至 2012 年 12 月期间，二人在与外地车辆注册登记代办人员合谋后，利用职务便利，违规为外地车辆办理注册登记，并因此收受好处费，同时造成国家税收损失 1 391 113. 55 元。具体事实如下：

1. 2011 年下半年，周某、姚某与恩施市交警大队民警袁某合谋后，违规帮助袁某办理机动车注册登记，分别收取好处费人民币 4 000 元。

2. 2011 年 5 月至 2012 年 12 月期间，周某、姚某明知陈某明提供的资料中使用了变造的车主身份证复印件、伪造的暂住证和假购置税完税凭证，还利用职务便利，为陈某明办理机动车注册登记，并因此收受好处费，造成国家税收损失人民币 1 391 113. 55 元。根据银行转账记录，周某收受好处费人民币 155 200 元，姚某收受好处费人民币 290 900 元。

3. 2012 年期间，周某、姚某明知毛某提供变造的车主身份信息，还利用职务便利，违规为毛某办理机动车注册登记，并收受好处费共计人民币 46 200 元，其中周某分得人民币 28 200 元，姚某分得人民币 18 000 元。

4. 2012 年 11 月，周某违规为冉某办理挂车注册登记，收受好处费 20 000元。

5. 2012 年期间，姚某违规为彭某办理汽车注册登记，收受好处费人民币 3 000 元。

综上，周某受贿共计人民币 207 400 元、姚某受贿共计人民币 315 900 元。

恩施市人民法院认为：

被告人陈某明、李某为谋取不正当利益，给予国家工作人员财物，造成经济损失 1 391 113. 55 元，使国家利益遭受重大损失；以非法占有为目的，诈骗国家机动车购置税款，数额特别巨大。二被告人的行为均已构成行贿罪、诈骗罪。被告人周某、姚某身为国家机关工作人员，利用职务上的便利，为他人谋取利益，非法收受他人财物数额巨大；滥用职权，致使国家、人民利益遭受重大损失，二被告人的行为均已构成受贿罪、滥用职权罪。

关于被告人陈某明、李某辩护认为只构成行贿罪，不构成诈骗罪的辩护意见，经查，被告人陈某明、李某以非法占有为目的，使用伪造的车辆购置税完税发票，骗取国家税款，并向国家机关工作人员行贿，其行为均已构成行贿罪、诈骗罪。二被告人及其辩护人的辩护意见与查明的事实不符，不予采纳。被告人陈某明在侦查机关采取强制措施前主动向恩施国家税务机关交代了利用伪造的购置税发票进行诈骗的事实，视为自动投案，并在侦查机关如实供述了诈骗和行贿的犯罪事实，应视为自首，其辩护人关于陈某明具有自首情节的辩护意见予以采纳。被告人李某主动到公安机关投案，如实供述了向国家工作人员行贿和与陈某明非法占有车辆购置税的事实，李某虽然认为不构成诈骗犯罪，但对与陈某明私分利用伪造的购置发票骗取的 129 台车辆购置税的事实予以认可，是其对行为性质的辩解，不影响自首的成立。

恩施市人民法院判决：

1. 被告人陈某明犯诈骗罪，判处有期徒刑三年六个月，并处罚金人民币 5 万元；犯行贿罪，判处有期徒刑一年六个月。合并后，决定执行有期徒刑四年六个月，并处罚金人民币 5 万元。

2. 被告人李某犯诈骗罪，判处有期徒刑三年六个月，并处罚金人民币 5 万元；犯行贿罪，判处有期徒刑一年。合并后，决定执行有期徒刑四年，并处罚金人民币 5 万元。

3. 被告人周某犯滥用职权罪，判处有期徒刑一年；犯受贿罪，判处有期徒刑二年，并处罚金人民币 20 万元。合并后，决定执行有期徒刑三年，并处罚金人民币 20 万元。

4. 被告人姚某犯滥用职权罪，判处有期徒刑一年；犯受贿罪，判处有期徒刑三年，并处罚金人民币 20 万元。合并后，决定执行有期徒刑三年，并处罚金人民币 20 万元。

恩施州中级人民法院以〔2018〕鄂 28 刑终 81 号刑事裁定驳回上诉和抗诉，维持原判。恩施州中级人民法院以〔2018〕鄂 28 刑申 31 号《刑事通知书》认为：“本案李某、陈某明等人的行为，造成国家税收流失 130 余万元，不能认定是车辆注册登记机关应取得的收入，因此，不符合贪污罪的构成要件。李某、陈某明等人将购车人应向国家税务机关缴纳的税款，用伪造的完税凭证办理了车辆注册登记，从而将其款项据为己有。你用隐瞒事实的方法致使各购车人误认为你收款后已为其依法缴纳了税款，你的行为符合诈骗罪的构成要件。

六、理论评析

从控辩意见及法院认定事实来看，本案首先争议在于，法院认定“被告人李某、陈某明为非法占有车辆购置税款，使用假的购置税完税凭证注册登记，并向被告人周某、姚某行贿”，证据是否达到了“确实、充分”的证明标准。其次，在案件定性上可能触犯诈骗罪、贪污罪、滥用职权罪、买卖国家证件罪、行贿罪、受贿罪。下面逐一进行分析。

（一）法院认定被告人李某、陈某明成立行贿罪、诈骗罪的共同犯罪，是否“事实清楚，证据确实、充分”

《刑事诉讼法》第55条，认定被告人有罪必须达到“事实清楚，证据确实、充分”的证明标准，“证据确实、充分”应当符合三个条件：（1）定罪量刑的事实都有证据证明；（2）据以定案的证据均经法定程序查证属实；（3）综合全案证据，对所认定事实已排除合理怀疑。所谓“排除合理怀疑”，“是指综合所有经过法庭调查和法庭辩论的证据，法官对于被告人的犯罪事实已经产生了内心确信，而不再有任何证据支持或者符合经验法则、逻辑法则的疑问。反过来，只要对被告人的犯罪事实存在着这种合理的怀疑，法官就应当做有利于被告人的解释，也就是宣告被告人不构成犯罪”。① 如果证据之间、证据与案件事实之间没有矛盾，当然属于“事实清楚，证据确实、充分”。然而，司法实践中，证据之间不能相互印证，证据与案件事实之间通常会存在各种矛盾，这种情况下，就必须对证据的采信与案件事实认定予以解释、说明，从而达到“只有被告人实施了犯罪才是唯一结论，不可能存在其他可能性的内心确信”，否则难说已经达到“事实清楚，证据确实、充分”。

本案证据证实陈某明给车管所工作人员姚某、周某行贿，使用假车辆购置税完税凭证办理注册登记。不过，关于李某是否与陈某明构成共同犯罪，陈某明供称，“用假的购置税凭证为上海籍机动车上户绝对是李某提议的，假的购

---

① 陈瑞华：《刑事证据法》（第三版），北京大学出版社2018年版，第467页。

置税凭证也是他提供的。因为我们骗取的车主的购置税税款除去要给周某、姚某的2 000元和李某伪造购置税完税凭证的工本费600元或800元，其余都是我和李某一人半平分的”，但是李某否认知情，供称：不知道陈某明使用了变造的身份证复印件，知道其中有一些车没有缴纳购置税，但是不知道具体有哪些车没有缴纳购置税，也不知道哪些车是使用的伪造的购置税完税凭证，陈某明只是告诉他有些车可以不用缴纳车辆购置税，可以直接把牌照办出来，分他一半税钱。他认为可能是少数民族自治地区有特殊规定。李某本人一共分了大约五十几万购置税款，具体金额不清楚。从二人的供称来看，存在非此即彼的矛盾，而周某、姚某的供述只能证明陈某明有个上家，且不能证明陈某明的上家就是李某，因此，必须结合其他证据判断李某是否有共同犯罪的事实与故意。

关于能否证实李某与陈某明成立行贿罪的共同犯罪。在行贿行为由陈某明单独完成的情况下，需要证明李某是否成立行贿罪的(狭义)共犯。陈某明在此之前，与姚某、周某已经有“职务交易”行为，李某不能成立行贿罪的教唆犯。本案书证客观上不能证明李某分担了陈某明给姚某、周某二人“贿赂”，综合全案证据能够推定李某主观上能够推测到陈某明可能跟车管所或其他单位工作人员有“不正当关系”，然而，行贿罪的犯罪故意要求对符合行贿罪客观要件的具体事实有认识，李某主观认识到陈某明有行贿的可能性，难以认定为对陈某明行贿起到了心理上强化作用，更难以认定其具有行贿罪的共同故意。

关于能否证实李某与陈某明之间成立“诈骗罪”的共同犯罪。本案法院认定，“在陈某明如此操作时，被周某、姚某发现，于是周某、姚某约谈陈某明，就使用假车辆购置税完税凭证办理注册登记业务达成协议，合谋每办理一台，陈某明给周某、姚某人民币2 000元好处费”，事实清楚，证据确实、充分。陈某明供称，系受李某“教唆”后，才使用虚假的车辆购置税完税凭证办理车辆登记，但是在李某坚决予以否认，在没有其他证据能够证明陈某明供述为真实的情况下，不能认定李某成立教唆犯。陈某明供称，假车辆购置税完税凭证是李某提供的，但李某同样对此予以否认，且没有其他任何证据能够证明李某给陈某明提供过假车辆购置税完税凭证，可见，不能认定假购置税完税凭证是由李某提供的。但是，综合全案证据，可以认定以下客观事实：(1)李某委托陈某明在恩施办理的上海车上牌，有部分车辆使用的是真实的车辆购置税完税凭证，除了车主身份信息由陈某明伪造之外，其他真实的上牌材料都是李某提供的；(2)在陈某明使用虚假车辆购置税完税凭证上户的车辆，在支付给陈某明必要的费用后，李某与陈某明私分了上海车主应缴纳的车辆购置税。李某辩称，私分是以为少数民族自治地区有特殊政策，然而，即使有特殊政策，也只能是在恩施购买后在恩施上户的车辆才能享受的吧，已经收取的车辆购置税应退还给上海车主，没有收取的，也不得向上海车主收取。因此，虽然不能认定陈某明使用的假车辆购置税完税凭证是李某提供给陈某明的，但至少能够推定李某对"陈某明使用'不正当手段'，没有缴纳车辆购置税，就取得车辆上牌"的事实是明知的。

(二)本案是否成立诈骗罪

根据刑法规定，诈骗罪是指以非法占有为目的，使用欺骗方法，骗取公私财物，数额较大的行为。成立诈骗罪，要求行为人客观上实施了诈骗行为，而诈骗行为具有特定的行为结构，或者说诈骗罪(既遂)在客观上必须表现为特定的行为发展过程，"行为人实施欺骗行为→对方陷入或继续维持)认识错误→对方基于错误认识处分(或交付)财产→行为人取得或者使第三者取得财产→被害人遭受财产损失"，① 这个行为流程中各要素彼此之间，必须存有持续性的原因或者结果上的关系，亦即行为人的欺骗行为是造成对方陷入或者继续维持认识错误的原因，被骗者陷入认识错误是其处分(或交付)财产的原因，被骗者处分(或交付)财产是行为人或者第三者取得财产、被害人遭受财产损失的原因，② 只有各要素之间存在前后相继的因果流程，行为人才可能成立诈骗罪的既遂。

公诉机关指控、一审法院、二审法院认定，"被告人陈某明、李某以非法占有为目的，使用伪造的车辆购置税完税发票，骗取国家税款"，换言之就是认定国家是被害人。但是根据法院认定的案件事实，"被告人李某、陈某明为非法占有车辆购置税款，使用假的购置税完税凭证注册登记，并向被告人周某、姚某行贿"，作为国家工作人员的姚某、周某等人对陈某明使用虚假购置税完税凭证、虚假身份证明上牌是明知的，并没有被骗。既然国家工作人员没

---

① 张明楷：《诈骗犯罪论》，法律出版社 2021 年版，第 8 页。我国刑法理论传统学说认为，诈骗罪的客观方面"表现为用虚构事实或者隐瞒真相的欺骗方法，骗取公私财产"，其"最突出的特点，就是行为人设法使被害人在认识上产生错觉，以致'自觉地'将自己所有或持有的财物交付给行为人或者放弃自己的所有权，或者免除行为人交还财物的义务"，这种观点与前述观点根本上是一致的。(参见高铭暄、马克昌：《刑法学》(第九版)，北京大学出版社、高等教育出版社 2019 年版，第 501~502 页。)

② 参见林山田：《刑法各罪论》(上册)，(修订五版)，作者自版 2005 年版，第 448 页。

有被骗，而是与国家工作人员共同造成国家损失的话，陈某明当然不犯诈骗罪。而李某对陈某明与姚某、周某串通，使用伪造的车辆购置税完税发票给上海车辆上户登记，造成国家税收损失，并不知情，因此指控李某犯诈骗罪证据不足。

另外，国家税收是否受到损失，存在疑问的。因为即使上海车主取得了真实牌照，仍然具有如实缴纳税款的义务，国家税收没有遭到损失，既然如此，国家就没有因为被骗而成为被害人。即使姚某、周某被骗，进而给上海车辆办理车籍，导致国家税收受到损失的，在《刑法》第三章第六节明确规定各种“危害税收征管罪”的情况下，也不能按照诈骗罪处理，否则就不能解释纳税人与非纳税人共同采取欺骗手段进行虚假纳税申报或者不申报，导致国家税款损失的，成立逃税罪的共同犯罪不是诈骗罪共同犯罪。

但是，上海车主可能是被害人，如果上海车主是被害人，那么本案可能符合诈骗罪的行为结构，也就是恩施州中级人民法院以〔2018〕鄂 28 刑申 31 号《刑事通知书》认为的，“你、陈某明等人将购车人应向国家税务机关缴纳的税款，用伪造的完税凭证办理了车辆注册登记，从而将其款项据为己有。你用隐瞒事实的方法致使各购车人误认为你收款后已为其依法缴纳了税款，你的行为符合诈骗罪的构成要件”。由于诈骗罪是针对具体财产的犯罪，因此必须就每辆使用假车辆购置税完税凭证上户的案件中，车主如何被骗进行调查取证。但是，公安机关没有以上海车主为被害人为前提立案侦查，恩施州中级人民法院以〔2018〕鄂 28 刑申 31 号《刑事通知书》认定的事实并不是根据案件证据归纳出来的，换言之，没有确实、充分的证据证明李某采取“隐瞒事实的方法致使各购车人误认为李某收款后已为其依法缴纳了税款”，从而符合了诈骗罪的犯罪构成。

（三）本案涉嫌成立贪污罪

《刑法》第 382 条规定，“国家工作人员利用职务上的便利，侵吞、窃取、骗取或者以其他手段非法占有公共财物的，是贪污罪”。根据《刑法》第 91 条规定，公共财产包括：国有财产；劳动群众集体所有的财产；用于扶贫和其他公益事业的社会捐助或者专项基金的财产；在国家机关、国有公司、企业、集体企业和人民团体管理、使用或者运输中的私人财产，以公共财产论。

税收是积累国有财产的最重要来源，已经缴纳的税款是国有财产。问题在于，使用欺骗或者其他手段，使国家可以期待、能够收缴的税款减少的，如何处理？

我国在《刑法》第三章第六节主要纳税人为行为主体明确规定了各种“危害税收征管”的犯罪构成及罪名。如纳税人、扣缴义务人采取欺骗、隐瞒手段进行虚假纳税申报或者不申报的，涉嫌“逃税罪”；以暴力、危险方法拒不缴纳税款的，涉嫌“抗税罪”；税人欠缴应纳税款，采取转移或者隐匿财产的手段，致使税务机关无法追缴欠缴的税款的，涉嫌“逃避追缴税款罪”；以假报出口或者其他欺骗手段，骗取国家出口退税款的，涉嫌“骗取出口退税罪”，等。这些“危害税收征管”的具体罪名主要直接规制纳税人、扣缴义务人、与增值税专用发票或其他发票管理有关的人员。

税收的减少主要发生在税务征缴行政关系中，“税务机关的工作人员徇私舞弊，不征或者少征应征税款，致使国家税收遭受重大损失的”，成立“徇私舞弊不征、少征税款罪”；如果税务机关工作人员收受贿赂，不征或少征应征税款的，还成立受贿罪。

由此可见，我国《刑法》已经充分考虑到导致国家税收损失的各种情形，细致规定了各种具体犯罪构成要件对相关行为予以规制，只有已缴纳税款才是国有财产，应缴税款是对纳税人赋予义务，虽然也是国家可期待的利益，但在纳税人尚未履行义务之前，不是国家财产。

对于本案而言，根据 2008 年公安部《机动车登记规定》第 7 条规定，“申请机动车注册登记，需要提交以下证明、凭证：(1)机动车所有人的身份证明；(2)购车发票等机动车来历证明；(3)机动车整车出厂合格证明或者进口机动车进口凭证；(4)车辆购置税完税证明或者免税凭证；(5)机动车交通事故责任强制保险凭证；(6)法律、行政法规规定应当在机动车注册登记时提交的其他证明、凭证。不属于经海关进口的机动车和国务院机动车产品主管部门规定免予安全技术检验的机动车，还应当提交机动车安全技术检验合格证明”，公安机关车管所审查通过后，办理机动车登记，并发放牌照。申请注册登记应提交的材料中，“车辆购置税完税证明或者免税凭证”由税务机关出具，完税证明是税务机关或代征机关在收取税金时给纳税人开具的纳税证明，是证明纳税人缴纳税款情况的凭证；免税凭证由税务机关或代征机关给纳税人开具，用以证明其纳税人符合免征税款条件的凭证。在机动车登记环节，是否征缴税款、不征或少征税款，不在公安机关车管所工作人员职责范围之内，机动车登记申请人员提供虚假的车辆购置税完税证明，从机动车登记行政行为获得的是“机动车登记”，获取车牌，取得机动车辆上路行使的资格，作为纳税人应当缴纳税款的义务一直存在，从未减免。

当然，如果认为本案中，姚某、周某等人的行为已经造成国家税收损失，那么姚某、周某、陈某明的行为确实可能成立贪污罪。详言之，根据《最高人民法院关于审理贪污、职务侵占案件如何认定共同犯罪几个问题的解释》第1条规定，“行为人与国家工作人员勾结，利用国家工作人员的职务便利，共同侵吞、窃取、骗取或者以其他手段非法占有公共财物的，以贪污罪共犯论处”，本案陈某明与作为国家工作人员的“周某、姚某”勾结，共同“侵吞”国家税收，成立贪污罪的共同犯罪。但是，如前所述，尚未缴纳的税款不是国有财产，本案尚未造成国家税收损失，因此，不成立贪污罪。

（四）本案涉嫌“买卖国家机关证件罪”

《刑法》第280条第1款，“伪造、变造、买卖或者盗窃、抢夺、毁灭国家机关的公文、证件、印章的，处三年以下有期徒刑、拘役、管制或者剥夺政治权利，并处罚金；情节严重的，处三年以上十年以下有期徒刑，并处罚金”。本案涉嫌“买卖国家机关证件罪”，但就本案事实而言，陈某明所使用的假车辆购置税完税凭证究竟是谁提供的，没有查清，所以认定本案成立“买卖国家机关证件罪”，“事实不清，证据不足”。

从语义解释来看，买卖国家机关公文、证件、印章中的“公文、证件、印章”应为“真实”的“国家机关的公文、证件、印章”，不包括“伪造、变造”的“国家机关的公文、证件、印章”，否则盗窃、抢夺、毁灭“伪造、变造”的国家机关的公文、证件、印章，也成立犯罪，但结论不能令人接受。不过，1999年6月21日最高人民检察院法律政策研究室《关于买卖伪造的国家机关证件行为是否构成犯罪问题的答复》认为，“对于买卖伪造的国家机关证件的行为，依法应当追究刑事责任的，可适用刑法第280条第1款的规定以买卖国家机关证件罪追究刑事责任”。因此，司法实践中，买卖国家机关公文、证件、印章中的“公文、证件、印章”既包括“真实”的、也包括“伪造、变造”的“国家机关的公文、证件、印章”。

车辆购置税完税凭证，是税务机关或代征机关在收取税金时给纳税人开具的纳税证明，用以证明纳税人缴纳税款情况，是《刑法》第280条第1款规定的“国家机关证件”。伪造、变造、买卖车辆购置税完税凭证的，都是《刑法》第280条第1款规定的犯罪行为。买卖伪造、变造的车辆购置税完税凭证的，也成立《刑法》第280条第1款规定“买卖国家证件罪”。

在恩施州中级人民法院审理的贾常雄诈骗罪二审案（〔2017〕鄂28刑终150号）：贾常雄系“巴东县亚星宏达汽车服务有限公司”（以下简称“亚星宏达公司”，经营范围为汽车销售、小型汽车维修服务等。）法定代表人，负责汽车销售的全面工作，同时又任巴东县金桥汽车服务有限公司(以下简称“金桥公司”，法定代表人邓某2，经营范围为汽车配件销售、汽车维修等)副总经理。“亚星宏达公司”和“金桥公司”实际是两块牌子，一套班子，两公司相互套用相关资质开展汽车销售业务，还为按揭购车客户办理代扣、代缴车辆购置税、保险费及车辆上牌等业务。销售汽车后，销售账目一般由“亚星宏达公司”做账，售后服务账目一般由“金桥公司”做，两公司也存在账务交叉现象。贾常雄在2014年8月联系办理假证人员，得知能伪造车辆购置税完税凭证后，遂安排“金桥公司”销售主管向某4与办假证人联系，分多次将李某1、邓某1等58名购车客户的购车发票和身份证复印件扫描后通过公司的QQ传给一个网名叫“神州行”的人，并要向某4将“神州行”的银行卡号和汇款金额告知其妻郑某，由郑某多次给“神州行”(户名凌某)汇款共计人民币30 750元，共购买了五十八套伪造的车辆购置税完税凭证。贾常雄自己或安排他人利用购买的伪造的车辆购置税完税凭证为李某1、邓某1等56名按揭购车客户在车辆管理部门顺利办理了车辆登记注册、上牌手续。公诉机关指控贾常雄犯诈骗罪，二审法院认为：贾常雄为牟取利益，在为他人代办车辆注册登记过程中，买卖伪造的车辆购置税完税凭证，其行为已构成买卖国家机关证件罪。原公诉机关指控贾常雄构成诈骗罪、原审法院二次判决分别认定贾常雄构成诈骗罪、职务侵占罪以及二审出庭检察员认为贾常雄构成诈骗罪均定性错误。

(五)本案涉嫌“行贿罪”“受贿罪”和滥用职权罪

《刑法》第389条规定，“为谋取不正当利益，给予国家工作人员以财物的，是行贿罪。”《刑法》第385条第1款，“国家工作人员利用职务上的便利，索取他人财物的，或者非法收受他人财物，为他人谋取利益的，是受贿罪”。

陈某明在从事代理车辆上户业务中，使用伪造的《暂住证》、变造户籍地址的身份证复印件、假车辆购置税完税凭证，给予车管所工作人员姚某、周某财物，陈某明涉嫌行贿罪；姚某、周某非法收受陈某明财物，为陈某明谋取利益，成立受贿罪。2012年12月7日最高人民法院、最高人民检察院《关于办理渎职刑事案件适用法律若干问题的解释(一)》(法释〔2012〕18号，自2013年1月9日起施行)第3条规定，“国家机关工作人员实施渎职犯罪并收受贿赂，同时构成受贿罪的，除刑法另有规定外，以渎职犯罪和受贿罪数罪并罚”。2002年12月28日全国人民代表大会常务委员会《关于〈中华人民共和国刑法〉第九章渎职罪主体适用问题的解释》，“在依照法律、法规规定行使国家行政管理职权的组织中从事公务的人员，或者在受国家机关委托代表国家机关行使职权的组织中从事公务的人员，或者虽未列入国家机关人员编制但在国家机关中从事公务的人员，在代表国家机关行使职权时，有渎职行为，构成犯罪的，依照刑法关于渎职罪的规定追究刑事责任”。周某、姚某是公安局车管所合同制警察(辅警)，辅警也该当受贿罪、滥用职权罪的行为主体要件，可见，二人涉嫌犯滥用职权罪。

根据《刑法》第 397 条规定，滥用职权罪，是指国家机关工作人员滥用职权，致使公共财产、国家和人民利益遭受重大损失的行为。客观不法要件包括三个要素：一是行为人必须是国家机关工作人员；二是有滥用职权的行为；三是致使公共财产、国家和人民利益遭受重大损失。“滥用职权的行为”与“公共财产、国家和人民利益遭受重大损失”之间必须具有因果关系。关于主观责任要件，虽然理论上有不同见解，但理论上与实务中越来越倾向于认为主观有责要件为故意，“行为人明知自己滥用职权的行为会发生侵害国家机关公务的合法、公正、有效执行以及国民对此的依赖的结果，并且希望或者放任这种结果发生”。① 若滥用职权罪是故意犯罪，陈某明与周某、姚某还可能成立滥用职权罪的共同犯罪。

(六)本案涉嫌“伪造、变造、买卖身份证件罪”“使用虚假身份证件罪”

根据法院认定的事实，“因外地车辆在恩施注册登记要求《暂住证》等条件，李某提供的资料不符合要求，陈某明便找到恩施州机动车服务中心登记审核岗的工作人员被告人周某、姚某，三人商议，陈某明使用伪造的《暂住证》和变造户籍地址的身份证复印件办理注册登记”。

上述事实涉嫌“伪造、变造、买卖身份证件罪”“使用虚假身份证件罪”。

行为时《刑法》第 280 条第 1 款规定，“第 280 条 伪造、变造、买卖或者盗窃、抢夺、毁灭国家机关的公文、证件、印章的，处三年以下有期徒刑、拘役、管制或者剥夺政治权利；情节严重的，处三年以上十年以下有期徒刑”；同条第 3 款规定，“伪造、变造居民身份证的，处三年以下有期徒刑、拘役、管制或者剥夺政治权利；情节严重的，处三年以上七年以下有期徒刑”。

伪造暂住证的行为是否犯“伪造国家机关证件罪”，关键在于暂住证是否为刑法规定的“国家机关的证件”。暂住证由公安机关签发，用以登记外来流

① 张明楷：《刑法学》(第六版)，法律出版社 2021 年版，第 1636 页。如果认为滥用职权是故意犯罪，那么“公共财产、国家和人民利益遭受重大损失”有可能被视为“客观的超过要素”，甚至被认为是“客观处罚条件”。

动人口，并为流动人口提供相应服务，暂住证是特定时期的人口管理方式。不过，通过申请、签发暂住证管理人口是否具有合法性，一直存在争议，尤其是2003年《行政许可法》(主席令〔2003〕第7号)颁布后，暂住证制度更是与《行政许可法》相抵触，许多地区因此而废除了暂住证制度，转而采取居民证制度。鉴于暂住证制度没有法律依据，本书认为，伪造暂住证不构成“伪造国家机关证件罪”。

变造身份证复印件上的地址信息是否犯“伪造身份证罪”，关键在于《刑法》第380条第3款规定的“居民身份证”，是否包括身份证复印件。2015年《刑法修正案(九)》将本条本款修改为“伪造、变造、买卖居民身份证、护照、社会保障卡、驾驶证等依法可以用于证明身份的证件的，处三年以下有期徒刑、拘役、管制或者剥夺政治权利，并处罚金；情节严重的，处三年以上七年以下有期徒刑，并处罚金”，司法解释将罪名确定为“伪造、变造、买卖身份证件罪”。本次修订，一是将犯罪行为扩大到“买卖”，二是将犯罪对象扩大到“居民身份证、护照、社会保障卡、驾驶证等依法可以用于证明身份的证件”，“既包括真证，也包括买卖伪造的证件”，[①] 但是“‘伪造’是指制作虚假的居民身份证等依法可以用于证明身份的证件；‘变造’是指对真的身份证件进行改制，变更其原有真实内容的行为”，[②] 简而言之，这些犯罪对象只能是证件本身，不包括复印件，变造身份证复印件上的地址信息的行为不是“变造居民身份证”而是“变造居民身份证复印件”，因此，本案不成立伪造身份证罪。[③]

在办理机动车登记过程中，使用“变造户籍地址的身份证复印件”，可能犯“使用虚假身份证件罪”。“使用虚假身份证件、盗用身份证件罪”为2015年《刑法修正案(九)》所增设，规定了《刑法》第280条之一，“在依照国家规定应当提供身份证明的活动中，使用伪造、变造的或者盗用他人的居民身份证、护照、社会保障卡、驾驶证等依法可以用于证明身份的证件，情节严重的，处拘役或者管制，并处或者单处罚金”。“有前款行为，同时构成其他犯罪的，依照处罚较重的规定定罪处罚。”因为行为发生在《刑法》增设本罪之前，所以

---

① 王爱立：《中华人民共和国刑法：条文说明、立法理由及相关规定》，北京大学出版社2021年版，第1055页。

② 王爱立：《中华人民共和国刑法：条文说明、立法理由及相关规定》，北京大学出版社2021年版，第1053页。

③ 如果行为发生在2015年《刑法修正案(九)》生效之后，则行为不成立“伪造居民身份证件罪”。

根据刑法“从旧兼从轻”原则，行为不成立本罪。若行为发生在增设本罪之后，则由于本罪使用的对象只能是证件本身，不包括证件的复印件，因此，在办理机动车登记过程中，使用“变造户籍地址的身份证复印件”的行为，不成立“使用虚假身份证件罪”。

(七)总体评价

综上，陈某明为获取不正当利益，给予国家工作人员姚某、周某以财物，犯行贿罪；姚某、周某利用职务上的便利，非法收受他人财物，为其谋取利益，犯受贿罪，同时为他人谋取利益的行为，犯滥用职权罪。没有证据证明陈某明在机动车辆登记中使用的“假车辆购置税完税凭证”系其非法购买，因此陈某明不犯“非法买卖国家机关证件罪”。只有已经缴纳的税款才是国有财产，未缴纳的税款不能成为诈骗罪的犯罪对象与贪污罪的犯罪对象，且陈某明系与国家工作人员周某、姚某共谋后作案，不符合诈骗罪的行为结构，因此陈某明不犯诈骗罪与贪污罪。由于没有确实、充分的证据证明李某实施了行贿罪的共犯行为，没有确实、充分证据证明“假车辆购置税完税凭证”系李某提供，也没有确实、充分的证据证实上海车主被骗，因此指控李某犯罪“事实不清，证据不足”。

拓展阅读：

1. 龙宗智：《中国法语境中的“排除合理怀疑”》，载《中外法学》2012 年第 6 期。
2. 卞建林、张璐：《“排除合理怀疑”之理解与适用》，载《国家检察官学院学报》2015 年第 1 期。
3. 孔祥俊：《论法律事实与客观事实》，载《政法论坛》2002 年第 5 期。
4. 劳东燕：《滥用职权罪客观要件的教义学解读——兼论故意·过失的混合犯罪类型》，载《法律科学》2019 年第 4 期。
5. 张明楷：《诈骗犯罪论》，法律出版社 2021 年版。

案例十一　李某武贩卖毒品案

导读：

“犯意引诱型”诱惑侦查方式，使不具有犯罪意图的“被诱惑者”产生犯罪意图并实施犯罪，这种侦查行为严重违反刑事诉讼法禁止性规定，所取得证据材料不具有证据能力，不得作为认定案件事实的根据，且“被诱惑者”的犯罪行为处于公安机关的指控之下，不具有实质违法性，应认定为无罪。

关键词：

诱惑侦查；警察圈套；主观说；客观说；犯意引诱型；机会提供型；控制下交付；教唆犯；证据能力；非法证据排除

一、指控事实

恩施市人民检察院以恩市检诉刑诉〔2017〕9号起诉书指控：

1. 2016年10月，被告人蔡某同曾一起在广东汕尾务工的恩施籍李某武联系后，从汕尾携带“冰毒”到恩施城区贩卖，以每克25元的价格向李某武贩卖“冰毒”25克，蔡某通过微信转账等方式收取毒资。2016年11月2日19时许，蔡某在恩施市“凯迪克商务宾馆”被恩施市公安局民警抓获，当场缴获疑似“冰毒”白色晶体物，经现场称量净重95.46克。经鉴定，查获的可疑物检测出“甲基苯丙胺”毒品成分。蔡某共计贩卖毒品甲基苯丙胺120.46克。

2. 2016年10月，被告人李某武以每克90元的价格从蔡某处购买“冰毒”后，以人民币130元/克的价格两次向梅某贩卖共计7.2克，李某武通过微信转账等方式收取毒资。2016 年 11 月 2 日 15 时许，李某武与梅某在恩施市沙湾路进行毒品交易中被公安民警抓获，当场从李某武身上缴获疑似“冰毒”白色晶体物，经现场称重净重 13. 53 克。经鉴定，在收缴的疑似“冰毒”白色晶体物中检出“甲基苯丙胺毒品成分。李某武共计贩卖毒品甲基苯丙胺 20. 72 克。

3. 2016 年 10 月，被告人梅某从李某武处购买毒品甲基苯丙胺后，以人民币 200 元/克的价格向吸毒人员王某、欧某、崔某贩卖“冰毒”共计 3. 8 克，梅某以微信转账等方式收取毒资。2016 年 11 月 2 日 2 时许，梅某在恩施市“施州雅苑”楼下被恩施市公安局民警抓获，当场从其身上缴获疑似“冰毒”白色晶体物，经现场称重净重 1. 44 克。经鉴定，在收缴的疑似“冰毒”白色晶体物中检出“甲基苯丙胺”毒品成分。

二、辩护观点

辩护人：李某武第二次 13. 53 克毒品交易无罪。

三、关键证据

(一)“抓获经过”

梅某于 2016 年 11 月 2 日凌晨 3 点左右被抓获，他“对贩卖毒品的犯罪事实供认不讳，供述其贩卖的毒品是从李某武手中购买，2016 年 11 月 2 日 14 时许，在梅某的积极配合下，梅某再次联系李某武购买冰毒”，在双方约定的交易地点，“民警将正准备贩卖冰毒给梅某的犯罪嫌疑人李某武抓获”，当场从李某武身上缴获疑似冰毒的白色晶体物。后经称重，净重 13. 53 克。

(二)卷宗材料欠缺

卷宗材料缺少李某武、梅某二人 13. 53 克这笔交易的微信、电话联系记录、毒资转账记录。

四、控辩意见

公诉人：虽然第二次 13. 53 克的毒品交易处于侦查机关的控制之下，但是李某武交易毒品的意志自由没有受到限制，鉴于毒品犯罪的特殊性与收集证据的艰巨性，2008 年 12 月 1 日最高人民法院《全国部分法院审理毒品犯罪案件共工作座谈会纪要》明确规定这些贩卖的克数是应当计入贩卖毒品克数的。

辩护人：李某武第二次 13.53 克毒品交易无罪。第一，根据庭审查明的事实，该行为处于公安机关的严密控制之下，没有社会危害性。第二，李某武第二次交易行为是在侦查人员以梅某之名，反复要求李某武找上家购买毒品，李某武才产生犯罪意图向蔡某购进毒品的，真正与李某武交易毒品的不是梅某，而是侦查人员。第三，这次交易是“犯意引诱型”诱惑侦查，整个交易处于公安机关控制之下，不是刑法意义上的毒品交易，仅仅是公安机关为了抓获李某武而采取的抓捕手段。

五、法院判决

（一）一审判决

〔2017〕鄂 2801 刑初 40 号判决书，对李某武的基本犯罪事实予以了认定，“2016 年 10 月，被告人李某武从蔡某处购买毒品甲基苯丙胺后，以人民币 130 元/克的价格两次向梅某贩卖共计 7.2 克。2016 年 11 月 2 日 15 时许，李某武在恩施市沙湾路欲与梅某再次进行毒品交易时，被恩施市公安局民警抓获，现场从李某武身上查获可疑白色晶体 1 包，净重 13.53 克。经鉴定，查获的可疑物检测出甲基苯丙胺毒品成分”。同时还认定，“梅某归案后，如实供述了其在李某武处购买毒品的事实。公安民警佯装梅某与李某武微信联系，称欲购买毒品，且预付了毒资。尔后，梅某按照公安机关的安排，打电话将李某武约至恩施市沙湾路进行毒品交易，李某武到达后被抓获”。

但同时认为：被告人蔡某、李某武、梅某贩卖含有甲基苯丙胺成分的毒品，其中蔡某贩卖达 50 克以上；李某武贩卖 10 克以上不满 50 克；梅某向多人贩卖不满 10 克，情节严重，三被告人的行为均已构成贩卖毒品罪。公诉机关指控的罪名成立，本院予以确认，三被告人应当承担刑事责任，被查获的毒品应予没收。被告人梅某被抓获后，受公安机关的安排将李某武约定至指定地点进行毒品交易，该交易虽在公安机关的控制之下，但李某武对此情形并不明知，其仍携带毒品至现场，主观上有贩卖毒品的故意，从其身上查获的毒品应认定为其贩卖的毒品。故其辩护人关于该 13.53 克甲基苯丙胺不应计入贩卖数量的辩护意见，本院不予采纳。

判决：被告人李某武犯贩卖毒品罪，判处有期徒刑八年，并处罚金人民币

8 000元。

（二）二审判决

李某武不服一审判决，以(1)被抓获时查获的13.53克毒品不应计入贩卖毒品的数量中。因为该笔交易是公安机关“制造犯罪”的行为，是为了抓捕而使用的侦查手段，主观上并没有毒品交易的意图，且该笔交易在公安机关的严密控制之下，毒品不会流入市场，不具有社会危害性。(2)梅某归案后，公安机关为了抓获李某武，用梅某的微信、电话与李某武联系购买毒品，侦查人员反复、多次劝说后，李某武才找到蔡某购进了毒品后前往交易的，并被在此等候的侦查人员抓获。即使这属于犯罪行为，至少这次交易本身不可能既遂，只能属犯罪未遂。

二审法院经过书面审理，认定：对李某武上诉提出被抓获时查获的13.53克毒品不是犯罪，即使构成犯罪，也是犯罪未遂的意见，经审查，该笔交易李某武本没有实施贩卖毒品的主观意图，而是在公安机关的诱惑和促成下形成犯意，进而实施毒品犯罪的，属于“犯意引诱”。但该笔交易已完成，构成犯罪，根据罪行相适应原则，应当依法从轻处罚。但同时判决：驳回上诉人李某武的上诉，维持原判。

六、理论评析

本案涉及诱惑侦查的案件如何处理的问题。所谓诱惑侦查，又有警察圈套、诱饵侦查、诱导侦查等称谓，是指“侦查人员及其协助者，为了侦破某些极具隐蔽性的特殊案件，特意设计某种诱发犯罪的情境，或者根据犯罪活动的倾向提供某种实施犯罪的条件和机会，待犯罪嫌疑人进行犯罪或者说自我暴露时当场将其拘捕的一种特殊侦查手段”。[①] 根据被诱惑者在被诱惑之前有无犯罪倾向、犯罪意图以及诱惑者在犯罪实施中所起的作用，诱惑侦查可以划分为“犯意诱发型”和“机会提供型”两种。“犯意诱发型”是指诱惑者对无犯罪意图的人实施诱惑，引诱其形成犯意，并促使其付诸实施；“机会提供型”是指被诱惑者已有犯罪倾向及意图，诱惑者只是强化其固有的犯罪意图，促使其实施具体的犯罪行为。两者的最大区别在于“机会提供型”诱惑侦查中的被诱惑人具有犯罪意图，侦查人员的诱惑行为只是强化了被诱惑者的犯罪意图，而不是

① 吴丹红、孙孝福：《论诱惑侦查》，载《法商研究》2001年第4期。

诱使其产生犯罪意图，这一点与“犯意诱发型”侦查不同。如毒品犯罪案件中常见的“数量引诱”侦查(即指一些贩毒人员平时交易数量较少，但在侦查人员的引诱下，贩毒人员扩大交易额度，实施了数量较大的贩毒行为)，由于贩毒人员已有确定的犯罪意图，诱惑者提出的交易数量通常只能是在贩毒人员本有的犯罪行为上增加其犯罪数量，因而属于“机会提供型”诱惑侦查。①

一审判决虽然认定了本案中的第二次交易系侦查人员与被告人李某武交易的事实，但对这一事实未予以法律上的评价；二审裁定虽然认定了本案侦查人员的介入方式是“犯意引诱”，但在“犯意引诱”型的诱惑侦查的处理上，与一审判决一样，没有采纳辩护人“无罪”的辩护意见，也没有采纳辩护人“至少属于犯罪未遂”的辩护意见；同时，虽然二审裁定认为该案存在“犯意引诱”，应对报告人李某武应当从轻处罚，但并没有降低一审判决的刑期。

究竟该如何看待本案裁判结论？

(一)“犯意引诱”型诱惑侦查的证据效力：是非法证据，不具有证据能力，不得作为认定案件事实的根据

2012 年《刑事诉讼法》第 151 条第 1 款(2018 年《刑事诉讼法》第 153 条第 1 款)规定，“为了查明案情，在必要的时候，经公安机关负责人决定，可以由有关人员隐匿其身份实施侦查。但是，不得诱使他人犯罪，不得采用可能危害公共安全或者发生重大人身危险的方法”。同条第 2 款(2018 年《刑事诉讼法》第 153 条第 2 款)规定，“对涉及给付毒品等违禁品或者财物的犯罪活动，公安机关根据侦查犯罪的需要，可以依照规定实施控制下交付”。

2012 年公安部《公安机关办理刑事案件程序规定》第 262 条第 1 款(2020 年《公安机关办理刑事案件程序规定》第 271 条第 1 款)，“为了查明案情，在必要的时候，经县级以上公安机关负责人决定，可以由侦查人员或者公安机关指定的其他人员隐匿身份实施侦查”。同条第 2 款(2020 年《公安机关办理刑事案件程序规定》第 271 条第 2 款)规定，“隐匿身份实施侦查时，不得使用促使他人产生犯罪意图的方法诱使他人犯罪，不得采用可能危害公共安全或者发生重大人身危险的方法”。第 263 条(2020 年《公安机关办理刑事案件程序规定》第 272 条)，规定，“对涉及给付毒品等违禁品或者财物的犯罪活动，为查明参与该项犯罪的人员和犯罪事实，根据侦查需要，经县级以上公安机关负责人

---

① 冉容等：《吴晴兰非法出售珍贵、濒危野生动物案——“犯意诱发型”案件如何处理》，载《刑事审判参考》2010 年第 1 集(总第 72 集)，法律出版社 2010 年版，第 55~56 页。

决定，可以实施控制下交付”。

上述规定中的“隐匿身份实施侦查”，在司法实践中俗称“特情介入”，就是我们所讨论的“诱惑侦查”，根据上述规定，“机会提供型”诱惑侦查是合法行为，而“犯意引诱型”诱惑侦查为是违法侦查行为。对于“机会提供型”诱惑侦查所取得的证据，2012 年公安部《公安机关办理刑事案件程序规定》第 264 条第 1 款(2020 年《公安机关办理刑事案件程序规定》第 273 条第 1 款)规定，“公安机关依照本节规定实施隐匿身份侦查和控制下交付收集的材料在刑事诉讼中可以作为证据使用”。

对于“犯意引诱型”诱惑侦查所取得的证据，因其不具有合法性而不得作为认定案件事实的根据。“隐匿身份实施侦查”的目的是发现犯罪人，处罚、预防犯罪，而“犯意引诱型”诱惑侦查行为与“隐匿身份实施侦查”的立法宗旨相悖，“引诱”的本质是教唆他人犯罪，客观上“制造”了犯罪人，即使“特情人员”的本意为了打击犯罪，也因“引诱他人产生犯意”作为取得证据的手段完全违背法的正当程序，严重侵犯人权而不得具有证据能力，不能作为认定案件事实的根据。

就本案而言，没有证据证明本案侦查人员的“特情”行为是由“公安机关负责人决定”的，同时侦查人员的行为违反了“不得诱使他人犯罪”的禁止性规定，二审法院虽然正确认定了本案李某武贩卖 13.53 克毒品，是“在公安机关的诱惑和促成下形成犯意，进而实施毒品犯罪的，属于‘犯意引诱’”，但是不仅没有认定所取得的证据的非法性，反而认定李某武犯贩卖毒品罪，属于适用法律错误。

(二)“犯意引诱型”诱惑侦查及控制下支付的实体法意义：行为在客观上不具有社会危害性，不得作为犯罪处理

对涉及给付毒品、枪支等违禁品或者财物的犯罪活动，在“犯意引诱型”诱惑侦查场合下，被诱惑者接受诱惑者(如“特情人员”)的教唆而实施犯罪，相关交付处于公安机关的控制之下(指控下交付)。诱惑者(如“特情人员”)的教唆行为可谓是“基于陷害目的之教唆”(陷害教唆)，由于被诱惑者的行为自始至终都处于公安机关的控制之下，其行为根本上不具有侵害法益的危险，难以认定行为具有严重社会危害性，因而不是犯罪。成立教唆犯，要求行为人客观上有唆使他人实施犯罪的教唆行为，主观上有教唆他人犯罪的故意，“教唆的故意，具有双重的心理态度：在认识因素中，教唆犯不仅认识到自己的教唆行为会使被教唆的人产生犯罪的意图并去实施犯罪，而且认识到被教唆的人的

犯罪行为将会造成危害社会的结果。在意志因素中，教唆犯不仅希望或者放任其教唆行为引起被教唆的人的犯罪意图和犯罪行为，而且希望或者放任被教唆的人的犯罪行为发生危害社会的结果”，① 对于“特勤人员”，根据“共犯从属性原理”，“教唆犯、帮助犯的成立以正犯的存在为前提”，② 既然被诱惑者的行为因不具有法益侵害性而无罪，那么“特情人员”或其他诱惑者的诱惑行为也应为无罪；且诱惑者的主观上不具有希望或者放任被诱惑者的犯罪行为发生危害社会的结果的意志因素，并不具有教唆犯的“教唆故意”，因此，“特情人员”不成立教唆犯。

需要注意的是，实施诱惑侦查，在公安机关“控制下交付”抓捕被诱惑者是种理想状态，可能发生被诱惑者犯罪后脱逃的情况。在这种情况下，不排除实施“犯意引诱”行为的相关人员承担教唆犯、滥用职权罪罪责的可能性。

综上，对“犯意引诱型”诱惑侦查，公安机关控制下交付的场合，被诱惑者及“特情人员”之类的诱惑者均应认定为无罪，如果被诱惑者有罪，那么诱惑者也应认定为有罪，否则不仅有悖刑法预防犯罪的根本目的，而且有悖刑事诉讼法保障人权的基本机能。

司法实践中，曾有法院对此有清醒的认识，判决被告人无罪。如 2004 年彭某贩卖毒品案，在该案中，“特勤人员”马某根据警察安排，以 1 万元的价格诱惑被告人彭某运送 2 公斤毒品，在其交货时由守候的警察将其抓获，兰州市中级人民法院一审判决彭某死刑（缓刑 2 年执行），甘肃省高级人民法院二审裁定发回“重审”，兰州市中级人民法院经重审判决彭某无罪。之所以判决彭某无罪，是因为兰州市中级人民法院“经过反复思考认为：首先，犯罪最本质的属性是社会危害性，凡是危害了国家、社会、集体、公民的行为就是犯罪行为，否则便不是犯罪。在本案中，彭某通过警察认识马某，通过马某认识的仍然是警察，且彭某的毒品也是交给警察的，也就是说，本案从一开始就在公安人员的全程控制之中，因此该毒品根本就没有进入社会造成社会危害性的可能，彭某的行为不符合犯罪构成的条件。由于嫌疑人的行为在客观上不会发生现实的社会危害，在缺乏犯罪客观要件的情况下，仅以主观过错定罪，则违背我国刑法主、客观相统一的要件。” ③

---

① 陈兴良：《刑法适用总论（上卷）》（第三版），中国人民大学出版社 2017 年版，第 437 页。

② 张明楷：《刑法学（上）》（第六版），法律出版社 2021 年版，第 512 页。

③ 成功：《请掌管好这把“死刑钥匙”》，载《南方周末》2004 年 11 月 4 日，第 10 版。

(三)认定因“犯意引诱”而实施毒品犯罪被告人无罪的障碍：2008年《全国部分法院审理毒品犯罪案件工作座谈会纪要》的相关规定

2008年《全国部分法院审理毒品犯罪案件工作座谈会纪要》(以下简称《大连纪要》)就“特勤介入案件的处理问题”规定，“行为人本没有实施毒品犯罪的主观意图，而是在特勤诱惑和促成下形成犯意，进而实施毒品犯罪的，属于‘犯意引诱’。对因‘犯意引诱’实施毒品犯罪的被告人，根据罪刑相适应原则，应当依法从轻处罚”。

根据《大连纪要》的文意，在“犯意引诱”的场合下，一是被告人的毒品犯罪行为成立犯罪，二是对被告人应当依法从轻处罚。最高人民法院经常以《会议纪要》的方式发布一些对审判工作起着指导作用的意见，虽然《会议纪要》不是法律也不是司法解释，判决书也不得直接引用作为裁判案件的依据，但各级人民法院经常直接根据《会议纪要》的规定裁判案件。《大连纪要》有关“特勤介入”案件如何处理的意见成为宣告因“犯意引诱”而实施毒品犯罪的被告人无罪的障碍。

以《大连纪要》的观点处理案件，是错误的。首先，《大连纪要》是参会部分法官关于“犯意引诱”诱惑侦查的法律适用意见，不是司法解释，而是“学理解释”；其次，《大连纪要》的处理意见，严重违背刑法规定与法理，值得检讨；最后，2012年修正后的《刑事诉讼法》明确规定“犯意引诱型”诱惑侦查为违法侦查行为，在程序上基于“犯意引诱”取得的证据材料不具有证据能力，在实体上被诱惑者的行为因处于公安机关的实力控制之下而不具有实质违法性(法益侵害性)。

本书认为，根据《大连纪要》也不能得出本案被告人李某武犯贩卖毒品罪(既遂)的结论。《大连纪要》没有规定基于“犯意引诱”犯罪的停止形态，在犯罪停止形态上，李某武的行为至少是犯罪未遂。

《大连纪要》规定，“对因‘犯意引诱’实施毒品犯罪的被告人，根据罪刑相适应原则，应当依法从轻处罚”，因此，可以《大连纪要》只是原则性认为因“犯意引诱”实施毒品交易的行为成立犯罪，但并没有规定犯罪的停止形态；“应当从轻处罚”的含义是“应当从宽处罚”，既包括刑法上的从轻、减轻处罚，甚至免除处罚。对因‘犯意引诱’实施毒品交易的，行为人的行为自始至终处于公安机关的控制之下，虽然表面上实施了符合犯罪构成的行为，但事实上根本不可能“得逞”，因此即使认定有罪，也应成立为犯罪未遂；同时，由于行为人的犯罪意图系因国家的代理人所引起，可以认为是国家制造了犯罪人，因此，在量刑上，应该考虑对被告人大幅度的从宽处理，即应当对被告人减轻处罚。①

(四)实务处理意见梳理

对采取"犯意诱发型"诱惑侦查方式查处的案件，实务中有三种处理方案。

第一种处理意见，认为公安机关以"犯意引诱"的方式收集证据，违背刑事诉讼法的规定，其收集的证据不具有证据能力，不作为认定案件事实的根据，并判决被诱惑者无罪。

典型案例如"吴晴兰非法出售珍贵、濒危野生动物案"，该案经最高人民法院刑一庭法官撰写裁判理由后，刊载于最高人民法院机关刊物《刑事审判参考》2010年第1集总第72集。在该案中，"2005年11月的一天，建阳市森林公安分局职工陈某与朋友到上诉人吴晴兰家购买野味，陈某自称姓林，问吴晴兰还有什么好的野味(意指国家保护的野生动物)，吴晴兰未明确回答，只是将自己的手机号码留给陈某。陈某回单位后将这一情况向森林公安分局领导汇报，领导要求陈某盯住吴晴兰。同年11月底，陈某打电话问吴晴兰有没有好货(意指国家保护的野生动物)，吴晴兰表示没有。同年12月12日吴晴兰联系张某(另案处理)，称有人要购买熊掌，张某要求先收定金2 000元。随后，吴晴兰打电话通知陈某有4只熊掌，要收定金2 000元。陈某经分局领导同意后，于当日13时许，将2 000元定金送到吴晴兰处。同日15时许，张某将4只冰冻熊掌送到吴家。因怕买家对熊掌质量提出异议，吴晴兰只让张某拿走1 000元定金，并让张某于次日下午到其家结账，随后即电话通知陈某。陈某于当日16时30分赶到吴晴兰租住的宿舍内接收了4只熊掌。吴晴兰向陈某要辛苦费时，被守候的公安干警当场抓获。经鉴定，涉案的动物肢体属国家二类保护野生动物黑熊的熊掌，系两只黑熊的熊掌，价值人民币40 080元"。二审法院认为，"吴晴兰是从事贩卖鱼类和附带收购、出售一些山麂、野兔等非国家明文规定为珍贵、濒危野生动物的商贩。从本案事实上看，吴晴兰并没有出售国家保护的野生动物的犯意，公安机关在未掌握吴晴兰有出售国家保护的野生动物事实的情况下，派侦查人员陈某主动引诱吴晴兰向其出售国家保护的野生动物，吴晴兰才以中介人身份参与4只熊掌的交易，其从中获取的介绍费仅为20—30元侦查机关以引诱的方式收集证据，有悖于刑事诉讼法的规定，其收集的证据具有非法性，其证据不

① "德国联邦法院曾拒绝在该情况下排除受教唆行为所产生的证据，而是给予罪犯一定的量刑减让，以补偿他曾经受国家工作人员的欺骗"。参见[德]托马斯·魏根特：《德国刑事程序法原理》，江溯等译，中国法制出版社2021年版，第175页。

予采纳。吴晴兰提出侦查人员以诱惑侦查手段引诱上诉人实施的行为不应受到刑罚处罚的辩解有理，予以采纳”，判决吴晴兰无罪。

第二种处理意见，认为被告人的行为成立犯罪，但属于犯罪未遂。

湖南省临澧县人民法院判决的薛某贩卖毒品案(〔2014〕临刑初字第6号判决)，在该案中，2013年10月3日下午，单某在临澧县恒威华天大酒店内被临澧县公安局禁毒大队民警抓获，供述了他因涉嫌贩卖毒品罪在取保候审期间脱逃的事实，并向办案人员反映他曾向薛某购买过毒品，且能配合公安机关抓获薛某。当日下午15时50分，他在办案民警的监督下主动打电话给薛某称要购买毒品，薛某同意了。当日下午6时许，薛某打电话约他到临澧县恒威华天大酒店前面的马路边见面交易。他与办案民警到达约定地点后，他对薛某进行了指认，办案民警随即将薛某抓获，现场缴获甲基苯丙胺毒品两包，经称重，一包毛重6.01克，另一包毛重0.75克。辩护人提出了此次毒品交易属于犯意引诱，不是犯罪的辩护意见。法院判决认为，薛某已经着手实行第三起犯罪，由于意志以外的原因而未得逞，是犯罪未遂，可以比照既遂犯从轻处罚。

第三种方案，如本案，即使认定李某武系因“特情人员”实施“犯意诱发型”诱惑侦查，产生犯罪意图并实施犯罪，但是判决其犯罪，且事实上并不从轻处罚。

如前所述，上述三种处理意见中，本书认为只有第三种处理结论才是正确的。

拓展阅读：

1. 龙宗智：《诱惑侦查合法性问题探析》，载《人民司法》2000年第5期。
2. 程雷：《诱惑侦查的程序控制》，载《法学研究》2015年第1期。
3. 邓立军：《控制下交付与诱惑侦查的边界及其勘定》，载《法学评论》2016年第6期。
4. 陈学权：《程序法视野中的诱惑侦查》，载《中国刑事法杂志》2004年第2期。
5. (台)林钰雄：《刑事程序与国际人权》，元照出版有限公司2007年版。

案例十二　向某煌敲诈勒索案

导读：

司法裁判人员必须根据经验、理性和良心，以证据是否具有真实性进行审查，只有查证属实的，才能认定案件事实；不能查证属实的，应作出有利于被告人的事实推定。

我国《民法典》及司法解释没有规定“给付者”无权请求返还“不法原因给付物”。在赌博中，实施诈术控制输赢，骗取财物的，成立诈骗罪；被骗者识破骗局，当场索要当场被骗财物的，是正当防卫行为，索要非当场被骗取财物的，是事后救济行为；被骗者采取暴力、胁迫等手段索要的财物明显超过被骗财物的，应追究其抢劫、抢夺、敲诈勒索等罪的刑事责任。

关键词：

不法原因给付；赌博诈骗；事后救济；正当防卫；非法占有为目的；敲诈勒索；故意犯罪阶段；行为对象

一、指控事实

宣恩县人民检察院以宣检公诉刑诉〔2019〕115 号《起诉书》指控：

2015 年 10 月 8 日至次日凌晨，被告人李某、洪某、向某煌、刘某与田某芳在巴东县野三关镇“寇莱”酒店 507 房间内以打麻将形式进行赌博时，发现田某芳在赌博中戴有可透视麻将的隐形眼镜作弊，便以报警、不准离开等方式强行索取田某芳人民币共计 180 万元(以下币种均为人民币，李某、洪某各 60

万元、向某煌与刘某60万元)。并要求田某芳于当天支付包括现场现金2.5万元在内共计30万元，余下150万元由田某芳以欠煤碳款打下50万元、100万元欠条给李某保管，并由李某收取。2015年10月9日到至2016年4月26日，田某芳通过给付现金、刷卡提现、银行转账等方式共计支付107.5万元。李某在收取田某芳给付款后，分别给另案被告人田某青转款10万元、被告人谭某现金2.8万元、洪某现金及转款共计32.5万元、向某煌与刘某转款共计12.5万元，李某本人获取49.7万元。具体事实如下：

1. 2015年10月9日，田某芳给付现金2.5万元后，李某通过POS机刷卡提现，将田某芳所持建设银行卡、工商银行卡、中国邮政储蓄卡、农业银行卡、中国邮政卡分别刷卡提现15.5万元，随后田某芳同向某斌离开。田某芳给付现金2.5万元由洪某所得。次日田某芳通过银行转账向李某转款12万元，李某收到转款后于当天给洪某转款9万元。谭某从刘某处得知田某芳共给付了30万元，应谭某要求李某则以现金形式经刘某转交谭某2.8万元。

2. 2015年11月9日，田某芳给李某转款共57.5万元李某收款后，通过刘某的银行卡，给向某煌、刘某共转款8.6万元，当天又通过转账形式给田某青转款10万元、给洪某转款18万元。并于2015年12月8日给向某煌转款2万元。

3. 田某芳于2015年12月24日、2016年1月10日、2016年4月26日三次共给李某转款20万元。李某收款后，于2016年1月11日给洪某转款3万元。于2016年1月12日给向某煌转款1.9万元。

案发后，宣恩县公安局已冻结、追缴涉案财物共计人民币1 083 273.74元(已存入宣恩县财政局财政专户。其中冻结刘某在中国建设银行账户余额共24 438.10元、李某在中国建设银行账户余额共418 835.64元。李某家属代为退赃18.2万、刘某家属代为退赃3万元、洪某主动退赃30万元、谭某退赃2.8万元、田某青家属代为退赃10万元并取得了被害人的谅解)。被告人洪某于2018年11月28日主动向宣恩县公安局投案。

二、辩护要点

客观上没有符合敲诈勒索罪的“敲诈勒索行为”，所有被告人在主观上没有非法占有的目的，不成立敲着勒索罪。

三、关键证据

(一)李某供述与辩解

2015 年的某一天，田某芳给我打电话邀约我到寇莱酒店 507 房间打麻将，田某芳作弊被抓，“我们问田某芳这个事情怎么搞，田某芳说我把赢的钱退给你们算了，当时田某芳桌子上有她赢的 2 万多元钱，我们拿走之后又把她包里的一万多元钱拿了”……洪某要每家赔 100 万元，我们说最低 70 万元，向某煌就讲“低于 60 万元，谈都不谈”，最终我们谈到田某芳每家赔 50 万元，一共 150 万元。

田某芳打麻将，从来都只赢不输，而且只在 507 房间打，我就提议捉她。当天她被捉后，承认了作弊。田某芳写了两张欠条，分别是 50 万元、100 万元，50 万元那张销毁了，100 万元不晓得放哪里去了。“后来我陆陆续续从田某芳手中拿到 77.5 万的过程中，我、洪某、燕子三个人平分了。”燕子的那一份，“燕子给我发的一个银行卡，卡号我不记得了”。(注：李某多次供述李某、洪某、燕子三人把田某芳给的钱分了，后来在侦查人员反复提示审问四个人为什么按三份分，李某回答说“向某煌与燕子是情人关系，十几年了，向某煌帮燕子，所以向某煌、燕子两个认分一份”)。之前田某芳转的 57.5 万元，“洪某 18 万元，给刘某、向某煌一股，也是 18 万元扣除之前炒期货的欠我的钱之后给他们两个转到刘某账户上 8.6 万元”，后面转的 20 万元，“给洪某分的 7 万元左右……给向某煌和刘某是分的 6.5 万元，我记得给向某煌还了 3 万元的信用卡，剩余的 3.5 万元给刘某给的现金。再剩下的 6.5 万元我自己用了”。庭审中，审判长讯问李建华给向某煌的两次转款的性质，李某回答称，该两笔转款系给向某煌偿还借款。

(二)洪某供述与辩解

田某芳打麻将只赢不输，“第五次我们本来是准备看下田总怎么总是赢钱，我当时就有点怀疑她，李某就和我谈想找个机会看下这个田总到底是否在打假牌”，第六次也就是抓田某芳作弊的那一次，“向某煌打了几把就出去了，燕子就上场”，田某芳作弊被捉，“我当时也想吓唬一下这个田总就说要报警”……“后来向某煌就讲每人低于 60 万元不谈”。“大概在房间里谈了两个多小时，意思就是这个事不谈好就不得让他走。田总就同意给我、李某、燕娃子每人赔60万元，但没有现金，给李某打150万元的借条，另30万元第二天田总回去后就转账给李某。”“没有人采取暴力手段”，“我们当时商量了的，以后田总给李某转钱后我、李某、燕娃子三个人平分”。

“钱当时没有赔够，田总就说打借条，她正拿笔给我才写几个字，我就讲条子我拿起没有用，我不得要，就把田总正在写的这张条子给撕掉了。李某就讲条子打给他，作为田总找李某借的150万元，李某先替田总垫资给我和燕娃子，李某赔150万元，每月还有利息。其实李某根本没有拿钱出来，要等田总转账后三人才平分，但利息他要全部要，给他手下的小弟付工资，所以我们就同意了。”

在最后一次供述中，洪某供称按三份分，“向某煌与燕娃子算一份”。

（三）刘某供述与辩解

田某芳作弊被捉，从她的眼睛里取出了作弊的眼镜，“洪某要100万元，李某说要搞70万元，田某芳还是说她拿不出这么多钱，这时候跟田某芳一起来的那个男子跟向某煌在一边说话，好像是在给田某芳说情，随后向某煌就跟田某芳讲‘那你就一个人给60万元，低于60万元就不谈’……”。李某于2015年11月9日分两次给刘某建行尾号3966卡共计转入8.6万元，“我通过转账的方式在5天内全部转给向某煌了，我记得是分两次转的”，由于刘某没有给向某煌的转款记录，刘某供述称，“如果没有转，这笔钱我就认可是李某分给我的”。后来，刘某辨认尾号3966银行卡交易记录后又辩称，当天取了5万元现金，给向某煌还账了；在庭审中，刘某辩称，在银行取现金出来交给向某煌了。

很早就怀疑田某芳打麻将作弊，田某芳被抓的那天之前，“洪某、李某和我三个人商量过”，田某芳被捉了，“我给向某煌打了一个电话问他在什么地方并告诉他我在寇莱507房间内”，向某煌过来后，“我给向某煌讲了田某芳戴眼镜打麻将的事情”，“当时我就开始闹并声称要报警，田某芳就讲不要报警”，“田某芳主动提出赔30万元，但是活钱没有，就说打30万元欠条”……“过了一会儿向某煌就从房间里出来了，他之前在卧室和田某芳带来的那个人在房间里讲话，向某煌说：要这么多钱干什么，这样一个人赔60万元，低于60万元就不谈了。和田某芳一起来的那男的出来了也在给田某芳说，这个价格可以了，行了，你自己做的事你自己要承担后果。”

刘某还供称向某煌要她帮忙顶罪。

(四)田某芳陈述

"房间里的李某、向某煌、洪某就叫我赔钱，刚开始的时候他们三个人要我给他们每个人赔100万元，我就说那你把我杀了也没有那么多钱，接着他们又说每个人赔70万元，我也没有答应，又说赔60万元，向某煌就说低于60万元不谈了，我还是没有答应。后来，他们又让向某斌给我做工作，向某斌就过了给我说'你早点把这个事情解决了好回去，你也还要拿点钱出来才好脱身，等回去了再找公安局的熟人打听一下，看这个事情怎么搞。'当时我也是想着还是早点脱身，然后我就答应了他们的要求，答应给他们每个人60万元。""当时李某就把牌桌子上面所有的钱都拿走了……包里的1万元现金也被李某拿走了……"田某芳还称，李某从田某芳回到建始的第二天开始，就天天催要补齐180万元，催要的方法是打电话，威胁转钱和利息，不转就派人挖眼睛。

(五)向某煌供述与辩解

向某煌与刘某系情人关系，向某煌不知道李某、洪某、刘某三人曾商量捉田某芳打麻将作弊，捉田某芳打麻将作弊，向某煌不在场。当天向某煌在407打牌，散场后去507找刘某，他才晓得田某芳作弊被捉的事。在现场，没有看到有人威胁田某芳，但是"事情没有谈妥前他们几个不让田某芳和向某斌走"，田某芳主动说给每人赔30万元，李某说100万元，向某煌确实在李某说的100万元基础上讲了个60万元。李某给其两笔共计3.9万元的转款，系李某偿还其借款。

四、控辩意见

(一)关于是否向某煌敲定了犯罪数额

公诉人：向某煌说低于60万元不谈，最终敲定了敲诈勒索的数额。

向某煌辩护人：

1. 洪某供称，向某煌提出"低于60万元不谈"后，双方继续协商了两个小时左右，这证明向某煌的提议没有起到作用。

2. 田某芳的陈述证明，向某煌虽然提出过"低于60万元"，但是她根本就没有同意，她是在向某斌劝她"先打个条子，先脱身，回建始之后再处理这个事情”后，才同意给李某打2张条子，一张50万元，另一张100万元。

(二)关于向某煌是否参与分钱

公诉人：田某芳被敲诈勒索的钱，由李某、洪某、向某煌与刘某按三份分，向某煌与刘某算一份。

向某煌辩护人：不是按三份分，而是由李某、洪某、刘某三人分。

公诉机关指控各被告人强行索取田某芳人民币共计180万元，“李某60万元、洪某60万元、向某煌与刘某60万元”；还指控李某取得田某芳的转款后，向“向某煌与刘某转款共计12.5万元”。但是根据庭审查明的事实，向某煌没有参与分钱。

1. 李某庭前多次供述分钱的是“李某、洪某与刘某三人”，向某煌没有参与分钱。(详见卷宗一，第76页、第80页、第86页、第87页)虽然李某的庭前供述也有“向某煌与刘某一股60万元”的内容，但是那是审讯人员采取“指供”非法方法讯问时作的回答，依法不得作为认定案件事实的根据。对此辩护人在庭审中已经明确指出，并且提交了详细的书面质证意见。

2. 李某当庭陈述向某煌没有分钱。李某当庭回答辩护人的提问时明确回答，“田某芳作弊被捉后，主动提出每人30万元，共计90万元解决纠纷”，这三个人是“我李某、洪某、刘某”。

3. 洪某的庭前供述与辩解证明分钱的是“李某、洪某与刘某三个人”。(详见卷宗一，第110页、第114页、第126页)

4. 刘某不能证明她把李某转给她的8.6万元给向某煌分了5万元：

(1)她当庭陈述不是与向某煌作为一股分钱。

(2)刘某关于5万元是如何给向某煌的每次供述有相互矛盾，不能认定刘某的取5万元给了向某煌。

刘某在第三次供述笔录中供述，她把8.6万元“五天内全部转给向某煌了”，在侦查人员向其出示银行交易记录、提示她供述不属实后，她又说“取5万元给向某煌还账了”(卷宗一，第172页)；她在第四次供述笔录中，供认8.6万元是分给她的，这个钱刘某一个人用了(卷宗一，第117~118页)；刘某当庭供述“取5万后当场交给了向某煌”……

(3)刘某在第三次供述时声称向某煌希望她为其顶罪，鉴于刘某与向某煌之间的“情人关系”，不排除刘某希望向某煌为其顶罪的可能性，因此刘某供述与辩解的真实性难以查证。

5. 不能推定“李某2015年12月8日给向某煌转款2万元”，“李某于2016

年1月12日给向某煌转款1.9万元"是李某收到田某芳转款后的对向某煌的"分赃"。

(1)如前所述，本案是李某等人捉到田某芳作弊后，田某芳请求不报警，主动提出退回骗取的款项，退的对象就是"现场打牌的人"，是向"李某、洪某、刘某"三次退款，不包括向某煌；

(2)田某芳给李某转款57.5万元的时间是2015年11月9日，李某给向某煌转款2万元的时间是2015年12月8日，不具有时间上的关联性，难以不能推定这笔2万元的转款为"分赃"；

(3)"李某于2016年1月12日给向某煌转款1.9万元"与田某芳给李某于2016年1月10日转款10万元具有时间上的关联性，但是不具有10万除以3的比例关系，而且洪某的供述与田某芳的陈述证明，50万元与100万元的利息由李某收取、所有，田某芳给李某于2016年1月10日转款10万元是利息，这笔10万元是由李某所有，不参与分配，因此不能推定这笔1.9万元的转款为"分赃"；

(4)向某煌当庭供述，李某向其所转的2万元与1.9万元是李某偿还借款；审判长当庭讯问李某，李某明确回答的确是偿还借款，不是分赃。李某在解释时间上的关联性时，是这样解释的，"是因为刚好有钱了，所以就转了"。

(三)向某煌是否实施了敲诈勒索行为

本案在空间上表现为三个阶段：(1)商议捉田某芳作弊；(2)现场协商，取得财物18万元，打50万元、100万元欠条；(3)事后取得12万元、57.5万元、20万元。

根据庭审查明的事实，向某煌只参与了第二个阶段，没有参与第一与第三个阶段。

根据田某芳的陈述，打欠条之后的第二天开始，李某以"挖眼睛"的威胁方法向田某芳索要，如果其陈述属实，这是单独的"敲诈勒索"的实行行为，向某煌没有参与。

田某芳打的欠条只有在李某等人起诉田某芳时才有意义，因此打"欠条"不是田某芳向李某转款的条件。既然向某煌只参与了第二个阶段，那么他就只需要对第二个阶段的行为负责任，但其行为不宜认定为犯罪。

1. 向某煌参与的协调行为不是敲诈勒索罪的"威吓"行为，田某芳同意的"60万元"不是向某煌敲定的。

2. 向某煌参与协调、主要打欠条的主观目的是为了解决纠纷，让田某芳脱身，不是为了犯罪。“打欠条”有可能成为第三人阶段可能实施的犯罪行为的预备行为，但是由于向某煌主观上不是“为了实行犯罪”，因此他协调打欠条的行为不成立第三个阶段“敲诈勒索”的犯罪预备。

3. 向某煌参与协调，现场取得共计 18 万元左右，而田某芳至少在 90 万元的额度内不是被害人。

根据庭审查明的事实，田某芳被捉之后，各在场的被告人并没有实施威胁行为，虽然洪某等人提出报警，但报警是正当行为，不能认为准备报警是敲诈勒索的“威胁”手段；田某芳因担心名誉扫地、处于缓刑考验期害怕被收监，而主动提出以每人 30 万元共计 90 万元的额度向李某等人“退赃”，辩护人认为至少在 90 万元的额度内田某芳不是被害人。

(四)田某芳是否刑事被害人

公诉人：田某芳是被害人。

向某煌辩护人：田某芳在打麻将赌博中持续作弊，涉嫌犯诈骗罪；被捉后，李某等人索要被骗赌资的行为，是自救行为。田某芳担心李某等人报警后名誉扫地、还担心撤销缓刑考验期被收监，而主动提出以每人 30 万元共计 90 万元的额度向李某等人“退赃”，至少在 90 万元的额度内田某芳不是被害人。

(五)向某煌是否从犯

公诉人：四被告人都是主犯。

向某煌辩护人：即使成立敲诈勒索罪，向某煌也只是参与协调，没有参与分钱，起次要作用，应认定为从犯。

五、法院判决

宣恩县人民法院以〔2019〕鄂 2825 刑初 124 号刑事判决认定：

2015 年下半年，被告人洪某开始怀疑田某芳在与李某、洪某、向某煌及其情人刘某、谭某等人一起打牌时有作弊的嫌疑后，李某、洪某、向某煌、刘某、谭某便一起商议寻机现场抓获田某芳作弊。2015 年 10 月 8 日晚至次日凌晨，被告人李某、洪某、向某煌、刘某与田某芳等人相约在巴东县野三关镇寇莱酒店 507 房间内以打麻将形式进行赌博，李某、洪某、刘某与田某芳打麻将时，发现田某芳戴有可透视麻将的隐形眼镜作弊，谭某闻讯亦赶到现场，见人多势众便离开。被告人李某、洪某、向某煌、刘某便以报警、不准离开等方式强行索取田某芳人民币共计180万元(以下币种均为人民币)，约定李某、洪某各60万元、向某煌与刘某60万元。并要求田某芳于当天支付包括现场现金2.5万元在内共计30万元，余下150万元由田某芳以欠煤碳款名义打下50万元、100万元欠条给李某保管，约定由李某为田某芳先行垫付给洪某、向某煌与刘某，田某芳给李某按月5%支付垫付期间的利息。李某事后未为田某芳垫付。田某芳于2015年10月9日至2016年4月26日，通过给付现金、刷卡提现、银行转账等方式共计给李某支付107.5万元。李某在收取田某芳给付款后，分别给洪某现金及转款共计32.5万元，给向某煌与刘某转款共计12.5万元，通过刘某转手给谭某付现金2.8万元，给另案被告人田某青转款10万元，李某本人获取49.7万元。具体事实如下：

(1)2015年10月9日，田某芳给付现金2.5万元后，李某通过POS机刷卡提现方式将田某芳所持建设银行卡、工商银行卡、中国邮政储蓄卡、农业银行卡、中国农村商业银行卡提现15.5万元至李某绑定的湖北银行恩施分行账户中，随后田某芳和向某斌离开。田某芳给付的现金2.5万元由洪某所得。次日田某芳通过银行转账方式向李某转款12万元，李某收到转款后于当天给洪某转款9万元。谭某从刘某处得知田某芳共给付30万元后，应谭某要求李某以现金形式经刘某转交给谭某2.8万元。

(2)2015年11月9日，田某芳给李某转款共57.5万元李某收款后，通过刘某的银行卡，给向某煌、刘某共转款8.6万元，当天又通过转账形式给田某青转款10万元。给洪某转款18万元。并于2015年12月8日给向某煌转款2万元。

(3)田某芳于2015年12月24日、2016年1月10日、2016年4月26日三次共给李某转款20万元。李某收款后，于2016年1月11日给洪某转款3万元。于2016年1月12日给向某煌转款1.9万元。

案发后，宣恩县公安局已冻结、追缴涉案财物共计1 083 273.74元(已存入宣恩县财政局财政专户。其中冻结刘某在中国建设银行账户余额共24 438.10元、李某在中国建设银行账户余额共418 835.64元。李某家属代为退赃18.2万元、刘某家属代为退赃3万元、洪某主动退赃30万元、谭某退赃2.8万元、田某青家属代为退赃10万元)。

宣恩县人民法院认为：

被告人向某煌的辩护人提出，即使认定构成敲诈勒索罪，向某煌在本案中只是参与协调，没有参与分钱，起次要作用，是从犯。被告人向某煌在接到公安机关电话通知后主动到公安机关接受调查，如实供述了全部犯罪事实，构成自首。在羁押期间检举他人犯罪，经查证属实，属于立功。综合量刑情节应对被告人向某煌在有期徒刑三年以下判处刑罚，并适用缓刑。经查证，被告人向某煌在得知田某芳打牌作弊后即赶到现场，伙同李某、洪某、刘某胁迫田某芳，提出“每家少于60万元不谈”，建议以煤炭款的名义要田某芳打欠条，在共同犯罪中起主要作用，是主犯。作为与刘某一方分得赃款12.5万元。被告人向某煌在接到公安机关电话通知后虽然主动到公安机关接受调查，但未如实供述全部犯罪事实，且在庭审时亦未如实供述犯罪事实，不构成自首。向某煌在羁押期间检举他人犯罪，经查证部分属实，可以认定为一般立功。对该辩护意见中向某煌存在立功行为可以对其从轻处罚的意见予以采纳，其他意见与事实法律不符，不予支持。

被告人李某、向某煌、洪某、刘某以非法占有为目的，强行索取他人财物，数额特别巨大，被告人谭某伙同被告人李某、向某煌、洪某、刘某以非法占有为目的，强行索取他人财物，数额巨大，均已构成敲诈勒索罪，公诉机关的指控成立，应当以敲诈勒索罪追究其刑事责任。被告人李某、向某煌、洪某、刘某四被告人敲诈勒索180万元，实际获取107.5万元，未获取的72.5万元属于未遂。被告人谭某明知敲诈数额30万元，对谭某按照30万元加以认定。被告人李某、向某煌、洪某、刘某、谭某系共同犯罪，在共同犯罪中，被告人李某、向某煌、洪某作用均等，均起主要作用，是主犯，应按其参与的全部犯罪处罚。被告人刘某、谭某起次要作用，是从犯。

宣恩县人民法院判决：被告人李某犯敲诈勒索罪，判处有期徒刑十二年，并处罚金人民币12万元；被告人向某煌犯敲诈勒索罪，判处有期徒刑十年，并处罚金8万元；被告人洪某犯敲诈勒索罪，判处有期徒刑七年，并处罚金人民币5万元；被告人刘某犯敲诈勒索罪，判处有期徒刑五年，并处罚金3万元。

四被告人不服一审判决，上诉至恩施州中级人民法院，恩施州中级人民法院以〔2020〕鄂28刑终49号刑事裁定认为“本案部分事实不清，证据不足”，裁定撤销原判，发回宣恩县人民法院重审。

目前，该案尚在审理中。

六、理论评析

在正式讨论本案之前，首先需要讨论“田某芳在打麻将过程中，事前购买透视麻将、透视眼镜，多次作弊，骗取财产”，是否成立诈骗罪；进而讨论各被告人的行为是否成立敲诈勒索罪；最后讨论如果本案成立敲诈勒索罪，他们的刑事责任如何认定？

(一)田某芳打麻将作弊，是否成立诈骗罪

关于本案田某芳的行为是否成立诈骗罪，涉及“不法原因给付与认定侵占罪、诈骗罪”，这一问题在刑法理论上争议较大。

“不法原因给付”，是指“违反法律的强制性规定或公序良俗的给付”。在不法原因给付与犯罪的认定中，经常会讨论以下问题：(1)不法原因给付与侵占罪。如甲为谋取不正当利益，委托乙向国家工作人员丙行贿，但是乙收取财物后没有给予丙，且拒不返还的案件中，乙是否成立侵占罪。(2)不法原因给付与诈骗罪。如乙以非法占有为目的，使用诈术，甲陷入认识错误，误以为乙与国家工作人员丙私交密切，使甲为谋取不正当利益，将财物交付给乙，委托乙向丙行贿，但是乙将财物据为已有的，乙是否成立诈骗罪。

赌博，是以偶然的机会，决定财物的输赢。我国《治安管理处罚法》第70条规定，“以营利为目的，为赌博提供条件的，或者参与赌博赌资较大的，处五日以下拘留或者五百元以下罚款；情节严重的，处十日以上十五日以下拘留，并处五百元以上三千元以下罚款”。根据我国《刑法》第303条规定，以营利为目的，聚众赌博或者以赌博为业的，犯赌博罪；开设赌场的，犯开设赌场罪。因此，在赌博中给予对方财物，或欠付债务的，是典型的“不法原因给付”。在赌博中作弊，诈骗他人财物的，同样涉嫌诈骗罪。

虽然被害人参与赌博，实施的也是不法行为，主观上也有不法目的，但是无论是在财产罪的保护法益理论上采取占有说还是法律的经济说，都能够肯定行为人的行为侵害了法益，按照前者，被害人是基于被骗而处分自己的财产(占有)；遵从后者，有经济价值的物或利益，原则上都是财产，即使被用于“不法原因给付”，并不会改变其具有的经济价值或者利益的属性。犯罪构成是判断行为是否成立犯罪的唯一标准，对于在赌博中作弊，骗取他人财物的行为，只要符合诈骗罪的犯罪构成的，就成立诈骗罪。

不过，1991年最高人民法院研究室《关于设置圈套诱骗他人参赌获取钱财的案件应如何定罪问题的电话答复》认为，“对于行为人以营利为目的，设置圈套，诱骗他人参赌的行为，需要追究刑事责任的，应以赌博罪论处”。1995年最高人民法院《关于对设置圈套诱骗他人参赌又向索还钱财的受骗者施以暴力或暴力威胁的行为应如何定罪问题的批复》(法复〔1995〕8号)认为，“行为人设置圈套诱骗他人参赌获取钱财，属赌博行为，构成犯罪的，应当以赌博罪

定罪处罚。参赌者识破骗局要求退还所输钱财，设赌者又使用暴力或者以暴力相威胁，拒绝退还的，应以赌博罪从重处罚；致参赌者伤害或者死亡的，应以赌博罪和故意伤害罪或者故意杀人罪，依法实行数罪并罚”。这两个司法解释的立场似乎是“赌博中作弊，骗取他人财物的行为，即使符合诈骗罪的犯罪构成的，也不成立诈骗罪，而只能按照赌博罪处罚”。其实不然，这两个司法解释规制的不是“在赌博中诈骗财物”，而是“诱骗他人参与赌博”。前者的行为符合了诈骗罪的犯罪构成，后者不符合诈骗罪的犯罪构成，行为人没有控制输赢，赌博所具有的“输赢偶然性”仍然存在。

经在裁判文书网上检索，“在赌博中诈骗财物”的案件近千件，均判决犯诈骗罪，尚未查询到否定诈骗罪的。如(2019)最高法刑申385号张永明诈骗案(申请再审案)，最高人民法院经审查后肯定“在赌博中作弊控制输赢的，成立诈骗罪”，最高人民法院认为，“现有证据足以证实张永明通过作弊控制赌博输赢的手段骗取他人钱财的事实，因此，即使张永明与被害人黄某、许某等人之间确实存在正常的经济往来，但该经济往来与本案实施的诈骗行为没有关联，不影响原审对张永明诈骗罪的认定”。(2015)粤高法刑二终字第71号何国坤等人赌博诈骗案，广东省高级人民法院认为，上诉人何国坤等人以非法占有为目的，以设立虚假赌局并诱使他人参与赌博违法活动为手段，诈骗他人财物，数额特别巨大，其行为均已构成诈骗罪。最高人民法院曾在《刑事审判参考》(第90集)公布过一个指导案例，“史兴其赌博诈骗案”，湖州市中级人民法院审理后认为，原审被告人史兴其利用隐形眼镜及透视扑克牌，控制赌博输赢，骗取他人财物，数额较大，其行为构成诈骗罪。

因此，本案中，田某芳以非法占有为目的，在赌博中，利用透视麻将、透视眼镜作弊，骗取李某等人财物的行为，涉嫌成立诈骗罪。

(二)各被告人是否有权向田某芳索要被诈骗的财物

1. 我国民事法律没有规定“不法原因给付者”无权请求返还，给付者有权根据“不当得利”的规定请求受领者返还。

对“不法原因给付”的法律效果，许多国家或地区的民事立法，在规定不当得利制度之后予以明确规定。如《德国民法典》第812条规定了不当得利制度，“无法律上的原因，因他人的给付或者以其他方式使他人蒙受损失而自己取得利益的人，对该他人负有返还的义务，即使法律上的原因后来消失，或者根据法律行为的内容而以给付来追求的结果并未出现该项义务也存在”。第817条规定了“违反法律或者善良风俗”的“不法原因给付制度”，“给付目的是以受益人的受领违反法定禁止或者善良风俗的方式确定的，受益人即负有返还义务。履行给付的人同样实施了这种违反法定禁止或者善良风俗的行为的，返还的请求即被排除，但给付在于债务的应承的除外；为履行此种债务而给付的一切，不得请求返还”。《日本民法典》第703条规定的是“不当得利的返还义务”，“无法律上的原因，因他人的财产或者劳务受有利益，由此给他人造成损失的人，在其利益存在的限度内，负返还义务”。第708条规定了“不法原因给付”制度，“因不法原因而为给付的人，不得请求返还已为的给付。但是，不法原因仅就受益人存在时，不在此限”。综合考察，“有两种立法例，一是不得请求返还，但国家得基于法律规定追缴不法给付。二是依不法原因在当事人间存在的不同情形而赋予不同的法律效果：不法原因存在于双方，且双方均已为给付的，则互不得请求返还；不法原因仅存在于给付一方的，则不得请求返还；不法原因仅存在于受领一方，且给付方已为给付的，则可以请求返还”。①

因此，在民事法律明确规定了“不法原因给付”的情况下，不法原因给付者，不享有“不当得利”返还请求权，不能要求受领人返还所受之利益。“基于不法原因的给付不得请求返还，积极意义在于实际上制裁了不法给付者，提高了不法给付者的预期成本。消极方面在于产生了‘不法即合法’的效果，某种情况下保护了恶意得利人，与法律的规范意旨相悖。由于不法原因给付的法律效果尚有争议，《民法典》对因不法原因给付不当得利的返还未作规定，有待于进一步研究”，② 我国直到《民法典》颁布施行，都没有就“不法原因给付”的民事法律效果予以明确规定。

既然民事法律规定不法原因给付者无权请求返还，那么原则上给付者仍然有权根据“不当得利”的规定请求受领者返还。

2. 不法原因给付的场合，给付者给付的财物可能被“没收”的不利后果，不应影响到给付者返还请求权

基于不法原因给付所取得的利益，虽然给付者有权以不当得利请求返还，但是可能因“不法原因”违反行政法规而被“没收”，构成犯罪所得的，还可能根据刑法规定被没收。不过，可能受到的行政法或刑法上的不利后果，不应影

① 最高人民法院民法典贯彻实施工作领导小组：《〈中华人民共和国民法典合同编〉理解与适用》，人民法院出版社2020年版，第2804~2805页。

② 最高人民法院民法典贯彻实施工作领导小组：《〈中华人民共和国民法典合同编〉理解与适用》，人民法院出版社2020年版，第2804~2805页。

响到给付者返还请求权

第一，给付者是否有权索要，需要根据民事法规范进行判断，法律关系的主体是给付者与受领者。而根据行政法规定的“没收”，发生在受领者与行政机关；根据刑法规定的“没收”，发生在受领者与司法机关之间，在没有经过正当的法律程序确定“不法所得的利益”应该被“没收”而成为国有财产的情况下，给付者仍然享有“不当得利”返还请求权。

第二，在受领者成立诈骗罪的场合，所谓“不法原因”只是诱因；给付者交付财物的真正原因乃上当受骗，陷入认识错误，“赌博诈骗，应构成侵权行为”①而非“不当得利”，给付者作为诈骗犯罪的被害人有返还财产请求权。如果否认给付者享有返还请求权，不仅与民法规定相悖，而且与受领者犯诈骗罪的结论相悖，一方面认为给付者是诈骗犯罪的被害人，另一方面又认为给付者无权请求返还，显然自相矛盾。

根据上述观点，在“不法原因给付物”为“贿赂”的场合，因受领人没有与国家工作人员达成贿赂的约定，所以“不法原因给付物”不是刑法贿赂犯罪规定的“财物”，给付者、受领者没有触犯刑法，“给付物”不会被没收，如果受领者成立侵占罪的，给付者有权请求返还；如果受领者成立诈骗罪的，给付者作为诈骗犯罪的被害人，当然有权请求返还。

就本案而言，根据《治安管理处罚法》第 11 条规定，“办理治安案件所查获的毒品、淫秽物品等违禁品，赌具、赌资，吸食、注射毒品的用具以及直接用于实施违反治安管理行为的本人所有的工具，应当收缴，按照规定处理”，但本案并没有作为治安案件进行处理，案涉款项也不是办理治安案件所查获，在没有经过合法有效的行政处罚行为予以确认的情况下，李某等人有返还请求权；更重要的是，李某等人因为田某芳作弊而陷入认识错误，并不是因为“赌博”、偶然输赢的原因交付财物，所以李某等人有权向田某芳索要被骗取的财物。

（三）李某等人是否成立敲诈勒索罪？若是，在多大金额范围内承担责任

《刑法》第 274 条规定：“敲诈勒索公私财物，数额较大或者多次敲诈勒索的，处三年以下有期徒刑、拘役或者管制，并处或者单处罚金；数额巨大或者

① （台）王泽鉴：《民法学说与判例研究》（重排合订本），北京大学出版社 2015 年版，第 946 页。

有其他严重情节的，处三年以上十年以下有期徒刑，并处罚金；数额特别巨大或者有其他特别严重情节的，处十年以上有期徒刑，并处罚金。”敲诈勒索罪，是指以非法占有为目的，对他人实行威胁(恐吓)索取公私财物数额较大或者多次敲诈勒索的行为。敲诈勒索罪的客观不法要件为“敲诈勒索财产，数额较大，或者多次敲诈勒索”，跟诈骗罪一样，敲诈勒索罪具有特定的行为结构，“对他人实行威胁(恐吓)→对方产生恐惧心理→对方基于恐惧心理处分财产→行为人或第三者取得财产→被害人遭受财产损失。”①

本案各被告人涉嫌敲诈勒索罪，但如前所述，田某芳以非法占有为目的，在赌博中，使用透视麻将、隐形眼镜，控制赌博输赢，骗取李某等人财物，成立诈骗罪，李某等人以报警相威胁，向其索要被骗取金额的行为，是行使权利的行为，不成立敲诈勒索罪。

问题在于，由于公安机关没有认识到田某芳的行为可能成立诈骗罪，没有对田某芳涉嫌诈骗罪一案立案侦查，因此其涉嫌诈骗的金额没有查证属实。在这种情况下，应综合各被告人的供述，结合田某芳陈述，按照“事实存疑，作有利于被告推定”的原则，认定“田某芳自愿退赔 90 万元”。亦即，各被告人对田某芳自愿退赔的 90 万元不承担刑事责任，实际获取 107.5 万元，只对 17.5 万元承担刑事责任。

(四)向某煌是主犯还是从犯

《刑法》第 27 条规定，“在共同犯罪中起次要作用或者辅助作用的，是从犯”。本案中，向某煌是主犯还是从犯，取决于案件事实归纳或认定。宣恩县人民法院以〔2019〕鄂 2825 刑初 124 号刑事判决认为向某煌是主犯，但是法院认定案件事实错误。

1. 判决错误认定向某煌参与分钱。

(1)判决认定向某煌与“李某、洪某、刘某、谭某一起商议寻机现场抓获田某芳作弊”没有证据。

(2)判决认定“向某煌作为与刘某一方分得赃款 12.5 万元”，但是证据证明本案是“李某、洪某、刘某”三人分钱，不是“向某煌与刘某作为一方的三方分钱”。

(3)在向某煌否认，刘某申请供述与辩解存在非此即彼的矛盾、当庭辩解真实性不能判断的情况下，判决错误认定“李某给向某煌与刘某转款共计 12.5

① 张明楷：《刑法学》(第六版)，法律出版社 2021 年版，第 1329 页。

万元”。

2. 判决没有根据犯罪的犯罪阶段分析案件事实。

本案在空间上表现为三个阶段：(1)田某芳打牌只赢不输，洪某、李某、刘某、谭某商议捉作弊；(2)田某芳打牌作弊被捉，经现场“协商”，达成退赔180万元协议：首付30万元(当场付18万元，次日付12万元)，给李某打50万元、100万元两张欠条，并约定了利息；3. 以欠条为依据，田某芳先后付57.5万元、20万元。法院在认定案件事实时，忽略了田某芳支付的57.5万元，不是退赔款，而是未按时支付退赔款所付的利息。而之所以约定利息，是因为李某声称，如果田某芳不依照约定支付退赔款，他要垫付退赔款，既然他垫付，田某芳当然要支付利息。由此可见，57.5万元究竟是退赔款还是利息，对于案件的定性重要。详言之，如果是利息，那么根据之前的约定，在利息之外还有赔款本金，这意味着“未遂”的金额并不一样。另外，法院没有查清李某是否采取了威胁方法实现欠条内容，如果是，则意味着李某单独实施敲诈勒索行为取得了75.5万元，即使是向某煌“敲定”了180万元的退赔金额，向某煌也只能认定为从犯。

由此可见，恩施州中级人民法院以〔2020〕鄂28刑终49号刑事裁定认为“本案部分事实不清，证据不足”，裁定“撤销原判，发回重审”，是正确的。

拓展阅读：

1. 王钢：《不法原因给付对于认定财产犯罪的影响——立足于财产概念与“非法”占有的考察》，载《法学家》2017年第3期。
2. [法]Jacques Vergès：《误判：法国冤案事件簿》，陈盈雪译，台湾冤狱平反协会2018年版。
3. [法]勒内·弗洛里奥：《错案》，赵淑美、张洪竹译，法律出版社2013年版。
4. [美]亚当·本福拉多：《公正何以难行：阻碍正义的心理之源》，刘静坤译，中国民主法制出版社2019年版。
5. 徐昕：《论私力救济》，广西师范大学出版社2015年版。

案例十三 王某美玩忽职守案(二审)

导读：

玩忽职守罪，是指国家机关工作人员玩忽职守，致使公共财产、国家和人民利益遭受重大损失的行为。客观不法要件包括三个不法要素：一是行为主体必须是国家机关工作人员；二是必须有玩忽职守的行为；三是必须致使公共财产、国家和人民利益遭受重大损失。认定被告人犯玩忽职守罪，必须做到上述构成要件要素的具体内容都有确实充分的证据得以证实，其中被告人是否有所指控的“职守”，应有书证予以证实；若被指控行为与结果之间不具备“没有前行为就没有后结果”这种最低限度的因果关系，则不能对被控行为追责。

关键词：

玩忽职守；因果关系；条件说；条件关系的中断；禁止溯及；客观归责

一、指控事实及一审法院判决

恩施市人民检察院以恩市检诉刑诉〔2015〕565号起诉书指控：

被告人王某美于2011年9月8日任恩施市六角亭街道办事处征地拆迁安置办公室副主任，承担征地拆迁协调、实物调查、征收补偿等职责。湖北高路鄂西高速公路建设指挥部于2011年7月1日确定恩施至来凤高速公路(下称恩来高速)路线起点，9月5日，恩来高速路线设计确定，同年11月，恩来高速公路恩施市六角亭段征地拆迁项目启动。在恩施市六角亭街道办事处头道水村征拆范围内有李某建于马家湾的一养鸡场，该养鸡场未在国土部门办理建设用地审批手续、未在规划部门办理规划手续，属于“两违”“抢修”建筑，不属于征迁补偿范围。王某美在进行实物登记时，对该养鸡场的合法性未尽审核职责，未能发现不属于拆迁补偿对象。对头道水村委会谎称该养鸡场系村委会所建，王某美未进行相关调查核实。2012 年 4 月 1 日，恩施市六角亭街道办事处与头道水村委会下辖的头道水新农村公司作为甲乙双方就该养鸡场签订补偿为 1 683 090.00 元的拆迁安置补偿协议，王某美获得时任六角亭街道办事处党委副书记、主任吴某忠口头授权，要求王某美在“把关”的前提下代其签字，王某美未认真审核相关权属证件，未向上级汇报，安排沈某芳作为甲方代签“吴某忠”名字。2013 年 1 月 7 日，李某获得人民币 1 450 000 元拆迁安置补偿款，致使国家遭受重大损失。

恩施市人民法院以〔2015〕鄂恩施刑初字第 00578 号刑事判决认定：

被告人王某美系恩施市六角亭街道办事处财经所工作人员（事业编制）。2011 年 9 月 28 日，中共恩施市六角亭街道办事处委员会下发恩六委文〔2011〕64 号文件，任命王某美担任六角亭街道办事处征地拆迁安置办公室副主任。2011 年 11 月 25 日，恩施市六角亭街道办事处下发恩六办发〔2011〕123 号文件（关于成立恩来、恩黔高速公路建设征地拆迁协调领导小组的通知），王某美为恩来、恩黔高速公路建设征地拆迁协调领导小组资料组的组长，同时系实物核实调查组的成员之一。

2011 年 2 月 24 日，恩来恩黔高速公路（简称恩黔公路）征地拆迁工作启动。2011 年 3 月，恩黔公路六角亭段项目征地拆迁工作在谭家坝启动。2011 年 7 月 1 日，湖北高路鄂某速公路建设指挥部拟对恩来高速公路路线起点予以调整，要求根据最新设计图纸，对征迁工作进行相应调整。9 月 5 日，恩来高速公路路线起点设计变更确定。同年 11 月 25 日，恩施市六角亭街道办事处（简称六角亭办事处）成立恩来、恩黔高速公路建设征地拆迁协调领导小组。之后，恩黔恩来公路改线，六角亭段高速公路的征地拆迁工作由谭家坝村改为头道水村。2011 年 12 月 2 日，六角亭办事处在头道水村启动恩黔公路征地拆迁工作。因时间紧任务重，六角亭办事处拆迁人员分成两个专班，进行突击工作，一个专班负责土地、农作物、地上经济林木等附着物的实物调查和统计，人员由办事处工作人员王某美、刘某鹏、梁某等人及省指挥部、州市高速公路办公室工作人员及村干部谢某良组成，该专班由王某美负责，梁某负责丈量土地，王某美负责业务和登记；另一个专班由六角亭办事处杨某科等人、省指挥部、州市高路办谭某灿、头道水村副主任金某和等人组成，负责房屋建筑评估和实物调查，该专班由杨某科牵头负责。

恩施市舞阳坝街道办事处枫香坪村村民李某得知恩来恩黔高速公路改线要经过六角亭街道办事处头道水村，其中马家湾的一块空地在此工程附近，便找该村书记谢某平，要求租赁该空地修建养鸡场，以套取征地补偿款，并承诺事情办好后，给村里辛苦费。2011 年 8 月 25 日，谢某平将李某租地建养鸡场套取征地补偿款以及办好后给村里辛苦费的事情告知了谢某良，并安排谢某良代表头道水村与李某签订了《农村土地租赁合同》，头道水村将 30 亩农用地租赁给李某使用，年租金人民币 30 000. 00 元。签订合同当天，李某即支付了租金人民币 30 000. 00 元，为逃避违规抢建养鸡场的事实，以便获取更多的补偿款，双方将签订合同的时间提前至 2011 年 1 月 30 日。合同签订后，李某迅速着手修建养鸡场。因李某未在国土、规划等部门办理相关手续，属于“两违”建筑，六角亭办事处“两违”办公室对此展开调查，谢某良、谢某平称该养鸡场系村里所建，故恩施市城市管理局于同年 9 月 7 日给头道水村委会下达了责令限期改正通知书。同年 11 月 5 日，恩施市人民政府责成恩施市城市管理局对该养鸡场实施强制拆除。11 月 8 日，恩施市城市管理局给头道水村委会下达强制拆除通知书，因谢某良、谢某平谎称养鸡场为村集体所有，村里将自行拆除，故恩施市城市管理局未组织强拆。六角亭办事处“两违”办公室也未将该养鸡场的查处情况向征地拆迁办公室通报情况。

2011 年 12 月，六角亭办事处征地拆迁专班开展征地实物调查时，谢某良、谢某平等人均谎称李某修建的养鸡场系头道水村修建(包括土地和房屋都是村里的)，因此将该养鸡场登记为拆迁补偿对象，登记被拆迁人户名系头道水村委会新农村发展有限公司。2012 年 3 月 28 日，恩施自治州诚信装饰工程造价评审有限公司对恩黔恩来高速公路六角亭办事处头道水村 92 户的装饰、无证自建、零星砌体工程进行评估，对登记到头道水村委会新农村发展有限公司的养鸡场进行评估的价格为 1 512 147. 65 元，并注明系无证自建。2012 年 4 月 1 日，头道水村委会以头道水村委会新农村公司的名义就该养鸡场的补偿问题与六角办事处签订了《恩来、恩黔高速公路六角亭段房屋、附属物拆迁及安置补偿拆迁协议书》，确定给头道水村委会新农村公司补偿房屋及附属物拆迁补偿款人民币 1 512 147. 65 元；2012 年 3 月 28 日，六角亭办事处与头道水村委会又签订了《恩来、恩黔高速公路六角亭段房屋、附属物拆迁及安置补偿补充协议书》，确定给头道水村委会新农村公司拆迁奖励等款人民币 170 942. 55 元；补偿款共计 1 683 090. 20 元。上述两份协议系王某美请示办事处主任吴某忠后，要求沈某芳以“吴某忠”的名义代签。2012 年 5 月 9 日，恩施市高速公路办公室将上述款项拨付到六角亭办事处财政所。2012 年 5 月，马家湾养鸡场征地拆迁的事情被举报，六角亭办事处谭某安副主任就该养鸡场被检举的情况向恩施市高速公路办公室及六角亭办事处领导汇报。六角亭办事处召开了专题会议，决定将头道水村马家湾养鸡场的补偿费用全部冻结。之后，由恩施市高速公路办公室委托恩施市审计局进行专门审计，恩施市人民检察院也参与此调查。

2012 年 11 月 6 日，谢某平召集头道水村村支两委人员李某恩、谢某良等 7 人开会形成决议，一是与李某解除租赁合同；二是一次性补偿李某人民币 1 450 000. 00元，谢某良等参会人员在会议纪要上签名。次日，头道水村委会与李某签订解除租赁合同协议书，约定村委会一次性补偿李某投资建厂的建筑物等损失人民币 1 450 000 元。2012 年 11 月 8 日，六角办事处副主任谭某安在该协议书上签署“同意按照村支两委集体研究的会议意见，予以落实，一次性了结”。11 月 9 日，头道水村委会给六角亭办事处写出书面报告，申请拨付补偿款，谢某平多次找谭某安等人，要求签字拨款，吴某忠、谭某安、邓某(六角亭办事处主任、副主任、六角亭财政所所长)均在该报告上签署意见，同意按村支两委集体意见落实，拨付人民币 1 450 000 元。2013 年 1 月 6 日，李某出具领到补偿款人民币 1 450 000. 00 元的领款单。1 月 7 日，谢某平等人在费用报销单上签名，并分别签署同意报销、同意入账、已审。当日，头道水村委会给李某转款人民币 1 450 000. 00 元。之后，李某与谢某平协商，从李某领取的补偿款中支出人民币 150 000 元给头道水村的另一养鸡场。2014 年，恩施市纪律检查委员会调查马家湾养鸡场时，将人民币 150 000. 00 元退回到六角亭财经所账户。

另查明，恩市政办发〔2012〕74 号文件规定：市高速公路建设委员会办公室，市国土资源局、六角亭街道办事处负责将征地拆迁户的房屋评估价值、土地及地上附着物的补偿资金在当地张榜公布无异议后，与征地拆迁户签订补偿安置协议。补偿给村集体的土地补偿费，直接划入财经所专户，其使用须经村民代表大会讨论通过，街道办事处审核并报市人民政府同意。任何单位和个人不得以任何理由、任何名义截留、侵占、抵扣、挪用征地拆迁安置补偿资金。

恩市政办发〔2011〕42 文件市人民政府办公室关于印发《城市规划区集体土地房屋征收补偿安置方案》的通知规定：其他规定房屋置换面积以被征收房屋的合法产权(土地使用证或房屋所有权证)载明的正房面积为准。猪牛圈、柴火房、临时建筑等附属设施不属房屋置换范围，由房屋征收部门按评估进行货币补偿。

恩施市人民法院认为：被告人王某美身为国家工作人员，未正确履行其工作职责，致使国家利益遭受重大损失，其行为已构成玩忽职守罪。公诉机关指控的罪名成立，本院予以确认。被告人王某美及辩护人认为其认真履行了职责，其行为不构成犯罪的辩护意见，与本院查明的事实不符，不予采信。鉴于本案造成的重大经济损失与其他相关部门领导及工作人员未切实履行职责等多方面原因造成，综合全案，王某美虽负有一定责任，但在本案中的情节轻微，因此，本院决定对被告人王某美从宽处罚，判决：被告人王某美犯玩忽职守罪，免予刑事处罚。

二、(二审)辩护要点

(1)王某美没有符合玩忽职守罪的“职守”。

(2)王某美没有实施造成损失的行为。

(3)即使王某美即使有失职行为，行为与结果之间也没有因果关系。

(4)王某美没有符合玩忽职守罪规定的主观过失。

三、关键证据

(一)对于涉案养鸡场是否补偿对象，王某美是否具有实质审查义务的证据

1.《湖北省事业单位聘用合同书》，恩施市六角亭街道办事处财经所与王某美于2006年6月1日签订，聘用王某美为其工作人员。

2.《中共六角亭街道办事处委员会关于向韬等同志职务任免及岗位调整的通知》，“王某美同志任办事处征地拆迁安置办公室副主任”。

3《关于成立恩来、恩黔高速公路建设征地拆迁协调领导小组的通知》，“王某美：办事处征地拆迁安置办公室副主任。实物核查调查组，组长为谭某安，副组长为谢某平、杨某科，王某美为成员；资料组，组长王某美”。

4.《2011年11月3日六角亭办事处拆迁办会议记录》，“谭某安主持会议，安排工作：王某美负责资料，杨某科负责评估房屋，各负其责，相互配合。”

5.《恩施市高速公路建设委员会办公室2011年11月7日工作会议记录》，“对头道水村整个工作人员的安排，要求切实配合三个班子：(1)搞好房屋评估；(2)王某美材料征地班子，梁波负责测量(耕地)；(3)山林班子测量。”

6.《恩施市高速公路建设委员会办公室2011年5月4日：六角亭街道办事

处恩来恩黔高速公路征地拆迁协调动员大会会议记录》，大会布置工作并强调："精心组织、落实工作"，要做到"不漏登、不误登、不重登、不补登、一次成形"。

(二)关于王某美是否实施玩忽职守的行为

1.《〔2016〕鄂恩施刑初字第328号刑事判决书》、《〔2015〕鄂恩施刑初字第00590号刑事判决书》、《〔2015〕鄂恩施刑初字第00577号刑事判决书》认定：

认定头道水村养鸡场征地拆迁案的事实经过是：2011年8月，枫香坡村民李某得知恩黔、恩来高速公路改道头道水的消息后，与头道水村村委会书记谢某平、村委会主任谢某良勾结，签订土地租赁合同，但把签订时间提前到2011年1月30日，抢建养鸡场，同时谢某平、谢某良利用其拆迁办工作人员的职务便利，隐瞒养鸡场系抢建建筑物的事实，欺骗实物调查小组，把养鸡场作为拆迁补偿对象登记。被举报后，又召开村委员专题会议，继续欺骗六角亭办事处，谎称养鸡场系村建。六角亭办事处相关领导召开专题会议，明确该笔补偿资金系村集体后，决定拨款。头道水村获得补偿款1 683 090元后，将其中的1 450 000补偿给李某，最终导致国家损失。

2.《农村土地租赁合同及叁万元收据》：2011年1月30日李某与谢某良签订(注：实际签订时间是2011年8月某一天)，头道水村将30亩农用地承租给李某使用，承租经营期限为3年，自2011年1月30日至2014年1月1月。

3.《解除〈农村土地租赁合同〉协议书》：2012年11月7日，头道水村委会与李某签署协议，解除《农村土地租赁合同》，代表头道水村委会签署协议的是谢某良。2012年11月8日，谭某安签署意见，"同意按照村支两委集体研究的会议意见，予以落实，一次性了解"。

4.《恩来、恩黔高速公路六角亭段房屋及附属物拆迁及安置补偿协议书》：六角亭街道办事处与头道水村委会新农村公司2012年4月1日签订，"补偿费用共计1 512 147.65元，在2012年4月20日前完成拆迁工作"，办事处代表人为"吴某忠"，村委会代表人为"谢某良"。

5.《恩来、恩黔高速公路六角亭段房屋附属物拆迁及安置补偿补充协议书》：六角亭街道办事处与头道水村委会新农村公司2012年3月28日签订，"恩来恩黔高速公路建设拆迁乙方位于六角亭段红线范围内房屋补偿款内容：补偿工时费用5 474.35元；偏房及附属房(含畜圈)拆迁奖励费用165 468.20元"。

6. 2012年3月28日《关于对恩黔、恩来高速公路六角亭办事处头道水村

92户的装饰、无证自建、零星砌体工程的评估结论》及附件《定案汇总表》：登记被拆迁人户名系头道水村委会新农村发展有限公司，养鸡场评估价格为1 512 147.65元，并注明系无证自建。

7. 2011年9月20日《关于头道水村委会搭建临时养鸡厂的调查报告》：养鸡场系该村村委会违建，2011年9月7日下达责令限期改正通知书，限一个月内自行拆除。

8.《建设手续合法性审查表》：2011年9月20日审查，头道水村委会(法定代表人：谢某良)修建养殖场，未办理建设用地审批手续、未办理规划手续。

9.《恩施市人民政府责成行政强制拆除决定书》：2011年11月5日恩施市人民政府向市城市管理局下达，责令强制拆除涉案养殖场。

10.《恩施市城市管理局实施强制拆除通知书:》2011年11月8日向头道水村委员会下达，决定对涉案养殖场强制拆除。

11.《头道水村关于李某租赁头道水村集体土地被高速公路征用后补偿方案的会议记录》：2011年11月6日，在谢某平主持下，召开由谢某良、李某恩等人参加的村委会会议，会议一致决定解除2011年1月30日签订的《农村土地租赁合同》，一次性补偿李某145万元。

12.《关于申请拨付高速公路征用村集体土地建筑物评估资金补偿的报告》：2012年11月9日头道水村委会向六角亭办事处申请拨款，吴某忠、谭某安、邓某均签字同意。

13.《转账支款申请单、领款单、费用报销单》，2013年1月6日李某领款145万元。

14. 谭某安证言：

2012年四五月份收到检举信，检举村里瓜分集体资产。知道这件事情后，我就马上向市高路办主任及办事处主要领导汇报，办事处并召开专题会议决定把头道水村马家湾养鸡场补偿费用全部冻结，暂时不拨款，另外我还专门和办事处主任吴某忠一起到市高路办，与田指挥长、柳主任、刘主任商议过此事。由市高路办委托市审计局对我们六角亭头道水村恩来、恩黔高速公路项目进行专门审计，并商定审计无误后在拨款给被征收人。当时这笔钱还没有拨，市检察院就去调查，调查的结果市高路办才知道，我都不清楚，所以这笔钱一直在市高路办的账上存放了接近一年的时间。养鸡场补偿登记的是村集体，村里多次要求拨款，并说要上访，到2012年底谢主任找过"我"多次，并到市高路办找过刘主任、柳主任。

15. 谢某平证言(供述与辩解):

李某有高速公路互通的草图,承诺办厂的事情搞好了就给村里面搞点辛苦费,跟谢某良主任通气后决定 3 万元每年租出去。"两违办"发现后"我"说养鸡场是村集体办的,村里自己拆,后来又下达强拆通知,"我们"等到高路办进场进行实物调查后就喊李某把养鸡场拆了。"高路办审计,但是没有审计出什么东西,又把情况告知了检察院,检察院又来调查,因为钱在财经所的账上没有发下去,检察院就说没有事实,也没有结果。"李某拿到 145 万元补偿款后拿出 15 万元给谢某平,打到了村里养鸡场的账上。

四、控辩意见

(一)关于王某美是否有符合玩忽职守罪的"职守"?

辩护人:王某美没有符合玩忽职守罪的职守。

1. 王某美是土地调查小组的负责人、是资料组的成员,头道水村是否属于拆迁补偿的对象应该由房屋调查小组负责调查。

2. 王某美作为资料组的组长,对市高路办递交的资料只有形式审查的职责,没有实质审查的义务。根据庭审查明的事实,对于头道水村养鸡场的补偿问题,首先由杨某科负责的房屋调查小组调查核实,然后以此为基础由评估机构进行评估,评估之后交市高路办审核,在这三个阶段,都有实质审查的义务,什么是实质审查?所谓实质审查就是审查头道水村的养鸡场是否应该被补偿。在市高路办审核之后,再把调查材料和评估资料交给王某美的资料在村里公示,公示没有异议的,与被拆迁户达成拆迁协议。市高路办是资料组的领导结构,在市高路办审核后,后面的工作就是执行,本案中,公诉机关没有提供任何证据证明资料组在最后时刻还要审查头道水村的养鸡场被作为补偿对象是否正确。

3. 关于王某美被吴某忠委托签字的问题。吴某忠是六角亭办事处的法定代表人代表,根据工作安排,拆迁协议书应该由吴某忠签字。吴某忠签字也仅仅是拆迁补偿工作的最后一道形式上的程序,对养鸡场是否应该补偿这种实质审查工作,不是其职责所在。既然吴某忠本无实质审查职责,当然就不存在还要求王某美代为签字的时候要把关的说法。庭审中,王某美对吴某忠作证说"要王某美签字的时候把关"予以了坚决否认,指控吴某忠曾委托王某美"签字的时候把关"证据不足。而且,吴某忠因为忙,喊王某美她们帮忙签字,王某美又喊了沈某芳帮吴某忠的忙签了吴某忠的名字，并不具有刑事违法性，因为行政机关工作人员的工作职责未经正当程序，不能因吴某忠的私下委托而转移给王某美。

公诉人：本案有确实充分的证据证实王某美在本案中负有职责；王某美将资料收集后交领导签字，这个后果王某美是相当清楚的。

(二)王某美是否实施造成损失的行为?

辩护人：

有多个行为参与了本案，共同导致了本案。庭审调查中，辩护人提交的被追责的另外三个参与人的判决书认定的事实如庭审调查中所述：

枫香坡村民李某得知恩黔、恩来高速公路改道头道水的消息后，与头道水村村委会书记谢某平、村委会主任谢某良勾结，签订把时间提前的土地租赁合同，抢建养鸡场，同时谢某平、谢某良利用作为拆迁办工作人员的职务便利，隐瞒养鸡场系抢建建筑物的事实，欺骗实物调查小组，养鸡场被作为拆迁补偿对象登记。在被举报后，又召开村委员专题会议，继续欺骗六角亭办事处，谎称养鸡场系村建。六角亭办事处相关领导召开专题会议，明确该笔补偿资金系村集体后，决定拨款。头道水村获得补偿款 168.309 万元后，将其中的 145 万元补偿给李某，最终导致国家损失。

这几份判决书认定的事实证明造成国家重大损失的行为有：

第一，李某、谢某平、谢某良隐瞒养鸡场是抢建建筑物的事实，欺骗房屋调查小组的行为；

第二，房屋调查小组被骗，把养鸡场作为征地拆迁补偿对象的行为；

第三，被举报后，谢某平、谢某良召开村委会专题会议，谎称养鸡场是村建的行为；

第四，六角亭办事处相关领导召开专题会议，决定向头道水村拨款的行为。

公诉人：涉案养鸡场是抢修、抢建建筑物，不是拆迁补偿对象，但是王某美没有履行审查职责。

(三)王某美的行为与结果之间是否有因果关系

辩护人：

辩护人同意由一审判决书及谢某平、谢某良、李某恩三人的判决书认定的，本案的损失是由多个原因造成的。

从行为结构上讲，六角亭办事处的拨款决定直接到导致了损失的发生，是直接原因；李某、谢某平、谢某良等人的行为是损失结果发生的间接原因。

上诉人的行为与结果之间没有因果关系，理由是：

第一，玩忽职守罪的客观行为一定是重大失职行为，一般的工作失误不成立玩忽职守罪。换句话说，玩忽职守行为一定是与危害结果之间具有“原因力”的行为，这种具有“原因力”的行为就是重大失职行为。对此，2012 年 11 月 15 日最高人民检察院《关于印发第二批指导性案例的通知》(检例第 8 号)有明确认定。已经生效的谢某平等人的判决书没有认定上诉人有参与本案的行为，今天审理的上诉案，公诉机关也没有提供确实充分的证据证明上诉人失职行为，更没有证据证明上诉人有重大失职行为。

第二，所谓的多因一果，不是说凡是与结果有关系的事实就有因果关系，王某美的行为与结果之间不具有因果关系。

按照本案本来的发展历程，应该表现为：李某、谢某平、谢某良等→房屋调查专班→评估公司→市高路办→资料组→公示、签协议→拨款、国家遭受损失。

本案的发展历程实际表现为：李某、谢某平、谢某良等→房屋调查专班→评估公司→市高路办→资料组→公示、签协议→被举报、审计局、检察院→谢某平、谢某良、李某恩等村委会专题会议→六角亭办事处专题会议决定并拨款→国家遭受损失。

因此，对王某美而言，本案的发生有介入因素，即“被举报、审计局、检察院→谢某平、谢某良、李某恩等村委会专题会议→六角亭办事处专题会议决定并拨款”。最高人民法院公布的第 294 号刑事审判指导案例“龚晓玩忽职守案”明确了有介入因素的情况下因果关系的判断方法，“应该判断介入因素异常性的大小，介入因素过于异常的，实行行为和结果之间的因果关系不存在”。具体到本案，首先必须指出，王某美没有实施符合玩忽职守罪的失职行为，退一步讲，即使其有失职行为，在有了“被举报、审计局、检察院→谢某平、谢某良、李某恩等村委会专题会议→六角亭办事处专题会议决定并拨款”这么多的重大、异常介入因素的情况下，因果关系也已经中断，只能够说介入因素中有的行为与损失之间有因果关系。

公诉人：本案存在一因多果，正因为王某美的行为只是原因之一，所以判决免除处罚。

(四)王某美主观上是否有符合玩忽职守罪的过失

辩护人：王某美主观上没有符合玩忽职守罪的过失。

辩护人姑且认为她有失职行为，然而其主观上也是没有过失的。

犯罪过失分为两种，一种是过于自信的过失，另一种是疏忽大意的过失。前者要求行为人认识到自己的行为会发生危害的结果，但轻信可以避免，后者要求行为人应该认识到却没有认识到危害结果的发生。本案中，上诉人要沈某芳代吴某忠签字时，认识到了损害结果的发生吗？当然没有；她应该认识到吗？怎么可能预见到。上诉人收到从市高路办得到头道水村养鸡场的材料，核对数额、形式上审查下，还搞公示，她认识到有损害结果可能发生了吗？当然没有；她应该预见到吗？当然不可能预见到。因为后面不是发生了她的意志意外的介入因素吗？“被举报、审计局、检察院介入调查→谢某平、谢某良、李某恩等村委会专题会议→六角亭办事处专题会议决定并拨款”这些都是意志以外的因素，她怎么可能认识到、怎么可能要求她应该认识到。

公诉人：王某美有失职行为，对造成的损失主观上有疏忽大意的过失。

五、法院判决

恩施州中级人民法院以〔2017〕鄂28刑终85号刑事裁定认定：

二审审理查明的事实与原判认定的事实相一致，且定案证据均经一审庭审质证，二审审查核实，来源合法有效，内容客观真实，本院予以确认。二审庭审中，上诉人王某美提交了三份会议记录，会议记录中提到王某美负责材料，故王某美认为其仅负责材料审核，而对拆迁测量不具有审核职责，因此其行为不构成玩忽职守罪。经审查，本案的重大经济损失虽由相关部门领导及工作人员未切实履行职责等多方面原因造成，但王某美系恩施市六角亭街道办事处征地拆迁安置办公室副主任、拆迁协调领导小组资料组的组长，同时是实物核实调查组的成员之一，负责业务和登记，对本案的重大经济损失仍应负有一定责任，故王某美提交的证据不能达到其对本案造成的重大经济损失不承担责任，不构成玩忽职守罪的证明目的，该部分证据本院采信其中印证本案事实的部分内容。上诉人王某美二审庭审中提交的恩州饰价字〔2012〕38号关于对恩黔、恩来高速公路六角亭办事处头道水村92户的装饰、无证自建、零星砌体工程的评估结论的清单二份、被告人谢某平、被告人李某4、被告人谢某良的刑事判决书，均不能证明上诉人王某美在该案中没有玩忽职守行为、国家利益遭受的重大损失结果与王某美的行为之间不具备刑法上的因果关系，故本院亦不予采信。

恩施州中级人民法院认为，上诉人王某美身为国家工作人员，未正确履行其工作职责，致使国家利益遭受重大损失，其行为构成玩忽职守罪。王某美在本案中虽负有一定责任，但犯罪情节轻微，故原判对王某美从宽处罚，对其免予处罚并无不当，本院应予维持。裁定：驳回上诉，维持原判。

六、理论评析

玩忽职守罪，是指国家机关工作人员玩忽职守，致使公共财产、国家和人民利益遭受重大损失的行为。客观不法要件包括三个不法要素：一是行为主体必须是国家机关工作人员；二是必须有玩忽职守的行为；三是必须致使公共财产、国家和人民利益遭受重大损失。主观有责要件为过失。本案争议是多方面的，不仅涉及证据采信、事实认定，而且涉及法律适用，下面根据玩忽职守罪的犯罪构成，逐一予以评价。

(一)王某美是否该当玩忽职守罪的主体要件

王某美系六角亭办事处财经所工作人员，借调到六角亭办事处拆迁办工作，借调期间，是否工作机关工作人员？

行为主体必须是国家机关工作人员，根据《刑法》第 93 条规定，国家机关工作人员是指在“国家机关中从事公务的人员”，国家机关包括各级国家权力机关、行政机关、司法机关和军事机关。国家机关工作人员是国家工作人员，关于国家机关工作人员的认定，理论界长期以来有身份论与公务论的争议。身份论认为，国家机关工作人员犯罪是一种职务性犯罪，作为犯罪主体的国家机关工作人员必须具有国家机关工作人员的资格身份；公务论认为，作为犯罪主体的国家机关工作人员不问是否具有国家机关工作人员的资格身份，应以其是否从事公务来决定。从刑法规定及司法实践来看，应认为采取了“公务论”的立场，但是落实到具体案件，仍然存在争议。

2002 年 12 月 28 日全国人大常委会根据司法实践中遇到的情况，就渎职罪主体的适用问题进行解释(2002 年 12 月 28 日《全国人民代表大会常务委员会关于〈中华人民共和国刑法〉第九章渎职罪主体适用问题的解释》)，“在依照法律、法规规定行使国家行政管理职权的组织中从事公务的人员，或者在受国家机关委托代表国家机关行使职权的组织中从事公务的人员，或者虽未列入国家机关人员编制但在国家机关中从事公务的人员，在代表国家机关行使职权时，有渎职行为，构成犯罪的，依照刑法关于渎职罪的规定追究刑事责任”。据此，国家机关工作人员包括三类人员：(1)在依照法律、法规规定行使国家行政管理职权的组织中从事公务的人员；(2)在受国家机关委托代表国家机关行使职权的组织中从事公务的人员；(3)虽未列入国家机关人员编制但在国家机关中从事公务的人员。

何为从事公务？2003年11月13日《全国法院审理经济犯罪案件工作座谈会纪要》(法〔2003〕167号)认为“从事公务，是指代表国家机关、国有公司、企业、事业单位、人民团体等履行组织、领导、监督、管理等职责。公务主要表现为与职权相联系的公共事务以及监督、管理国有财产的职务活动。如国家机关工作人员依法履行职责，国有公司的董事、经理、监事、会计、出纳人员等管理、监督国有财产等活动，属于从事公务。那些不具备职权内容的劳务活动、技术服务工作，如售货员、售票员等所从事的工作，一般不认为是公务”。

本案中，王某美所在单位“六角亭财经所”系事业单位，但恩施市六角亭街道办事处财经所与王某美于2006年6月1日签订《湖北省事业单位聘用合同书》，王某美系在事业单位从事公务的国家工作人员，案发期间，其系借调到拆迁办从事拆迁管理工作，属于“未列入国家机关人员编制但在国家机关中从事公务的人员”，应认定为国家机关工作人员，该当玩忽职守罪的主体要件。

(二)王某美是否有该当玩忽职守罪的“职守”？

认定王某美是否有该当玩忽职守罪的“职守”，关键在于公诉机关提供的证据能否证实指控。

“王某美系恩施市六角亭街道办事处征地拆迁安置办公室副主任、拆迁协调领导小组资料组的组长，同时是实物核实调查组的成员之一”，对此，控辩双方都是没有争议的，法院也认可了这一事实。然而，“副主任、组长、成员”都只是王某美的职务，并不是其职责。职责意味着就起担任的职务所必须承担的工作义务。详言之，必须有证据证实“王某美担任恩施市六角亭街道办事处征地拆迁安置办公室副主任”所具体承担什么工作义务、“王某美担任拆迁协调领导小组资料组的组长”所具体承担的工作义务、“王某美作为实物核实小组的成员”所具体承担的工作义务。简言之，就是必须有证据证实王某美在拆迁工作中所具体承担的工作，及其所承担的工作与指控的国家损失之间存在的关系。

本案拆迁补偿具体流程为：权利人提出补偿申请→土地调查专班/房屋调查专班→评估公司→市高路办→资料组→公示、签协议→拨款、国家遭受损失。在这个流程中，根据辩方证据，王某美作为实物调查小组的成员，在“土地调查小组”从事实物调查核实工作，涉案养鸡场的补偿工作由房屋调查专班负责，与王某美无关。材料组的工作任务是，在实物调查小组对权利人补偿申请进行登记、调查，在评估公司对待补对象评估后，把相关材料移送到高路办审核，再移交到资料组汇总。在这个过程中，资料组的职责只能就材料的形式是否合法、完备、完整进行审查，对待补对象提交的材料的真实性没有审查义务，也没有审查的可能性，此所谓“各司其职、各负其责”。从诉讼过程来看，公诉机关没有提供书面文件、会议记录等书证证明王某美承担的具体工作，也没有提供言辞证据如相关领导人的证言证明王某美对涉案房屋的补偿具有实质的调查义务，王某美虽然没有证明自己的无罪的义务，但提供了大量证据证明自己并不负有该当玩忽职守罪的“职守”。

王某美是否负有该当玩忽职守罪的“职守”，法院没有予以评论，仅仅根据“王某美系恩施市六角亭街道办事处征地拆迁安置办公室副主任、拆迁协调领导小组资料组的组长，同时是实物核实调查组的成员之一，负责业务和登记”，就认定其“对本案的重大经济损失仍应负有一定责任”，并进而认定其负有该当玩忽职守罪的“职守”，实属认定案件事实没有根据。

（三）王某美是否有玩忽职守的行为？

玩忽职守，是指严重不负责任，不履行职责或者不认真履行职责的行为。不履行职责，是不作为形式的玩忽职守，是指行为人负有职责，应当履行且有条件、有能力履行，但不履行；不认真履行职责，是作为形式的玩忽职守，是指行为人虽然履行职责，但是粗心大意、敷衍塞责，不按照职责要求完全履行职责。就本案而言，如果王某美作为材料组组长，对相关材料的真实性具有实质审查的义务，但没有履行，属于不作为的玩忽职守；如果其作为实物调查小组的成员，在对涉案养鸡场的调查中，没有认真调查其是否属于待补对象，则属于作为方式的玩忽职守。

王某美是否有玩忽职守的行为，应由公诉机关举证证实。从辩护人的辩护意见来，确实有多个行为共同造成了国家财产损失，法院就本案对此予以了认定，“本案的重大经济损失由相关部门领导及工作人员未切实履行职责等多方面原因造成”。司法机关也追究了相关责任人员的刑事责任，相关判决认定，“枫香坡村民李某得知恩黔、恩来高速公路改道头道水的消息后，与头道水村村委会书记谢某平、村委会主任谢某良勾结，签订虚假土地租赁合同，抢建养鸡场，同时谢某平、谢某良利用作为拆迁办工作人员的职务便利，隐瞒养鸡场系抢建建筑物的事实，欺骗实物调查小组，养鸡场被作为拆迁补偿对象登记。在被举报后，又召开村委员专题会议，继续欺骗六角亭办事处，谎称养鸡场系村建。六角亭办事处相关领导召开专题会议，明确该笔补偿资金系村集体后，决定拨款。头道水村获得补偿款168.309万元后，将其中的145万元补偿给李某，最终导致国家损失”。

虽然相关判决认定的事实并没有牵涉王某美，但是“王某美系恩施市六角亭街道办事处征地拆迁安置办公室副主任、拆迁协调领导小组资料组的组长，同时是实物核实调查组的成员之一”的职务身份，决定其必然成为整个行为流程中的一环。

在公诉机关没有能够举证证实王某美究竟如何玩忽职守的情况下，不妨假定其有玩忽职守的行为，同时通过刑法上因果关系的判断，确认其应否被追究刑事责任。

(四)假如王某美有失职行为，行为与结果之间有无因果关系

法院认定“损失由多个原因造成”是正确的。为了讨论“假如王某美有失职行为，行为与结果之间有无因果关系”，首先需要对刑法因果关系理论予以简单梳理。

相当因果关系说主张，根据社会上一般人的经验来看，在通常情况下，由该行为引起该结果可谓之为通常现象的场合，也即行为所产生的结果是相当的时，就能肯定，该行为与该结果之间具有刑法上的因果关系。相当因果关系在发展的过程中产生了三种对立观点：主观说、客观说、折中说。(1)主观的相当因果关系说认为，以行为人已经认识、预见以及能够认识、预见的情况为前提；(2)客观的相当因果关系说认为，以行为当时存在的所有情况以及客观上有可能遇见的行为之后的情况为前提；(3)折中的相当因果关系说认为，要综合考虑行为当时一般人有可能认识的情况以及行为人本人已经特别认识到的情况。相当因果关系存在的问题在于：(1)相当因果关系理论混淆了客观联系与

主观认知之间的关系；(2)相当因果关系理论之“行为相当性”的判断，不是行为与结果之间因果关联的判断，而是行为的构成要件符合性的判断。但是，我们必须充分注意到相当因果关系说以行为与结果之间具有条件关系基础，是为了防止采取条件说扩大处罚范围而发展起来的理论，因此，具备刑法上的因果关系以行为与结果之间存在“条件关系”为前提，行为与结果之间不具备条件关系，就一定不具备因果关系。

客观归责理论是德国近些年来最重要的刑法理论，客观归责理论以条件说或者合法则的条件说为前提，在与结果有条件关系的行为中，只有当行为制造了不被允许的危险，而且该危险是在符合构成要件的结果中实现(或在构成要件的保护范围内实现)时，才能将该结果归责于行为。[①] 客观归责也称客观归属，它包含三个基本规则：(1)该行为制造了不被允许的风险。要进行客观归责，其前提必须是行为制造了的风险，并且这种风险在刑法上是被禁止的，只有制造了不被刑法所允许的危险时才能将危害结果归责于行为。(2)该行为实现不被允许的危险。行为所制造的危险必须在结果中实现时，才能归责。如果行为制造了不被刑法所允许的风险，但结果的发生并不是由该行为造成的，而是偶然与危险同时发生时，应排除客观归责。(3)危害结果没有超出构成要件的保护范围。客观归责理论在因果关系上采取条件说，如果行为与结果之间没有“条件关系”的，就不得将结果归咎于该行为。

是故，在实践中，构成要件符合性的判断，可以采取逆向判断的方法，首先确认行为与结果之间是否具备条件关系(条件说)，然后判断行为是否该当某具体犯罪的行为要件，从而最终决定是否应该追究刑事责任。条件说“乃用以判断有无因果关系的基本理论，依据条件理论的基本论旨，认为具有刑法意义的原因，乃指造成具体结果所不可想象其不存在的每个条件，尚可想象其不存在，而具体结果仍会发生者，即非刑法上的原因。申言之，对于具体结果的发生，不能想象其不存在的所有条件，均是造成结果的原因。倘若可以想象某一行为或某一事实，即使并不存在，而具体结果仍会发生者，则该行为或事实即非造成结果的条件”。[②] 简单说来就是，条件关系是指：“只要行为与结果之

① 张明楷：《外国刑法纲要》(第三版)，清华大学出版社 2020 年版，第 98 页。

② 林山田：《刑法通论》(上册)增订十版，台湾大学法律学院图书部 2008 年版，第 213~214 页。

间存在‘没有前者就没有后者’的条件关系时，前者就是后者的原因。”①

根据条件说，假如王某美有失职行为，其行为与结果之间是否因果关系呢？对此，需要结合案件事实进行判断。

按照本案本来的发展历程，应该表现为：李某、谢某平、谢某良等→房屋调查专班→评估公司→市高路办→资料组→公示、签协议→拨款、国家遭受损失。但实际上本案的发展历程实际表现为：李某、谢某平、谢某良等→房屋调查专班→评估公司→市高路办→资料组→公示、签协议→被举报、审计局、检察院→谢某平、谢某良、李某恩等村委会专题会议→六角亭办事处专题会议决定并拨款→国家遭受损失。因此本案的发生有介入因素，即“被举报、审计局、检察院→谢某平、谢某良、李某恩等村委会专题会议→六角亭办事处专题会议决定并拨款”，在有介入因素介入的情况下，最高人民法院公布的第294号刑事审判指导案例“龚晓玩忽职守案”明确了有介入因素的情况下因果关系的判断方法，“应该判断介入因素异常性的大小，介入因素过于异常的，实行行为和结果之间的因果关系不存在”。具体到本案，在有了“被举报、审计局、检察院→谢某平、谢某良、李某恩等村委会专题会议→六角亭办事处专题会议决定并拨款”这么多的重大、异常介入因素的情况下，即使王某美有失职行为，也应该根据条件说之因果关系关系中断理论认定失职行为与结果之间的因果关系也已经中断。②

（五）王某美主观上是否有该当玩忽职守罪的过失

玩忽职守罪的主观责任要件为过失，即行为人应当预见自己对工作严重不负责任，不履行或者不认真履行职责可能致使公共财产、国家和人民利益遭受重大损失，因为疏忽大意没有预见，或者已经预见但轻信能够避免，以致发生危害结果的心理态度。在本案涉案养鸡场的补偿材料公示后，介入了“被举报、审计局、检察院介入调查→谢某平、谢某良、李某恩等村委会专题会议→

① 张明楷：《刑法学》（第六版），法律出版社2021年版，第228页。

② 条件说之因果关系中断理论认为，“在因果关系的发展进程中，如果介入了第三者的故意行为（有的也认为包括过失行为）或者某种自然事实，那么，前行为与结果之间的因果关系便中断”；条件说之禁止溯及理论认为，“如果自由且有意识（故意、有责）的行为成为结果发生的条件，那么先行条件就不是原因”。参见张明楷：《外国刑法纲要》（第三版），清华大学出版社2020年版，第92~93页。

六角亭办事处专题会议决定拨款”这些异常因素，结合这些异常因素判断，难以肯定王某美在履职时对结果存在过失。

拓展阅读：

1. 何庆仁：《义务犯研究》，中国人民大学出版社2010年版。
2. 孙运梁：《因果关系与客观归责》，社会科学文献出版社2021年版。
3. [德]埃里克·希尔根多夫、梁根林：《中德刑法学者的对话(二)：刑法体系与客观归责》，北京大学出版社2013年版。
4. 车浩：《假定因果关系、结果避免可能性与客观归责》，载《法学研究》2009年第5期。
5. 杨志国：《玩忽职守罪因果关系司法认定模式研究》，载《人民检察》2007年第19期。

案例十四 杨某玩忽职守案(抗诉再审)

导读:

我国刑事诉讼法没有规定“一事不再理”或“禁止双重危险”原则，一审判决因被告人未上诉、同级人民检察院未向上一级人民检察院提出抗诉而发生法律效力的，上级检察院可以量刑畸轻为由按照审判监督程序提起抗诉。税务机关工作人员成立玩忽职守罪，要求其必须具有符合玩忽职守罪的“职守”，且所指控的犯罪行为与“重大损失”犯罪结果之间具有“没有前行为就没有后结果”的因果关系；应严格“一般违规违纪的行政责任”与“玩忽职守的刑事责任”，不能把一般违反内部规定的行为认定为犯罪。

关键词:

一事不再理；禁止双重危险；抗诉；审判监督；玩忽职守；一般行政违纪；因果关系；条件关系；一般纳税人；登记制；虚开增值税发票；犯罪对象

一、指控事实

恩施市人民检察院以恩市检诉刑诉〔2014〕447号《起诉书》指控：

被告人杨某在2012年至2013年担任恩施市国家税务局芭蕉分局副分局长期间，对税源征收工作疏于管理，不严格要求自身和下属按相关规定对纳税企业进行实地查验和户籍巡查，在未进行实地查验的情况下，自身和下属分别擅自在不具备一般纳税人条件的恩施市辉祥木业有限责任公司(以下简称辉祥公司)、恩施市万园纺织品有限公司(以下简称万园公司)及恩施市旺昌纺织品有限公司(以下简称旺昌公司)的增值税一般纳税人申请认定表、增值税一般纳税人认定实地查验报告和增值税防伪税控最高开票限额实地考察审批表上签字确认，致使三公司成为增值税一般纳税人并通过了增值税防伪税控最高开票限额的审批。之后三公司对外大肆虚开增值税专用发票，广东、江西、安徽、江苏、上海、河南等省份的有关企业接受三公司虚开的增值税专用发票 1 311 份，金额共计 130 531 070. 85 元，得以认证并抵扣税额 22 190 280. 04 元。案发后，税务机关已追缴部分企业得以抵扣的税额 6 993 546. 33 元。

被告人崔某平在 2012 年至 2013 年担任恩施市国家税务局芭蕉分局税收管理员期间，在未进行实地查验的情况下，擅自在万园公司增值税防伪税控最高开票限额实地考察审批表上签字确认，致使该公司通过了增值税防伪税控最高开票限额的审批；擅自在旺昌公司的增值税一般纳税人认定实地查验报告、增值税防伪税控最高开票限额实地考察审批表上签字确认，致使该公司成为增值税一般纳税人并通过了增值税防伪税控最高开票限额的审批。之后两公司对外大肆虚开增值税专用发票，广东、江西、安徽、江苏、上海、河南等省份的有关企业接受两公司虚开的增值税专用发票共计 1 091 份，金额共计 108 543 178. 46元得以认证并抵扣税额 18 452 337. 83 元。案发后，税务机关已追缴部分企业得以抵扣的税额 6 993 546. 33 元。

被告人王某在 2012 年至 2013 年担任恩施市国家税务局芭蕉分局税收管理员期间，在未进行实地查验的情况下，擅自在辉祥公司的增值税一般纳税人认定实地查验报告上签字确认，致使该公司成为增值税一般纳税人。之后，该公司对外大肆虚开增值税专用发票。广东省某木业股份有限公司接受该公司虚开增值税专用发票 220 份，金额 21 987 892. 39 元，得以并抵扣税额3 737 942. 21元。

被告人李某在 2012 年至 2013 年担任恩施市国家税务局芭蕉分局税收管理员期间，在未进行实地查验的情况下，擅自在万园公司增值税一般纳税人认定实地查验报告和辉祥公司增值税一般纳税人申请认定表上签字确认，致使两公司成为增值税一般纳税人。之后两公司对外大肆虚开增值税专用发票，广东、江西 安徽等地有关企业接受两公司虚开的增值税专用发票共计 811 份，金额共计 80 804 392. 8 元，得以认证并抵扣税额 1 373 6745. 4 元。案发后，税务机关已追缴部分企业得以抵扣的税额 1 606 390. 64 元。

恩施市人民检察院认为，被告人杨、崔某平、王某、李某身为国家税务机关工作人员，严重不负责任，不认真履行职责，致使国家利益遭受重大损失，情节特别严重，其行为均已触犯《中华人民共和国刑法》第 397 条第 1 款，犯罪事实清楚，证据确实充分应当以玩忽职守罪追究四被告人的刑事责任。

恩施市人民法院审理后，以〔2014〕鄂恩施刑初字 0037 号刑事判决认定：

2012 年至 2013 年间，杨某任恩施市国家税务局芭蕉税务分局(以下简称芭蕉分局)副局长，分管税源一股、二股、执行股、综合股。王某燕(本院已另案处理)任一股股长，负责辖区内企业的税源管理工作。崔某平任二股股长，王某、李某(系合同制工人，协助税源管理)、陈某为二股工作人员，4 人负责辖区内个体工商户的税源管理工作。该分局管辖范围包括芭蕉、盛家坝、白果、板桥、屯堡、沐抚 6 个乡镇，由于管理人员少而管辖面积宽，分局在开会时强调各科室及工作人员在工作中要互相配合。

2012 年 11 月 23 日，一股股长王某燕帮助宋某锤(另案处理)找杨某明垫付注册资金人民币 100 万元，此后在恩施市工商局登记注册了以杨某萍为法定代表人的万园公司，并介绍康某兰兼任该公司会计。随后，杨某明将 100 万元注册资金转回自己账户，王某燕从中收取中介费 1 000 元。2013 年 2 月 21 日，王某燕以同种方式帮助宋某锤在恩施市工商局注册登记了以罗某华为法定代表人、刘某维为财务负责人的旺昌公司，并先后介绍杜某柳、杨某柳 2 人兼任该公司会计，负责领取发票等事宜，王某燕从宋某锤处收取中介费 1 000 元。2013 年 8 月 7 日、8 月 22 日，万园公司、旺昌公司以亏损及经营不善为由申请注销税务登记，经主管人员王某燕等人认可后报上级部门批准相继注销。

2012 年 11 月 26 日，未经实地查验，王某燕、李某在万园公司增值税一般纳税人认定实地查验报告初审意见栏签字确认，王某燕在万园公司增值税一般纳税人申请认定表查验意见栏冒名签字确认后，交杨某审核，杨某在主管税务机关意见栏签字同意受理。2012 年 11 月 29 日，王某燕、崔某平未经实地考察在万园公司增值税防伪税控最高限额实地考察审批表“实地考察情况”栏签字确认。之后，万园公司获准取得增值税一般纳税人资格和增值税防伪税控最高开票限额 10 万元的行政许可。2012 年 12 月至 2013 年 8 月期间，万园公司先后给江西、广东、河南等 5 省 28 户企业虚开增值税专用发票 591 份，税额合计 9 998 803. 19 元，发票所涉税额全部抵扣。案发后，已追缴抵扣的税额 1 606 390. 64 元。

2013 年 2 月 26 日，未经实地查验，王某燕、崔某平在旺昌公司增值税一般纳税人认定实地查验报告“初审意见”栏签字。王某燕在旺昌公司增值税一般纳税人申请认定表“查验意见栏”冒名签字确认后交杨某审核，杨某在主管税务机关意见栏签字同意。2013年3月2日，王某燕、崔某平未进行实地考察在旺昌公司增值税防伪税控最高限额实地考察审批表“实地考察情况”栏签字，之后，旺昌公司取得增值税一般纳税人资格和增值税防伪税控最高开票限额10万元的行政许可。2013年3月至8月，旺昌公司先后给江西、广东2省24户企业虚开增值税专用发票500份，税额合计8 453 534. 64元，发票所涉税额全部抵扣。案发后已追回抵扣的税额5 387 155. 69元。

2012年3月23日，辉祥公司成立，法定代表人为庄某辉。2013年3月30日，王某燕介绍张某红与庄某辉签订挂靠协议，挂靠费每年10万元，张某红以该公司副经理的身份开具发票。此后，王某燕先后介绍李某敏、张某玲兼任该公司会计，负责申领、开具增值税专用发票、报账等会计事务。张某红等人为提高开票额度，要求庄某辉申请将该公司从小规模纳税人变更为一般纳税人、取得增值税防伪税控最高开票限额10万元的资格。同年4月，未经实地查验，王某燕、王某在辉祥公司增值税一般纳税人认定实地查验报告“初审意见”栏签字。王某燕、李某未进行实地查验在辉祥公司增值税一般纳税人申请认定表查验意见栏签字后交杨某审核，杨某在主管税务机关意见栏签字同意。2013年4月3日，王某燕、杨某未经实地考察在辉祥公司增值税防伪税控最高限额实地考察审批表“实地考察情况”栏签字，之后，辉祥公司获准取得增值税一般纳税人资格和增值税防伪税控最高开票限额10万元的行政许可。2013年，辉祥公司向广东省某木业股份有限公司虚开增值税专用发票220份，税额合计3 737 942. 21元，发票所涉税额全部抵扣。

恩施市人民法院〔2014〕鄂恩施刑初字0037号刑事判决认为，被告人杨某、崔某平、王某、李某身为国家税务机关税收管理员，不认真履行职责，疏于审查，致使万园、旺昌、辉祥三公司成为增值税一般纳税人并通过增值税防伪税控最高开票限额的审批，三公司为广东等省份的企业虚开增值税专用发票并得以抵扣税额，致国家利益遭受重大损失，其行为均已构成玩忽职守罪。公诉机关指控的罪名成立。四被告人及其辩护人辩称其签字行为属正确履行职责的意见未予采纳。原审认为，导致损失主要是负责企业股的税收管理员王某燕滥用职权、伙同他人故意所致，加上芭蕉分局负责6个乡镇的企业、个体工商户税源管理工作，人员少，任务重，且未明确工作人员相互配合的职责分工，因而认定四被告人罪责相对较小，犯罪情节轻微，依法可予从宽处理，遂依据《中华人民共和国刑法》第397条第1款、第37条之规定，判决被告人杨某、崔某平、王某、李某犯玩忽职守罪，均免予刑事处罚。

〔2014〕鄂恩施刑初字0037号刑事判决发生法律效力后，湖北省恩施土家族苗族自治州人民检察院向湖北省恩施土家族苗族自治州中级人民法院提出抗诉：

原审被告人杨某、崔某平、王某、李某身为恩施市国家税务局工作人员，严重不负责任，不认真履行职责，使得辉祥公司(以下简称辉祥公司)、万园公司(以下简称万园公司)及旺昌公司(以下简称旺昌公司)成为增值税一般纳税人并通过了增值税防伪税控最高开票限额的审批，三公司虚开增值税专用发票并得以抵扣税额，致使国家利益遭受重大损失，情节特别严重。〔2014〕鄂恩施刑初字0037号刑事判决认定事实错误，适用法律不当，导致量刑畸轻。

第一，原审法院判决认定原审被告人杨某、崔某平、王某、李某犯罪情节轻微，属认定事实错误，导致适用法律不当，量刑畸轻。

第二，原审法院判决对原审被告人王某免予刑事处罚，系适用法律错误，导致量刑畸轻。

二、辩护要点

杨某没有玩忽职守，即使有失职行为，也仅仅属于“犯罪情节显著轻微，危害不大”的一般失职行为，应依法判决被告人无罪。

三、关键证据或材料

2010年2月10日国家税务总局《增值税一般纳税人资格认定管理办法》第9条第(3)项，“主管税务机关受理纳税人申请后，根据需要进行实地查验”。

2014年4月10日国家税务总局开展“便民办税春风行动”，“全面全程提速办税”，发布《关于简化增值税专用发票领用和使用程序有关问题的公告》(国家税务总局公告2014年第19号)，明确规定“简化纳税人领用增值税专用发票手续”“简化增值税专用发票审批手续”“增值税专用发票最高限额不超过十万元的，主管税务机关不需事前进行实地查验”，要求“各省国税机关可在此基础上适当扩大不需要实地查验的范围”。

2014年4月16日湖北省国家税务局根据国家税务总局《关于简化增值税专用发票领用和使用程序有关问题的公告》(国家税务总局公告2014年第19

号)，发布《关于简化增值税专用发票领用和使用程序有关问题的公告》，明确规定“一般纳税人申请专用发票最高限额不超过十万元的，主管税务机关不需事前进行实地查验”“一般纳税人申请专用发票变更限额为壹佰万元及以上限额的，主管税务机关不需事前进行实地查验”。

自2015年4月1日起实行的国家税务总局《关于调整增值税一般纳税人管理有关事项的公告》(国家税务总局公告2015年第18号)规定，“增值税一般纳税人资格实行登记制，登记事项由增值税纳税人向其主管税务机关办理”，废止了2010年《增值税一般纳税人资格认定管理办法》第9条第(三)项“根据需要进行实地查验”的规定，将一般纳税人资格认定由“审批制”变更为“登记制”，亦即“在认定一般纳税人资格时，不得进行实地查收，只需要根据纳税人的申请登记即可”。

四、控辩意见

公诉人：

原审判决认定事实错误，适用法律不当，导致量刑畸轻。原审法院判决认定原审被告人杨某、崔某平、王某、李某犯罪情节轻微，属认定事实错误，导致适用法律不当，量刑畸轻。

原审法院判决称“鉴于四被告人导致的损失主要是王某燕等人故意犯罪所致，故罪责相对较小，犯罪情节轻微”，属认定事实错误。本案中，原审被告人杨某玩忽职守致使万园、旺昌、辉祥三公司虚开增值税专用发票，所涉税额共计人民币22 190 280.04元被抵扣；原审被告人崔某平玩忽职守致使万园、旺昌两公司虚开增值税专用发票，所涉税额共计人民币18 452 337.83元被抵扣；原审被告人王某玩忽职守致使辉祥公司虚开增值税专用发票，所涉税额共计人民币3 737 942.21元被抵扣；原审被告人李某玩忽职守致使万园、辉祥公司虚开增值税专用发票，所涉税额共计人民币13 736 745.40元被抵扣，以上被抵扣的税额目前仍有15 196 733.71元无法追缴。根据最高人民法院、最高人民检察院《关于办理渎职刑事案件适用法律若干问题的解释(一)》第1条第2款第(2)项之规定，国家机关工作人员滥用职权或者玩忽职守，造成经济损失150万元以上的，应当认定为刑法第397条规定的“情节特别严重，根据《中华人民共和国刑法》第397条第1款之规定，国家机关工作人员滥用职权或者玩忽职守，致使公共财产、国家和人民利益遭受重大损失的，处三年以下有期徒刑或者拘役；情节特别严重的，处三年以上七年以下有期徒刑。原审被告人杨某、崔某平、王某、李某犯玩忽职守罪，造成的经济损失均超过150万元，且目前仍有15 196 737.10元损失无法追回，应当认定为犯罪情节特别严重，应处三年以上七年以下有期徒刑。但原审法院判决称“鉴于四被告人导致的损失主要是王某燕等人故意犯罪所致，故罪责相对较小 犯罪情节轻微，本院决定对四被告人从宽处理”，即仅考虑原审被告人杨某、崔某平、王某、李某的玩忽职守行为系过失犯罪、所起作用小等酌定从宽处罚情节，而无视其行为造成的已达到能够认定“情节特别严重”数额标准的经济损失的危害结果，且本案造成的重大损失是另案被告人王某燕的故意以及原审被告人杨某、崔某平、王某、李某等四人的过失共同造成两个因素既相互独立又不可或缺，只有王某燕的故意没有杨某等四人的过失，或者只有杨某等四人的过失没有王某燕的故意，都不会造成国家利益重大损失。虽然从主观方面来看，王某燕的主观恶性高于杨某等四原审被告人，但上述五人并非共同犯罪，五人的犯意相互独立，不能以王某燕的故意犯罪来减轻杨某等四人的过失罪责，原审法院判决错误的认为四人“犯罪情节轻微”，且在无任何法定减轻处罚情节的情况下，对四人免予刑事处罚，违背了罪责刑相适应原则，显属认定事实错误，适用法律不当，导致量刑畸轻，依法应当改判。

杨某辩护人：

杨某客观上没有符合玩忽职守罪的职守，也没有实施玩忽职守的行为，指控杨某没有“实地查验”与“万园、旺昌、辉祥公司虚开增值税专用发票并抵扣税款从而造成国家税款损失”之间不存在“玩忽职守罪”所要求的因果关系，应宣告杨某无罪。

(1)“实地查验”不是认定一般纳税人资格必须履行的职责，即使“实地查验”是申报一般纳税人资格、申报最高限额增值税专用发票的必经程序，但“实地查验”不属于被告人杨某的职责范围，因而杨某没有符合玩忽职守罪的“职守”。

(2)纵然杨某等人没有核查王某燕是否“实地查验”是失职行为，也仅仅是一般行政失职行为，不是刑法第397条规定的“滥用职权或玩忽职守”行为。

(3)“未实地查验”与“万园、旺昌、辉祥公司虚开增值税专用发票并抵扣税款从而造成国家税款损失”之间不存在“玩忽职守罪”所要求的因果关系。

(4)原审判决及公诉机关认定犯罪对象错误、认定刑法所保护的利益错误、认定所指控的行为的定性错误、适用法律错误，即使认定被告人有失职行为，也应作出“情节显著轻微，危害不大”的无罪判决。

五、法院判决

恩施市人民法院以〔2015〕鄂恩施刑再初字00001号刑事判决认为：

玩忽职守罪属渎职犯罪，是指国家机关工作人员严重不负责任、不履行或不正确履行工作职责，致使公共财产、国家和人民利益遭受重大损失的行为。四被告人身为税务专管人员，在工作配合过程中，未经实地查验而在相关涉税文书上签字，客观上为涉案三公司在取得一般纳税人资格和防伪税控最高开票限额行政许可后对外虚开增值税专用发票创造了条件，属不正确履行工作职责的行为，其造成的税款损失与其签字行为之间虽无必然的因果关系，但存在刑法上的逻辑关联，因而其行为符合玩忽职守罪的客观构成要件。鉴于芭蕉税务分局管辖面积广、人员少、实地巡查难度大，且按照分工，王某燕时任税源一股股长，具体负责辖区企业涉税管理工作，在一般纳税人资格申报、增值税防伪税控最高开票限额行政许可事务中，是否应当实地查验，应由直接责任人王某燕确定，其他人员仅仅是根据王的要求予以配合，故四被告人罪责相对较轻。此外，国家税务总局顺应国务院简政放权的要求，分别于2014年、2015年相继出台了《国家税务总局关于简化增值税专用发票领用和使用程序有关问题的公告》、《国家税务总局关于调整增值税一般纳税人管理有关事项的公告》，两《公告》分别规定，自2014年5月1日起，对于最高开票限额不超过10万元的不需进行实地查验、自2015年4月1日起，增值税一般纳税人资格不再实行审批而改为登记制。刑事司法需以审慎的态度体现宽严相济的刑事政策，一方面是对公民基本人权的保护，另一方面也是对社会管理代价和效率的理性选择，被告人实施的行为虽然在两《公告》规定之前，但其后对被告人有利的规定应当作为酌定因素纳入定罪量刑的重要考量范围。综上，再审认为，四被告人犯罪情节轻微，不需要判处刑罚，原审认定事实清楚，定性准确、量刑适当。经本院审判委员会讨论决定，裁定：维持“〔2014〕鄂恩施刑初字0037号”刑事判决。

六、理论评析

本案争议太大。恩施市人民检察院以恩市检诉刑诉〔2014〕447号《起诉书》指控杨某等被告人犯玩忽职守罪，“情节特别严重”，杨某等被告人及其辩护人做无罪辩护，原审法院判决杨某等被告人有罪，但免除处罚。原审一审判决后，被告人杨某等人没有上诉，原公诉机关也没有抗诉，在判决生效后，恩施州人民检察机关以“判决认定事实错误，适用法律错误，导致量刑畸轻”为由，向恩施州中级人民法院提起抗诉，要求纠正。再审中，杨某等被告人及其辩护人均做无罪辩护，恩施市人民法院最终作出了“维持原判”的刑事裁定。

本案对案件客观事实几乎没有争议，争点在于法律适用。本案在教义学上至少可以深入讨论以下问题：(1)一审判决因被告人未上诉、同级人民检察院未向上一级人民检察院提出抗诉而发生法律效力的，上级检察院可否以量刑畸轻抗诉？(2)抗诉时，行政机关管理规定发生变化，之前认定的“玩忽职守”已经成为符合行政效率原则的“合法行政行为”，再审法院能否以此为由，改判无罪？(3)“玩忽职守行为”应该达到何等违法程度，才该当“玩忽职守罪”？(4)玩忽职守罪的因果关系采取什么学说才是妥当的？在条件关系因果流程中，具有直接条件的行为成立故意犯罪的，能否中断玩忽职守行为的因果关系？(5)玩忽职守行为造成的损失如何判断？

下面结合上述问题，根据玩忽职守罪的构成要件及其与相关犯罪之间的关系予以分析。

1. 关于杨某是否有该当玩忽职守罪的“职守”？

具有该当玩忽职守罪的“职守”，即具有“实地查验的”工作职责，是杨某犯玩忽职守罪的前提，法院判决杨某犯玩忽职守罪，但未对其是否具有“实地查验的”工作职责予以评判。根据国家税务总局相关规定，“实地查验”不是认定一般纳税人资格时必须履行的职责；根据本案客观事实，“实地查验”不是杨某工作职责。

(1)“实地查验”不是认定一般纳税人资格时必须履行的职责。

①2010年2月10日国家税务总局《增值税一般纳税人资格认定管理办法》第9条第(3)项，“主管税务机关受理纳税人申请后，根据需要进行实地查验”，换言之，“实地查验”不是认定一般纳税人资格的“必经程序”。

因此，在“辉祥公司、旺昌公司、万园公司”提供的书面材料齐全、证明其符合一般纳税人条件的情况下，芭蕉税务分局有权决定不“实地查验”。

②2014年4月10日国家税务总局开展“便民办税春风行动”，“全面全程提速办税”，发布《关于简化增值税专用发票领用和使用程序有关问题的公告》(国家税务总局公告2014年第19号)，明确规定“简化纳税人领用增值税专用

发票手续”、“简化增值税专用发票审批手续”，“增值税专用发票最高限额不超过十万元的，主管税务机关不需事前进行实地查验”，要求“各省国税机关可在此基础上适当扩大不需要实地查验的范围”。

③2014 年 4 月 16 日湖北省国家税务局根据国家税务总局《关于简化增值税专用发票领用和使用程序有关问题的公告》（国家税务总局公告 2014 年第 19 号），发布《关于简化增值税专用发票领用和使用程序有关问题的公告》，明确规定“一般纳税人申请专用发票最高限额不超过十万元的，主管税务机关不需事前进行实地查验”，“一般纳税人申请专用发票变更限额为壹佰万元及以上限额的，主管税务机关不需事前进行实地查验”。

④自 2015 年 4 月 1 日起实行的国家税务总局《关于调整增值税一般纳税人管理有关事项的公告》（国家税务总局公告 2015 年第 18 号）规定，“增值税一般纳税人资格实行登记制，登记事项由增值税纳税人向其主管税务机关办理”，废止了 2010 年《增值税一般纳税人资格认定管理办法》第 9 条第（3）项“根据需要进行实地查验”的规定，将一般纳税人资格认定由“审批制”变更为“登记制”，亦即“在认定一般纳税人资格时，不得进行实地查收，只需要根据纳税人的申请登记即可”。这意味着，从 2015 年 4 月 1 日起，若纳税人申请认定“一般纳税人”资格时，主管税务部门实行“实地查验”的，属于滥用行政权行为。

上述有关一般纳税人资格认定之“实地查验”的规定证明：纳税人申请一般纳税人资格时，“实地查验”妨碍了纳税人履行纳税的义务，降低了税企双方办税效率。“依法行政”要求必须提高行政效率，恩施市国家税务局芭蕉分局在“辉祥公司、旺昌公司、万园公司”申请一般纳税人资格时，没有“实地查验”，提高了“行政效率”，符合依法行政的基本要求。国家税务总局废止“根据需要实地查验”规定的事实，反过来证明之前国家税务总局要求“根据需要实地查验”是不符合行政效率基本原则的，国家税务总局废止“根据需要实地查验”说明总局在纠正错误，恩施市国家税务局 2015 年 5 月二十四日给恩施市人民法院出具的《关于芭蕉分局有关人员玩忽职守案的沟通说明》明确表示，该局“税务人员没进行‘实地核查’只是提前顺应了中央简政放权的新要求，不存在过错责任”。

因此，“实地查验”不是认定一般纳税人资格必须履行的职责，杨某等被告人认定“辉祥公司、旺昌公司、万园公司”一般纳税人资格时没有“实地查验”不属于严重不负责任的玩忽职守行为。恩施市人民法院在再审中没有认定

“实地查验”不是认定一般纳税人资格必须履行的职责，但是认为，“刑事司法需以审慎的态度体现宽严相济的刑事政策，一方面是对公民基本人权的保护，另一方面也是对社会管理代价和效率的理性选择，被告人实施的行为虽然在两《公告》规定之前，但其后对被告人有利的规定应当作为酌定因素纳入定罪量刑的重要考量范围”。

(2)即使“实地查验”是申报一般纳税人资格、申报最高限额增值税专用发票的必经程序，但“实地查验”不属于杨某的职责范围，因此杨某也不存在玩忽职守。

根据芭蕉国税分局工作职责分工，“实地查验”是税务管理员王某燕的职责，在直接责任人员已经签字确认、已经“实地查验”的情况下，杨某签字通过仅仅是履行内部管理程序，被告人完全有理由相信王某燕已经“实地查验”。就辉祥公司而言，证据证明辉祥公司完全符合一般纳税人的申报条件，杨某签字前曾经到辉祥公司实地调查，不需要在审查辉祥公司申报材料时“实地查验”。

在本案中，王某燕被判犯滥用职权罪，滥用职权故意犯罪，王某燕滥用职权的行为不是“未实地查验”，而是在认定“辉祥公司、旺昌公司、万园公司”三公司一般纳税人资格时，明知“旺昌公司、万园公司”不具备一般纳税人资格，却签字欺骗有关领导及市国税局，通过了它们一般纳税人资格认定。即使“实地查验”是认定一般纳税人资格认定时必须履行的职责，也是王某燕必须履行的职责，不是杨某必须履行的职责。

总之，即使“实地查验”是认定一般纳税人资格、申报最高限额增值税专用发票的必经程序，由于“实地查验”不属于杨某的职责范围，是故杨某没有符合玩忽职守罪的“职守”。

2. 纵然杨某等人没有核查王某燕是否“实地查验”是失职行为，也仅仅是一般行政失职行为，不是刑法第 397 条“滥用职权或玩忽职守”行为。

刑法第 397 条第 1 款规定，“国家机关工作人员滥用职权或者玩忽职守，致使公共财产、国家和人民利益遭受重大损失的，处三年以下有期徒刑或者拘役”。滥用职权与玩忽职守是并列关系，说明玩忽职守的“违规”程度必须与滥用职权的“违规”程度具有“相当性”，没有达到与滥用职权的“违规”程度具有“相当性”的“玩忽职守”行为仅具有行政意义，不是犯罪。

2005 年最高人民检察院、国家税务总局《关于加强检察机关税务机关在开展集中查办破坏社会主义市场经济秩序渎职犯罪专项工作中协作配合的联席会议纪要》明确指出，“查处税务人员渎职犯罪，要准确把握一般工作失误与渎职犯罪的界限……要区分一般违反内部规定和触犯刑法的关系，要根据违规的程度和造成的危害综合考虑，不能笼统和简单地把税务机关内部的工作规定作为认定税务人员渎职犯罪的依据”。根据 2001 年 6 月 20 日国家税务总局颁布施行的《税务人员涉税违规违纪若干问题行政处分暂行规定》(国税发〔2001〕72 号)第 4 条规定，“未按规定核验企业一般纳税人申请的有关证件、资料和不实地查验企业生产经营(含场地)等情况，擅自认定一般纳税人的，给予记过直至降级处分”。根据《公务员法》，对公务员的处分包括“警告、记过、记大过、降级、撤职、开除”，在认定一般纳税人资格时“不实地查验”的税务人员，对其给予的最重处分仅仅是“降级”，由此可见，认定一般纳税人资格时“不实地查验”的，只是税务人员一般违规违纪行为。

就本案而言，由于直接责任人员王某燕已经签字，杨某相信“王某燕已经根据需要实地查验”，从而依照内部工作规定，通过并上报了“旺昌公司、万园公司”等公司的申报材料。如前所述，即使杨某有违规失职行为，也只是过失违反了税务机关的内部工作规定，仅仅是一般违规违纪行为，其违规的程度不可能相当于“王某燕明知涉案公司不具有一般纳税人的资格而滥用职权通过了涉案公司的资格认定”的违规程度。法院应正确区分“一般违规违纪的行政责任”与“玩忽职守的刑事责任”，认定被告人杨某没有玩忽职守。

因此，纵然杨某等人“未实地查验”或没有核查王某燕是否“实地查验”是失职行为，也仅仅是一般行政失职行为，不是刑法第 397 条规定的“玩忽职守”行为。原审判决即〔2014〕鄂恩施刑初字 00374 号判决书认定被告人作为税收管理人员，“严重不负责任，不认真履行职责，疏于审查”属于认定事实错误。

3.“未实地查验”与“万园、旺昌、辉祥公司虚开增值税专用发票并抵扣税款从而造成国家税款损失”之间不存在“玩忽职守罪”所要求的因果关系。

根据第 397 条规定，成立玩忽职守罪要求“国家机关工作人员玩忽职守的行为与公共财产、国家和人民利益遭受重大损失”之间存在因果关系。德国司法实践采“条件说”，该说认为，只要行为与结果之间存在“没有前者就没有后者”的条件关系，就认为存在刑法上的因果关系；德国刑法学理论的通说为客观归责理论，该说以行为与结果之间存在条件关系为前提，进而讨论是否应该将结果归责于该行为。日本刑法学界与实务界的通说为“相当因果关系说”，该说主张，根据社会上一般人的经验来看，在通常情况下，由该行为引起该结果可谓之为通常现象的场合，也即行为所产生的结果是相当的时，就能肯定，该行为与该结果之间具有刑法上的因果关系。客观归责理论、相当因果关系理论都是在批判“条件说”，认为“条件说”可能不当扩大了刑罚处罚范围的基础上发展起来的理论，但是二者都赞成具有条件关系是具备刑法上的因果关系的前提，不具备条件关系就不可能存在刑法上的因果关系。

在渎职犯罪中，“重大损失”的结果往往并非国家机关工作人员的渎职行为所直接造成，而是由多个行为所共同导致，因此，对于这种“多因一果”的案件，如何认定行为与结果之间是否存在因果关系，历来是控辩焦点，也是审判难点。由于相当因果关系理论混淆了客观联系与主观认知之间的关系，且相当因果关系理论之“行为相当性”的判断，不是行为与结果之间因果关联的判断，而是行为的构成要件符合性的判断。而客观归责理论以条件说或者合法则的条件说为前提，认为在与结果有条件关系的行为中，当行为制造了不被允许的危险，而且该危险是在符合构成要件的结果中实现(或在构成要件的保护范围内实现)时，则将该结果归责于行为，因此，从客观归责的三个基本规则“该行为制造了不被允许的风险、该行为实现了不被允许的危险、危害结果没有超出构成要件的范围”来看，客观归责的实质也是构成要件符合性的判断。

是故，在实践中，构成要件符合性的判断，首先可以采取逆向判断的方法，确认该行为与结果之间是否具备“没有前行为就没有后结果”这种条件上的因果关系，然后确认该行为是否符合某具体犯罪的行为要件，最终决定将结果归责于该行为。

就本案而言，“未实地查验”与“万园、旺昌、辉祥公司虚开增值税专用发票并抵扣税款从而造成国家税款损失”之间不存在因果关系所要求的“条件关系”。

首先，就“万园、旺昌、辉祥公司虚开增值税专用发票并抵扣税款”造成国家税款损失一案的因果关系上看，引起国家税款遭受重大损失这一危害结果是“万园、旺昌、辉祥”三公司虚开增值税专用发票并用于抵扣税款直接造成的，本案中的所有被告人与所指控的危害结果之间都没有直接因果关系。

其次，刑法上的因果关系至少应该具有“没有前行为就没有后果结果”的“条件关系”，但是本案以及与本案有关系的犯罪事实中，所有被告人被指控的“玩忽职守”行为与国家税款损失之间不具备刑法上的“条件关系”。本案中所指控的玩忽职守行为是“没有实地查验”，此为“前行为”，根据条件公式“没有前行为”就是“没有‘没有实地查验’”，意即“实际实地查验”，但是即使“实际上实地查验”也并非没有“后结果”，因为是否有后结果完全决定于领用增值税专用发票者，是否依法开具发票。本案中，辉祥公司完全具备一般纳税人的条件，虽然在申报时，被告人没有“实地查验”，但无论是否“实地查验”，辉祥公司都会取得一般纳税人的资格；即使辉祥公司经“实地查验”取得一般纳税人资格，仍然会虚开增值税专用发票。可见所控告的行为与危害结果之间不具备“没有前行为就没有后结果”这种条件关系，换言之，本案没有刑法上的因果关系。

最后，本案中所指控的事实如果成立犯罪，则属于不作为犯罪。不作为犯罪的因果关系表现为“如果有前者，则一定没有后者”，如不作为的故意杀人罪，“具有救助义务的人，如果救助，则被害人不会死”，本案如前所述，所指控的行为与危害结果之间不具有这种关系，因为即使被告人“实地查验”，虚开增值税专用发票抵扣税款造成税款损失未必不发生。

4. 关于本案的犯罪对象与犯罪后果。

法院认定，“万园公司先后给江西、广东、河南等5省28户企业虚开增值税专用发票591份，税额合计9 998 803. 19元”，“旺昌公司先后给江西、广东2省24户企业虚开增值税专用发票500份，税额合计8 453 534. 64元”，“辉祥公司向广东省某木业股份有限公司虚开增值税专用发票220份，税额合计3 737 942. 21元”，根据法院生效判决的逻辑，本案杨某等人玩忽职守所造成的损失是三公司虚开增值税专用发票所造成的国家税收损失。对此，值得商榷。

(1)根据刑法分则第3章第6节规定，刑法直接把增值税专用发票、可以用于出口退税、抵扣税款的其他发票作为“财物”加以保护，法院没有认识到“增值税专用发票”也是刑法财产罪所保护的对象。

《刑法》第210条第1款规定，“盗窃增值税专用发票或者可以用于骗取出口退税、抵扣税款的其他发票的，依照本法第264条的规定定罪处罚”；同条第2款，“使用欺骗手段骗取增值税专用发票或者可以用于骗取出口退税、抵扣税款的其他发票的，依照本法第266条的规定定罪处罚”，《刑法》第264条规定的是“盗窃罪”，第266条规定的是“诈骗罪”，这表明，刑法直接把增值税专用发票作为财产加以保护。因此，本案中，增值税专用发票本身就是犯罪对象。涉案公司本不符合一般纳税人资格，但伪造虚假申报材料，伙同税务机关直接管理人员王某燕，欺骗税务机关骗取一般纳税人以及领用最高限额增值税专用发票资格并领用增值税专用发票，根据《刑法》第210条第2款的规定，涉案公司相关人员涉嫌犯诈骗罪。涉案公司在骗取到增值税专用发票后，虚开增值税专用发票，造成国家税收严重损失，成立"虚开增值税专用发票罪"。

根据1996年10月17日最高人民法院《关于适用〈全国人民代表大会常务委员会关于惩治虚开、伪造和非法出售增值税专用发票犯罪的决定〉的若干问题的解释》第7条，"盗窃增值税专用发票或者可以用于骗取出口退税、抵扣税款的其他发票25份以上，或者其他发票50份以上的；诈骗增值税专用发票或者可以用于骗取出口退税、抵扣税款的其他发票50份以上，或者其他发票100份以上的"，按照盗窃罪或者诈骗罪"数额较大"的规定定罪处罚。"盗窃增值税专用发票或者可以用于骗取出口退税、抵扣税款的其他发票250份以上，或者其他发票500份以上的；诈骗增值税专用发票或者可以用于骗取出口退税、抵扣税款的其他发票500份以上，或者其他发票1 000份以上的"，按照盗窃罪或者诈骗罪"数额特别巨大"的规定定罪处罚。"盗窃、诈骗增值税专用发票或者其他发票后，又实施《决定》规定的虚开、出售等犯罪的，按照其中的重罪定罪处罚，不实行数罪并罚。"

(2)纵然被告人杨某有失职行为，也是因为被涉案公司及王某燕欺骗，导致增值税专用发票被骗领，因此，杨某等人玩忽职守的对象是增值税专用发票，应该以被骗领的增值税专用发票的份额计算犯罪损失。

前述诈骗行为的结构表现为"涉案公司及税务机关直接管理人员王某燕—没有申报资格、制作虚假的申报材料欺骗税务机关—杨某等税务机关工作人员被骗—国税局失去增值税专用发票—涉案公司取得增值税专用发票"，在这一犯罪行为流程中，涉案公司相关人员犯诈骗罪，杨某属于被欺骗者，杨某完全有理由相信单位的直接管理人员王某燕已经尽到了认定一般纳税人资格的审查义务，因此即使其有失职行为，其导致的损失也仅限于增值税专用发票被骗。

根据《刑法》第210条相关司法解释规定，诈骗增值税专用发票500份以上的，属于"诈骗数额巨大"，湖北省诈骗罪"数额巨大"的标准是5万元，因此，可以认为500份增值税专用发票的价值相当于5万元。本案中，辉祥公司领取增值税专用发票360份，万园公司骗取620份，旺昌公司骗取500份，因为辉祥公司有申报一般纳税人的资格(对此恩施市国税局作为税务主管机关是明确认可)，所以只能要求杨某对万园公司与旺昌公司骗取的份数共计1 120份承担责任。按照上述这算标准，这1 120份增值税专用发票的价值相当于11万元，即使把辉祥公司领取的也计算在内，三公司骗走的总份数为1 480份，总价值页不超过15万元。而玩忽职守案的定罪标准是"严重不负责任的行为，造成经济损失必须达到30万元"才能定罪处罚。可见，即使被告人的行为属于失职行为，也没有达到"玩忽职守罪"的入罪标准，属于"情节显著轻微，危害不大，不属于犯罪"。

5. 一审判决因被告人未上诉、同级人民检察院未向上一级人民检察院提出抗诉而发生法律效力的，上级检察院可否以量刑畸轻为由提出抗诉?

《刑事诉讼法》第254条第3款规定，"最高人民检察院对各级人民法院已经发生法律效力的判决和裁定，上级人民检察院对下级人民法院已经发生法律效力的判决和裁定，如果发现确有错误，有权按照审判监督程序向同级人民法院提出抗诉"。根据《人民检察院刑事诉讼规则》第591条第1款第(8)项规定，人民检察院认为人民法院已经发生法律效力的判决、裁定，"量刑明显不当的"，应当按照审判监督程序向人民法院提出抗诉。因此，一审判决因被告人未上诉、同级人民检察院未向上一级人民检察院提出抗诉而发生法律效力的，上级检察院以量刑畸轻为由按照审判监督程序向人民法院提出抗诉也是符合前述规定的。

不过，理论上对我国刑事再审程序的正当性一直存在争议，"从根本上说，现行再审程序既无法体现一事不再理的原则，也难以贯彻禁止双重危险的理念，存在着法院和检察机关滥用再审权力的空间"。① 为大陆法系国家所使用的"一事不再理"原则，源自英美法"禁止双重危险"原则。早在公元前355年希腊法就规定"禁止就同一争议对同一人审判两次"；英国在12世纪的普通法就承认"禁止双重危险"；美国联邦宪法第5修正案规定，"就同一犯罪不得置任何人之生命或身体受双重危险"。② 与大陆法系国家和英美法系国家采取"一事不再理"或"禁止双重危险"原则不同，我国奉行"实事求是，有错必纠"的刑事司法政策，我国《刑事诉讼法》有关"审判监督程序"的规定就是这一刑事司法政策的法律体现，原则上，只要发生错判的，就应当予以纠正。

"一事不再理"原则或"禁止双重危险"理念，追求的是程序上的安定性，"实事求是，有错必纠"的刑事司法政策追求的是裁判结果的正当性。我国正在建设社会主义法治国家，离刑事法治尚有距离，"在不取消、不改变目前体制的情况下，当事人毕竟还可以通过再审程序获得一些救济；裁判之可接受性也能够通过这一程序获得些许加强；一旦取消或做改动，则可能既不能获得裁

① 陈瑞华：《刑事诉讼法》，北京大学出版社2021年版，第488页。

② 参见(台)王兆鹏等：《刑事诉讼法(下)》，新学林出版股份有限公司2018年版，第463页。

判之可接受性，又不能获得程序之安定性与司法之终局性”，“对当事人既为不利，于法律之完善及法治之建设亦毫无贡献”。①

与“实事求是，有错必纠”不同，“一事不再理”或“禁止双重危险”能“防止重复审判所带来之痛苦”。根据我国刑事诉讼法规定，只要检察院按照审判监督程序提出抗诉的，人民法院应当重审审判，司法实践中从来不乏对同一个犯罪事实能够被多次重复起诉、重复审判的案例，重审判决也以“维持原判决、原裁定”居多。结果导致，被告人之精神陷于“持续的焦虑、不安、羞辱、难堪以及金钱的持续支出”，对被告人之亲人、朋友“也造成精神上的痛苦”，对被害人也可能造成“第二次伤害”。②我国刑事诉讼法改革的方向可以是吸收“一事不再理”或“禁止双重危险”原则的合理内核，区分“有利于被告人的再审”与“不利于被告人的再审”，在审判监督程序中只设置“有利于被告人的再审”，以督促侦查、检查机关依法追诉、人民法院依法审判，同时实现刑事诉讼保障人权之功能。

拓展阅读：

1. [美]乔治·C. 托马斯 III：《禁止双重危险：历史沿革与法律规定》，郭志媛译，中国政法大学出版社 2013 年版。
2. 宋英辉、李哲：《一事不再理原则研究》，载《中国法学》2004 年第 5 期。
3. 钱叶六主编：《因果关系的理论与实践》，法律出版社 2020 年版。
4. 陈璇：《刑法归责原理的规范化展开》，法律出版社 2019 年版。
5. 吕英杰：《客观归责下的监督、管理过失》，法律出版社 2013 年版。

① 易延友：《刑事诉讼法：规则 原理 应用》(第 5 版)，法律出版社 2019 年版，第 600 页。

② 参见(台)王兆鹏等：《刑事诉讼法(下)》，新学林出版股份有限公司 2018 年版，第 465 页。

案例十五 马某行贿案

导读：

一个完整的贿赂犯罪过程表现为三个阶段的三个行为：索要/提出贿赂→约定贿赂→实现贿赂。对受贿人而言，表现为：索要贿赂→约定贿赂→收受贿赂；对行贿人而言，表现为：提出贿赂→约定贿赂→交付贿赂。而根据我国刑法规定，受贿罪是指国家机关工作人员利用职务上的便利，索取他人财产，或者非法收受他人财物，为他人谋取利益的行为；行贿罪是指为谋取不正当利益，给予国家工作人员以财物的行为，因此，“约定贿赂”是否犯罪，值得讨论。“着手实行犯罪”，按照形式客观说是指构成要件行为的开始，按照实质客观说是指行为已经给刑法所保护的法益造成了紧迫的危险，如何认定贿赂犯罪的实行着手，值得讨论。

关键词：

行贿罪；受贿罪；约定贿赂；贿赂；索取财物；实行行为；实行着手；形式客观说；实质客观说；犯罪未遂

一、指控事实

咸丰县人民检察院以鄂咸丰检刑诉〔2019〕126号起诉书指控：

2014年至2017年，被告人马某为了获取工程项目建设上的关照，多次向时任巴东县野三关镇党委书记李某（另案处理）给予现金、香烟等财物，具体情况如下：

2015年初，马某夫妇到位于恩施市乐园小区李某的家中，以拜年的名义给付香烟和现金人民币10 000元。2015年4月左右，因李某受伤在恩施州爱民医院住院，马某借看望的名义给付现金人民币5 000元；同年下半年，马某夫妇外出时购买一件皮衣赠与李某。2016年初，马某夫妇到位于恩施市乐园小区李某的家中，又以拜年的名义给付香烟和现金人民币10 000元。2016年底，因李某母亲在恩施州爱民医院住院，马某看望时给付现金人民币5 000元。

2015年底至2016年初，在李某的帮助下，马某借用资质顺利中标“巴东县开发区青龙桥工业园电子工业城D栋厂房建设工程”项目，不久马某与李某商量以不低于中标价的3%给予感谢，2016年5—6月，马某再次中标“电子工程E栋厂房建设工程”项目，二人商定感谢费为100万元，但截至案发一直未予以兑现。

二、辩护要点

就双方约定的100万元“感谢费”，被告人的行为不成立犯罪未遂，也不成立犯罪预备。

三、关键证据

（一）被告人马某供述与辩解

“D栋厂房项目开标后不久，李某坐我的车回恩施，在路上李某问我D栋厂房项目推进情况，我说进展很顺利，感谢李书记在D栋厂房招标过程中给我的关照和帮助。李某又问我，你们一般的感谢费是怎么给的？我说，一般是按中标价的2%比例给感谢费，李某又说，听说行情是五个点，我回答没有五个点的行情，后经过我和李某商量，最终约定我按工程中标价的三个点（3%）给李某感谢费。我当时还给李某讲，请他放心，他给我帮了这么大的忙，我到时肯定不会亏待他。”

“2016年下半年，E栋厂房项目开标之后不久，我与李某在外面吃饭后，我开车送李某回家途中，李某说，现在两个项目你都搞好了，E栋厂房项目你给我惹了不少麻烦，你究竟给我多少钱的感谢费？我说，干脆给你100万元，这100万元等D、E栋厂房项目都审计结算了，再给你兑现。李某当时就同意了。我和李某商量感谢费具体数字时，李某当时还在野三关当书记，我为了让李某在工程方面继续关照我，我当时提出就给李某兑现100万元，作为李某帮我中标D栋、E栋厂房项目的感谢费，李某当时也答应了。”

“2016年下半年，在E栋厂房项目开标后不久，李某告诉我他想买一套房，乐园小区环境不是很好。我告诉李某，我有个朋友在恩施市九尊上苑开发的有复式楼，问他想不想去看一下？李某说可以。我的意思是，如果他愿意，我就出钱帮他在九尊上苑购买一套复式楼，因为在这之前我和李某有约定，按照D栋、E栋厂房项目的3%给李某100万元的感谢费，如果看中了九尊上苑的房子，我就帮忙支付购房款，相当于给李某送了一套房子，再将余下的感谢费以现金的方式给李某兑现。过了几天，我接李某去九尊上苑售楼部看了一下户型图和沙盘，李某说等他妻子陈某一起来看了再决定。大概过了两个月的一天，我和李某、陈某一起到九尊上苑看房，他们因觉得户型不好，客厅偏小就没有在九尊上苑买房。”

“2017年初，我给李某说，我被九尊上苑老总冯某聘为总经理，他邀我入股九尊上苑。我准备入股1 600万元，把答应给你的100万元感谢费也入股到九尊上苑。李某问我，入股分红怎么样？我说，如果效益好，一个周期可以‘打个滚’(意思是入股的钱翻倍)李某很高兴的说，可以啊，发财了，100万元变200万元。过了一段时间我告诉李某，已经将应该给他兑现的100万元感谢费入股到九尊上苑了，李某说，可以。我帮李某入股100万元，只能以我的名义入股，到时候九尊上苑分红了，我再将李某的股本和应得分红交给李某。反正我帮李某入股后，李某只认我就行了。2018年4月左右，我又给李某说，九尊上苑的效益不好，我准备将九尊上苑的股份全部撤出来，100万元感谢费到时候还是给你现金，并说撤股后，九尊上苑给我按一分五(年息15%)给我算收益。李某说那也可以，怕到时候亏了不好。”

“我没有在九尊上苑入股，因为我当时手里确实没有多少钱，入股入少了没有意义；此外，我给李某讲我在九尊上苑入股1 600万元，并将给他的100万元感谢费也入股，是因为我和李某已经达成一致意见，由我给李某100万元感谢费，这100万元我只是暂时帮他保管，我当时手头资金比较困难，我怕李某找我拿钱，增加我的经济压力，我说帮他入股100万元，李某短期之内就不会找我拿钱。当初我和李某约好，等E栋厂房项目审计结算，风平浪静后，我再把100万元感谢费给他，我怕提前给钱李某会有风险，出问题了，我什么都得不到。”

“2018 年夏天，我在恩施市电力宾馆旁的健身房遇见陈某(注：陈某系李某前妻)，陈某说她女儿要交换到国外读书，要我近段时间将原来答应给李某的那笔钱直接给她。我告诉陈某我与李某原先有约定，等 D 栋、E 栋厂房项目都审计结算后，再给李某兑现，现在风声这么紧，不能搞，怕到时候都出问题。陈某说可以。2018 年上半年，李某还给我发短信催要过一次，我给李某回电话，说现在风声这么紧，现在搞不得，等审计结算后，风平浪静了，再搞给他，并请他放心，李某当时表示同意。我之所以提出等工程审计结算后再兑现，是因为当时巴东的整体反腐形势比较严峻，李某为了自身安全也同意事后再由我给他兑现感谢费。我和李某就感谢费的具体数字约定后，我仍然坚持将李某的 100 万元感谢费事后兑现，主要是因为：一、E 栋厂房项目从招标开始就一直有人告，我怕 E 栋厂房项目出问题后，我什么都得不到；二、E 栋厂房项目确实没有审计结算，我也还想李某在工程款结算方面继续给我帮忙；三、近年，野三关风声太紧，我提前给李某兑现感谢费有风险，怕这两个项目被查之后连累自己。但是我和李某约定的 100 万元感谢费，我最终是必须给李某兑现的，我也是诚心要给李某送这 100 万元，李某也多次找我催要这 100 万元。”

(二)受贿人李某供述与辩解(证人证言)

“D 栋厂房项目开标后的一个周末，我乘坐马某的车回恩施，在路上马某说，D 栋厂房项目你给我帮忙，让我中标了，我到时候感谢你。并说感谢费按中标价的五个点、四个点、三个点给的都有。我说，听别人说有的工程是按三个点给。马某说，三个点有点低，要看具体人和具体情况，放心我不会亏待你。”

“2016 年春节过后，青龙桥 E 栋厂房前期工作启动，三、四月份，马某又给我说要继续搞 E 栋，并说去借翔宇公司的资质。约一个月后，我和马某、陈某三人在机场路体育馆附近的康霸会所见面，马某说想搞 E 栋厂房项目，并说借的翔宇公司的资质，无论如何请二位帮帮忙。陈某说，听李书记的意见。我对陈某说，既然马某想搞，你按照相关法律规定，能帮就帮他一下，让他继续搞。陈某说，那我来想办法。2016 年 6 月，E 栋厂房开标后，厚德公司的徐某告诉我是翔宇公司中的标，我就清楚实际中标人是马某。”

“2016 年下半年，马某开车送我回家，在爱民医院对面银河新村路口对我说，E 栋厂房项目招标的事给我添麻烦了，等 D 栋、E 栋厂房工程审计结算了，安全了，再感谢我，到时候给我一套房子的钱，直接给我 100 万元现金，作为感谢费。我给马某说，钱他自己用，这个太吓人了，我现在都惊魂未定。我当时只是象征性的推辞，心里已经认可了马某给我 100 万元感谢费，在我看来，我给马某帮了忙，马某应该是懂哈数的。我当时还说，这次你给我捅这么大的娄子，E 栋厂房你让别人去搞，不要让别人知道 E 栋厂房也是你在搞。”

“2016 年下半年的一天，马某给我打电话说，他朋友冯某在恩施开发九尊上苑，让我去看看房子。因为之前马某答应给我一套买房子的钱，也就是给我 100 万元，马某这次约我看房，意思是如果我在九尊上苑看好了房子，他就给我送一套。在九尊上苑一期开盘时，马某和黄某开车接我去看了房。一起封顶后，因为我和陈某觉得九尊上苑房子的户型、质量都不是很好，就没打算在九尊上苑购房。”

“2017 年初，马某邀我入股九尊上苑，给我入股 100 万元，我说可以，入股了分红怎么算，他说四期开发结束后，可以“翻个滚”(入股的钱翻倍)，我说，那我们就发财啦。马某的意思是将他答应给我的 100 万元感谢费入股到九尊上苑，到时候我可参与九尊上苑的分红。我也同意马某将这 100 万元以马某的名义入股到九尊上苑。2018 年 5 月左右，马某对我说九尊上苑四期第一批房源预售率未达到 30%，他准备从九尊上苑撤股，并说冯总按一分五的利息给我付息。马某是否实际入股我不太清楚。”

“2018 年 5 月，我给马某发信息说最近有点困难，让他给我借几万元钱。马某回信息说他手头比较紧，让我自己想想办法。我给马某发信息有两个意思，一是当时手头确实要用钱，希望马某给我借几万元；二是我当时想试探一下马某，让他对之前答应给我的 100 万元感谢费给我一个说法。2018 年 7 月，我与陈某遇见马某，我让陈某问马某之前答应给我 100 万元钱是怎么搞起的。马某给陈某说，为了他自己的安全，也为了我的安全，现在不得给我那 100 万元，等安全了再给。”

(三)陈某证言

“2018 年 5、6 月份的一天，我和李某在健身房遇见马某，李某让我帮他问下马某，之前跟他约好的事情怎么搞起的？我就找到马某对他说，李某要我问你，你们说好的事情准备怎么搞？马某支支吾吾给我说，我给李书记说好了的，现在风险大，不能搞，等风平浪静了再搞，你不要管那么多。我就转告了李某，李某说那算了，以后再说。”

“2016年下半年，李某先后两次喊我到恩施九尊上苑去看房子，我记得当时马某在九尊上苑上班，其中一次是马某带我和李某去看的。我和李某看了后觉得房子户型不是很好，就没在九尊上苑买房。马某是先给李某讲好之后，李某才带我去看的房，马某和李某是如何商量的我不清楚。”

四、控辩意见

公诉人：被告人马某为谋取不正当利益，给予国家工作人员以财物，成立受贿罪，其中，与李某约定的100万元，因意志以外的原因未得逞，属于行贿罪(未遂)。

辩护人：

1. 本案中仅有约定贿赂，且截止案发一直未兑现，故马某的行为不能成立行贿罪。

2. 李某索要感谢费，马某被动同意，应认定马某的真实意思是拒绝兑现感谢费，其主观上没有行贿的故意。

3. 马某的行为不属于行贿犯罪未遂、也不成立犯罪预备。

4. 即使李某成立受贿未遂，马某的行为也不构成行贿罪。

五、法院判决

咸丰县人民法院以〔2019〕鄂2826刑初137号刑事判决认定：

2015年12月31日，马某在李某的帮助下，顺利中标D栋厂房项目。中标后，马某与李某商定以不低于工程中标价的3%给予李某感谢费。2016年6月12日，马某在李某的帮助下，再次中标E栋厂房项目。马某又与李某商定两个项目共计给予李某100万元感谢费。2016年下半年，马某与李某来到恩施市“九尊上苑”楼盘看房，马某欲以该“100万元感谢费”购买房屋并送予李某，但因李某未看中房屋而未果。后，马某因E栋厂房建设工程项目未审计结算，且迫于反腐败形势，担心其向李某行贿之事败露，直至案发，仍未将商定的“100万元感谢费”给予李某。

咸丰县人民法院认为：本案的争议焦点为“被告人马某的行为是否构成行贿罪”，评判如下：

(一)关于主观方面

第一，从2014年下半年，马某与李某相识，到马某数次以拜年、探病等为由给予李某人民币3万元及香烟等财物，再到马某在李某的帮助下中标D栋、E栋厂房项目后，与李某商定给予李某100万元感谢费的行为过程来看，应当认定马某先后多次给予李某贿赂，其目的是为了谋求李某利用职务上的便利，为自己在工程项目中谋取不正当利益。第二，证人李某的证言与被告人马某的供述证实，马某与李某第一次商定“感谢费”是在中标D栋厂房项目后，第二次商定“100万元感谢费”是在中标E栋厂房项目后，二人对贿赂的具体数额虽然有商议的过程，但“100万元感谢费”的贿赂金额是二人共同合意的结果，且无其他证据证实马某系因被勒索而被迫同意给予李某财物。同时，马某也因李某利用职务上的便利，违法中标并承建D栋、E栋厂房项目。故，马某的行为不符合《中华人民共和国刑法》第389条第3款“因被勒索给予国家工作人员以财物，没有获得不正当利益的，不是行贿”的规定。第三，2016年下半年，马某与李某来到恩施市“九尊上苑”楼盘看房，马某欲以该“100万元感谢费”购买房屋并送予李某，但因李某未看中而未果的事实，也能够证实马某主观上具有给予李某贿赂的故意，但因李某未看中房屋而未果。第四，马某供述，“我仍然坚持将李某的100万元感谢费事后兑现，主要是因为：一，E栋厂房项目从招标开始就一直有人告，我怕E栋厂房项目出问题后，我什么都得不到；二，E栋厂房项目确实没有审计结算，我也还想李某在工程款结算方面继续给我帮忙；三，近年，野三关风声太紧，我提前给李某兑现感谢费有风险，怕这两个项目被查之后连累自己。但是我和李某约定的100万元感谢费，我最终是必须给李某兑现的，我也是诚心要给李某送这100万元，李某也多次找我催要这100万元。”与证人李某的证言“马某给陈某说，为了他自己的安全，也为了我的安全，现在不得给我那100万元，等安全了再给。”以及证人陈某的证言，能够相互印证，证实马某主观上并无拒绝或放弃兑现感谢费的意图，其未将商定的“100万元感谢费”送予李某的原因是害怕罪行败露和谋求李某继续为其提供帮助，故马某主观上并无自动放弃犯罪的意图。

综上，马某明知自己给予李某财物和商定“100万元感谢费”的行为是收买李某，以利用其职务上的便利为自己谋取不正当利益，而决意为之，马某的主观上符合行贿罪的构成要件。辩护人提出“李某索要感谢费，马某被动同意，应认定马某的真实意思是拒绝兑现感谢费，其主观上没有行贿的故意”的辩护意见不能成立，不予采纳。

（二）关于客观方面

第一，在本案中，马某通过李某的介绍，参与投标D栋、E栋厂房项目，又利用李某的职务便利，将其找来的百通公司确定为招标代理公司，并与李某、陈某串通投标，而中标并承建D栋、E栋厂房项目。故，马某给予李某人民币3万元及香烟等财物及与李某商定“100万元感谢费”的行为均是为谋取不正当利益，且马某在本案中亦实际获取了不正当利益。

第二，马某为了得到李某在工程项目中给予其关照，先后数次以拜年、探病等为由，给李某送人民币共计3万元以及香烟等财物，马某的该行为符合行贿罪的客观要件。

第三，关于马某与李某商定给予其“100万元感谢费”的认定问题。作如下评判：其一，马某与李某商定给予其“100万元感谢费”，以及二人到恩施市“九尊上苑”楼盘看房未果的事实，均证实马某已经着手实施给李某“100万元感谢费”的行为，但因李某未看中房屋而未果。其二，马某已着手实施给李某兑现“100万元感谢费”，但直至案发，马某仍未将该100万元给予李某。故可以认定马某给予李某以“100万元感谢”的行为尚未实施完毕。其三，马某供述及李某的证言，证实马某未给李某兑现“100万元感谢费”，是因E栋厂房项目未审计结算，且迫于反腐败形势，担心其向李某行贿之事败露。故马某在案发前未给予李某“100万元感谢费”是迫于当时的情势。其四，犯罪未遂是指已经着手实施犯罪，由于犯罪分子意志以外的原因而没有完成犯罪的行为状态。在本案中，马某已着手实施给予李某“100万元感谢费”的行为，但迫于当时的情势，直至案发尚未给予李某该“100万元感谢费”，该行为符合行贿罪（未遂）的构成要件。辩护人提出“本案中仅有约定贿赂，且截止案发一直未兑现，故马某的行为不能成立行贿罪；马某的行为不属于行贿犯罪未遂、也不成立犯罪预备；即使李某成立受贿未遂，马某的行为也不构成行贿罪”的辩护意见，与本院审理查明的事实不符，不能成立。

咸丰县人民法院认为，被告人马某为谋取不正当利益，给予国家工作人员以财物，情节严重（其中100万元为犯罪未遂，3万元及香烟等财物为犯罪既遂），其行为已构成行贿罪（未遂）；被告人马某与投标人、招标人串通投标，中标金额达30 341 679.81元，损害国家、集体、公民的合法利益，破坏社会主义市场经济的自由交易和公平竞争的秩序，且情节严重，其行为已构成串通投标罪。公诉机关指控的事实及罪名成立。被告人马某犯行贿罪，其中 3 万元及香烟等财物既遂，100 万元未遂，对未遂部分可以比照既遂犯从轻或者减轻处罚。到案后，马某如实供述自己行贿、串通投标的罪行，并自愿认罪认罚，可从轻处罚。被告人马某犯数罪，依法应数罪并罚。马某提出“自己是初犯，如实供述，请求法庭从轻处罚”的辩护意见成立，本院予以采纳。公诉机关提出，鉴于马某行贿 100 万元因意志以外的原因而未得逞，可对马某减轻处罚。建议对马某数罪并罚，判处有期徒刑二年至二年六个月，并处罚金 10 至 12 万元的量刑建议，符合法律规定，本院予以采纳。

综合上述量刑情节，根据被告人马某的犯罪事实、性质、情节和对社会的危害程度，结合“宽严相济”的刑事司法政策，本院依法对被告人马某犯行贿罪予以减轻处罚，犯串通投标罪予以从轻处罚。依照《中华人民共和国刑法》第 389 条第 1 款、第 390 条、第 223 条、第 23 条、第 67 条第 3 款、第 61 条、第 52 条、第 69 条、第 47 条和《最高人民法院、最高人民检察院关于办理贪污贿赂刑事案件适用法律若干问题的解释》第 8 条第 1 款第(1)项、第 19 条第 2 款的规定，判决如下：

被告人马某犯行贿罪(未遂)，判处有期徒刑一年十个月，并处罚金人民币 10 万元；犯串通投标罪，判处有期徒刑八个月，并处罚金人民币 1 万元；总和刑期二年六个月，并处罚金人民币 11 万元，决定执行有期徒刑二年，并处罚金人民币 11 万元(刑期从判决执行之日起计算；判决执行以前先行羁押的，羁押一日折抵刑期一日。即自 2018 年 11 月 13 日起至 2020 年 11 月 12 日止；罚金已缴纳)。

六、理论评析

本案控辩双方对案件的客观事实争议不大，主要是对法律适用上的争议，一方面是对案件客观事实的法律意义有争议，另一方面涉及如何理解我国刑法规定的行贿罪的客观行为。法院认为马某就双方约定的 100 万元“感谢费”成立行贿罪(未遂)，其结论值得商榷。

1. 关于事实认定

事实一，究竟马某主动提出还是被动同意给予李某感谢费，存在争议。马某的辩护人认为，应认定采信马某的当庭供述与辩解，认定是李某主动索要后，马某被动同意并约定感谢费，其根本理由是：马某、李某的供述与辩解的证据合法性存在疑问。本书认为，本案证据的合法性方面确实存在这样的问题。不过，马某与李某作为行贿、受贿的相对方，即使根据马某的审前供述与辩解，也不必然能够认定马某主动提出贿赂。马某的审前供述声称，“D 栋厂房项目开标后不久，李某坐我的车回恩施，在路上李某问我 D 栋厂房项目推进情况，我说进展很顺利，感谢李书记在 D 栋厂房招标过程中给我的关照和帮助。李某又问我，你们一般的感谢费是怎么给的?”这一供述表明是马某处于被动地位，是李某索要感谢费。不过，根据李某的供述与辩解，却是马某主动提出给其感谢费。如果能够查清系李某索要感谢费，刑法上的意义在于，对马某可能适用《刑法》第 389 条第 3 款规定，“因被勒索给予国家工作人员以财物，没有获得不正当利益的，不是行贿”。然而，即使采信马某的当庭供述与辩解，证据内容上存在非此即彼的冲突，没有查清究竟是谁主动提出给予感谢费的事实。

事实二，关于购买九尊上苑的复式楼，虽然马某供述是李某向其提出想买套房子，李某供述马某给他打电话说“他朋友冯某在恩施开发九尊上苑，让我去看看房子”，除了没有查清谁最先提出看房子之外，他们的供述其实一致的：双方一起去看九尊上苑的复式楼，如果李某看上了，则马某为其支付购房款，抵扣双方约定的“100 万元感谢费”，但因李某未看中，所以购买房子一事不了了之，当然地，之前约定的“感谢费”也就没有实现。这件事的法律意义在于，因为双方曾经约定“感谢费”，双方为实现“感谢费”而看房，可能涉嫌成立行贿罪、受贿罪的未遂。

事实三，李某利用前妻(陈亚华)要求马某实现“感谢费”。双方对此供述一致。

事实四，2018 年上半年，就在案发前，李某还给马某发短消息，要求兑现“感谢费”。

事实五，马某虽然想兑现“感谢费”，但是有心无力，一直没有兑现“感谢费”，在李某“催问”的情况下，还以“入股‘九尊上苑’”拖延李某。

上述客观事实有以下法律意义，马某中标项目后，为感谢李某的帮助，双方约定支付 100 万元的“贿赂”，期间李某多次要求马某实现“贿赂”，虽然马某有心支付，但有心无力，加上国家反腐形势严厉，“贿赂”一直没有实现。

2. 马某与李某约定“100 万元感谢费”属于“约定贿赂”，不构成犯罪。

一个完整的贿赂犯罪过程表现为三个阶段的三个行为：索要/提出贿赂→约定贿赂→实现贿赂。对受贿人而言，表现为：索要贿赂→约定贿赂→收受贿赂；对行贿人而言，表现为：提出贿赂→约定贿赂→交付贿赂。这三个阶段的三种行为，无论贿赂犯罪的保护法益采取“职务行为的不可收买性说”还是“职务行为的廉洁性说”，都具有可罚性，正因为如此，《德国刑法典》第 331~334 条、《日本刑法典》第 197~198 条我国台湾刑法典等国家的刑法均明确规定处罚这三个前后相继的行为。

但是，我国刑法分则并没有规定三个行为都是犯罪。《刑法》第 385 条第 1 款规定，“国家工作人员利用职务上的便利，索取他人财物的，或者非法收受他人财物，为他人谋取利益的，是受贿罪”；《刑法》第 389 条第 1 款规定，“为谋取不正当利益，给予国家工作人员以财物的，是行贿罪”。可见，根据我国刑法规定，“约定贿赂”不是刑法分则规定的犯罪行为。不仅如此，对行贿人而言，对国家工作人员“提出贿赂”的，也不是刑法分则规定的犯罪行为。对受贿人而言，在行贿人主动提出贿赂，进而双方约定贿赂的，还不是犯罪，只有到了第三个阶段，即收受他人贿赂的，才成立受贿罪；如果受贿人主动索要的，也是犯罪。不过，在受贿人主动索要的情况下，只有最后取得了贿赂的，才成立受贿罪的既遂。①

综上，马某与李某“约定 100 万元感谢费”属于“约定贿赂”，而究竟是哪一方提出贿赂，没有查证属实。因此，仅就双方“约定贿赂”来说，尚未构成犯罪。

3. 对于双方约定的 100 万元“感谢费”未能兑现的事实，李某已经着手实行犯罪，但因意志以外的原因未得逞，成立受贿罪未遂。

如前所述，受贿罪的构成要件行为包括两种类型，一是被动收受型受贿罪，国家工作人员非法收受他人财物，为他人谋取利益的行为。“为他人谋取

① 我国传统刑法学观点认为，受贿罪以取得财物为既遂。不过，张明楷教授认为，“在索取贿赂的情况下，应当以实施了索要行为作为受贿既遂标准。因为受贿罪的保护法益是国家工作人员职务行为的不可收买性，在索要贿赂的情况下，即使行为人没有现实取得贿赂，其索要行为已经侵害了职务行为的不可收买性”。（张明楷：《刑法学》（第六版），法律出版社 2021 年版，第 1608 页。）但是，张明楷教授的观点值得商榷。一是，在语义上，所谓“索取”是指“索要并取得”，将刑法规定的“索取”解释为“索要”，缩小了语义。二是，“约定贿赂”也侵害了职务行为的不可收买性，但刑法分则没有规定“约定贿赂”是贿赂犯罪行为，可见，并不是只要侵害职务行为不可收买性的行为，都必须是犯罪行为。三是，刑法规定“对犯受贿罪的，根据受贿的数额及情节”进行处罚，“索贿的从重处罚”，如果认为索要但尚未收受贿赂的，也为既遂，与刑法这一规定相悖。

利益”是用来限定行为人收受“他人财物”的性质的，表明双方对特定的财物给予了特定的性质，即“国家职务行为的交换品”，换言之，双方就利用国家工作人员的职务行为为相对人谋取利益达成了合意。对此，2016年《最高人民法院、最高人民检察院〈关于办理贪污贿赂刑事案件适用法律若干问题的解释〉》第1条规定，实际或者承诺为他人谋取利益的；明知他人有请托事项的；履职时未被请托，但事后基于该履职事由收受他人财物的，应认定为“为他人谋取利益”；“国家工作人员索取、收受具有上下级关系的下属或者具有行政管理关系的被管理人员的财物价值三万元以上，可能影响职权行使的”，“视为承诺为他人谋取利益”。二是索取型受贿罪，国家工作人员索取他人财物的行为。

判断李某是否成立犯罪未遂，首先要判断李某是否已经着手行为犯罪。“着手实行犯罪”，从形式上看，至少是指行为人已经开始实施刑法分则规定的某一具体犯罪的构成要件行为；在实质上，只有当行为侵害法益的危险达到紧迫程度时，才是着手。需要指出的是，“索要/提议贿赂→约定贿赂→提供、收受贿赂”三个阶段三种行为，在达成“贿赂约定”后，受贿方要求行贿方实现贿赂的，可能遭受行贿方拒绝，或者与行贿方达成新的“约定”，因此，在“约定贿赂”后，要求相对方实现“约定”的，也应认定为“索取贿赂”。本案中，如果李某主动要求马某给予“感谢费”，应认定为其已经着手实施“索取”贿赂；李某是否主动索要100万元“感谢费”未能查证属实，但是李某曾数次要求马某实现约定的100万元“感谢费”，也应认定为着手“索取”贿赂。根据法院认定的案件事实，马某迫于反腐形势，没有兑现“感谢费”；而根据马某的陈述，虽然向兑现，但有心无力，未能兑现，这都可以认定为李某受索要100万元贿赂不能既遂的意志以外的原因。

因此，对于双方约定的100万元“感谢费”未能兑现的事实而言，李某成立受贿罪的未遂。

4. 对于双方约定的100万元“感谢费”未能兑现的事实，马某尚未着手实行犯罪，不成立受贿罪未遂。

法院认为，“马某与李某商定给予其‘100万元感谢费’，以及二人到恩施市‘九尊上苑’楼盘看房未果的事实，均证实马某已经着手实施给李某‘100万元感谢费’的行为”。如前所述，对于行贿人而言，主动提议、约定贿赂的，不是犯罪行为，法院认为马某与李某商定给予其“100万元感谢费”，证实马某已经着手实行犯罪，属于适用法律错误。

本案中，马某是否成立行贿罪的未遂，取决于其是否已经着手“给予财物”行为。“给予财物”是指转移财物占有的行为，着手实行“给予财物”是指开始实施转移财物占有的行为。可见，“为谋取不正当利益给予国家工作人员以财物，国家工作人员客观上接收(占有)了财物时，如财物已经放在国家工作人员家里或者办公室，财物已经转移至国家工作人员或者其亲属控制之下，行贿罪既遂”,① “如果行贿人虽然向国家工作人员提出了谋取不正当利益的请求要求，并约定了贿赂，但后来没有交付财物的，则不构成行贿罪的既遂”。②

问题是，马某与李某相约看房，对双方而言，是否着手贿赂犯罪？

对此，首先需要确定的是，是否存在符合刑法“受贿罪”“行贿罪”规定的财物？贿赂犯罪规定的“财物”是行为客体，包括有体物、无体物、财产性利益，贿赂犯罪的既遂，必须以存在特定的行为客体“财物”为前提，双方同意用特定的财物交换国家工作人员职务行为，即赋予它“贿赂”的性质，并转移财物的占有，将其置于国家工作人员的控制之下，从而达成贿赂犯罪的既遂。如本案，双方约定“100 万元感谢费”，但是并没有特定的 100 万元被赋予“贿赂”的性质，并转移占有，所以不存在贿赂犯罪的既遂。马某与李某相约看房而言，涉及的对象是九尊上苑楼盘正在建设中的期房，既然是期房不是现房，法院认定的“看房”中的“房屋”就还不是现实存在之物；即使是现房，该“房屋”的所有权人也是房地产开放公司，马某并无处分权，在这种情况下，“想象中的期房”“属于他人所有的现房”都不能成为贿赂犯罪的行为客体。

其次，马某与李某相约看房，不是着手实行“给予财物”行为。如前所述，着手“给予财物”是指开始实施转移财物占有的行为，马某无法转移“想象中的期房”“属于他人所有的现房”的占有。法院认为，二人相约看房未果，认定事实错误、适用法律错误。

最后，需要讨论的是，二人为了实现约定贿赂而相约看房，如果看中了，马某则为其支付购房款，作为或抵扣之前约定的 100 万元感谢费，是否具有刑法上的意义。本书认为，这其实双方就“感谢李某的职务行为”试图进行新一轮约定，详言之，如果李某看中了某套“房屋”，马某以自己的名义购买下来，并将其送给李某的，该套房屋为贿赂；如果李某以自己名义购买下来，马某为其支付购房款的，购房款为贿赂。本案中，他们连约定都尚未达成，又哪里已

① 张明楷:《刑法学》(第六版)，法律出版社 2021 年版，第 1619 页。

② 孙国祥:《贪污贿赂犯罪研究》，中国人民大学出版社 2018 年版，第 980 页。

经着手实行犯罪呢？

综上，对于双方约定的100万元“感谢费”未能兑现的事实，应认定为，马某尚未着手实行犯罪，不成立受贿罪未遂。

5. 马某的行为是否成立犯罪预备？

预备行为是为实行犯罪创造便利条件，以利于顺利实行犯罪，我国刑法将预备行为规定为两种，准备工具、制造条件。预备犯，没有侵害法益的现实危险，而只具有抽象危险，因此，在通常情况下，不予处罚，只有在所保护的法益特别重大、特别重要的情况，才能够予以处罚。提议给予贿赂、约定贿赂，不是“给予贿赂”的预备行为，都具有侵犯法益的现实危险，但是刑法并没有将其规定为犯罪，这从侧面说明贿赂犯罪并不处罚预备犯。在刑法明确规定“给予财物”才成立行贿罪的情况下，“提议给予贿赂”“达成贿赂约定”只是行贿罪的犯意表示。本案中，如果李某向被告人索要感谢费，被告人同意按照李某提出的3%给感谢费，最终双方达成100万元感谢费的金额，都只是行贿罪的犯意表示；双方相约去“九尊上苑”看房，是对感谢费的再次约定，仍然只是行贿罪的犯意表示。

拓展阅读：

1. 赵秉志：《犯罪未遂形态研究》(第二版)，中国人民大学出版社2008年版。
2. 张明楷：《未遂犯论》，法律出版社1997年版。
3. 劳东燕：《论实行的着手与不法的成立根据》，载《中外法学》2011年第6期。
4. 何荣功：《“行贿与受贿并重惩罚”的法治逻辑悖论》，载《法学》2015年第10期。
5. 黎宏：《论未遂犯的成立要件》，载《云南大学学报(法学版)》2004年第2期。

主要参考文献

1. 张明楷：《刑法学》(第六版)，法律出版社 2021 年版。
2. 陈兴良：《刑法适用总论》(第三版)，中国人民大学出版社 2017 年版。
3. 周光权：《刑法总论》(第四版)，中国人民大学出版社 2021 年版。
4. 周光权：《刑法各论》(第四版)，中国人民大学出版社 2021 年版。
5. 黎宏：《刑法学总论》(第二版)，法律出版社 2016 年版。
6. 黎宏：《刑法学各论》(第二版)，法律出版社 2016 年版。
7. 林钰雄：《新刑法总则》，元照出版有限公司 2018 年版。
8. 黄荣坚：《基础刑法学》，元照出版有限公司 2012 年版。
9. 林山田：《刑法通论》(增补十版)，作者自版 2008 年版。
10. 林山田：《刑法各罪论》(修订五版)，作者自版 2005 年版。
11. [德]克劳斯·洛克辛：《德国刑法学总论(第一卷)：犯罪原理的基础构造》，王世洲译，法律出版社 2005 年版。
12. [德]克劳斯·洛克辛：《德国刑法学总论(第二卷)：犯罪行为的特别表现形式》，王世洲等译，法律出版社 2013 年版。
13. [德]汉斯·海因里希·耶塞克、[德]托马斯·魏根特：《德国刑法教科书》，徐久生译，中国法制出版社 2017 年版。
14. [日]山口厚：《刑法各论》(第二版)，王绍武译，中国人民大学出版社 2011 年版。
15. [日]山口厚：《刑法总论》(第三版)，王绍武译，中国人民大学出版社 2018 年版。
16. 陈瑞华：《刑事证据法》(第三版)，北京大学出版社 2018 年版。
17. 陈瑞华：《刑事诉讼法》，北京大学出版社 2021 年版。
18. 邓子滨：《刑事诉讼原理》，北京大学出版社 2019 年版。
19. 易延友：《证据法学：原则、规则、案例》，法律出版社 2017 年版。
20. 王兆鹏、张明伟、李荣耕：《刑事诉讼法》，新学林出版股份有限公司

2018 年版。
21. 王兆鹏：《美国刑事诉讼法》(第二版)，北京大学出版社 2014 年版。
22. 王进喜：《美国〈联邦证据规则〉条解》，中国法制出版社 2012 年版。
23. [英]克里斯托弗 · 艾伦：《英国证据法实务指南(第四版)》，王进喜译，中国法制出版社 2012 年版。